# DAS LIEBESKUMMER-SPIEL

Mit Dualseelen und Seelenpartnern

Wie du Liebeskummer überwinden, deine Selbstliebe stärken & endlich eine glückliche Partnerschaft führen kannst

*Mein Weg zu mir führt über dich*

MARGRET MARINCOLO

MARGRET MARINCOLO

Araschgerstrasse 42

7000 Chur

Schweiz

www.margret-marincolo.com

info@margret-marincolo.com

+41443800044



Auflage 1

Autor: MARGRET MARINCOLO
Bildrechte & Lizenzen
Umschlaggestaltung und Layout: Ira Dorsch
Illustrationen: Margret Marincolo

Lektorat: Susanne Hülsenbeck
Korrektorat & Formatierung: Christina Waist

# Inhaltsverzeichnis

# Vorspiel

## Liebeskummer-Expertise

Vielleicht kenne ich den Liebeskummer besser als mich selbst.

Mein erster Liebeskummer erwischte mich im Alter von vier Jahren. Die linke Hand meiner Mutter klatschte auf meine Backe. Es war nicht der Schlag, der so sehr schmerzte. Es war ihr Blick, ihre Art, mich dabei anzufunkeln. Kalt und zornig, wie eine böse Fee. Mein Herz zog sich zusammen und mir schien, die Liebe meiner Mutter hätte sich für alle Zeiten aus meiner kleinen Welt zurückgezogen. Dieser erste Liebeskummer dauerte lang.

Der letzte Liebeskummer sticht gerade in mein Herz. Meine Jacky-Russell-Hündin hat einen Mastzellentumor an ihrer linken Schulter. Einen bösartigen, wie die Ärztin sagt. Wie kann etwas an einem so sanften Wesen bösartig sein? Und so habe ich wieder einmal Liebeskummer, denn ich fühle die Angst, meine geliebte Jacky zu verlieren.

Ich hatte oft und heftig Liebeskummer. Und dabei spielte es keine Rolle, ob ich verließ oder verlassen wurde. Liebeskummer mit 17 – als mich mein erster Freund hochschwanger sitzen ließ. Mit 18 – als ich meinen ersten Sohn zur Adoption freigab, weil ich selbst in einem Kinderheim lebte. Mit 23 – an der Seite eines Mannes, der mich besitzen wollte, ohne mich zu sehen. Mit 25 – als mein Baby im 5. Monat starb und ich es tot entbinden musste. Mit 32 – als ich meine große Liebe frisch nach der Hochzeit erwischte. Mit einer anderen. Mit einer harten Droge, die er schon viel länger liebte als mich. Mit 44 – als ich auf die Dualseele traf. Und auf den weißen Hai des Liebeskummers.

So bin ich Liebeskummerexpertin und Liebeskummerliebhaberin geworden. In den letzten 4 Jahren habe ich rund 10.000 Coachings mit ca. 4300 Klienten rund um Liebeskummer durchgeführt. Die meisten dieser Klienten sind Frauen. Wunderbare Frauen zwischen 35 und 85. Ich habe Lebensgeschichten gehört. Berührende Geschichten, traurige Geschichten, unglaubliche Geschichten. Geschichten, die mich dazu inspirierten, dieses Buch zu schreiben. Genauer gesagt, spüre ich mehr als eine Inspiration. Ich spüre einen Befehl. Einen Befehl, den ich seit Monaten empfange und bisher nicht befolgte. Nun bin ich bereit, diesen Befehl auszuführen.

Die Frauen, mit denen ich täglich telefoniere, sind Königinnen. Königinnen, die sich vergessen haben. Es sind Königinnen, deren Königreich verwaist und verlassen ist. Es sind Königinnen, die in einem anderen Palast die Dienstmagd spielen. Und manchmal die Geliebte, mit der sich der König heimlich in der Besenkammer trifft. Weil der König schon eine andere Königin zu Hause hat. Manchmal sind es Königinnen, die auf einen König stehen, der sich nicht an sie binden will. Oder Königinnen, deren König sie verlassen hat, weil er sie nicht mehr liebt.

Diese Königinnen haben eines gemeinsam: Sie haben einen Arschkönig. Arschkönig deshalb, weil sie ihn meistens nur von hinten sehen. Wenn er wieder geht. Zurück in sein Reich. Zurück zu einer anderen Königin. Diese Königinnen haben es bisher noch nicht geschafft, den Arschkönig loszulassen. Sie haben es noch nicht geschafft, sich um ihr eigenes Königreich zu kümmern. Sie geben ihre Staatsgeschäfte, ihre Krone und ihren Selbstwert auf und nehmen eine Nebenrolle an: in einem zweitklassigen Film, bei dem am Ende ihr Name noch nicht einmal im Abspann fällt. Sie geben sich auf. Für eine Emotion, die so stark ist, dass man sie leicht mit Liebe verwechseln kann.

Und so frage ich mich: Ist es Liebe, wenn du um ein Treffen betteln musst und immer wieder nur ein paar geborgte Stunden kriegst? Ist es Liebe, wenn du dich verzehrst für ein paar Krümel Zärtlichkeit? Ist es Liebe, wenn du deinen Arschkönig mit Brieftauben bombardierst und er dir nicht einmal ein Vergissmeinnicht zu deinem Geburtstag schenkt?

Ist es Liebe, wenn du jahrein, jahraus auf eine Wende wartest, obwohl eine feine Stimme in dir sagt, dass diese Wende niemals kommen wird? Ist es Liebe, wenn du deinen Selbstwert wie Perlen vor die Säue wirfst? Vielleicht ist es Liebe. Doch es ist jene Art von Liebe, die dir immer wieder Kummer bringt.

Ich bin hier, um dich daran zu erinnern, dass die Königin in dir sich nach einer Krönung sehnt. Ich bin hier, um dich daran zu erinnern, dass eine Hauptrolle auf dich wartet. Ich bin hier, um dich zu erinnern, dass nach dem Arschkönig ein Herzkönig auf dich wartet. Ich bin hier, weil ich weiß, dass nach jedem Kummer wieder Liebe kommt.

Margret

## Liebeskummer spirituell: Die gescheiterte Beziehung zwischen Ego und Seele

Umso mehr es aus mir schreibt, umso tiefer ich in diesen Stoff eintauche, der mir zuteilgeworden ist – umso mehr verstehe ich. Es geht nicht um den Kummer, der dich zerfrisst, weil du deinen Herzallerliebsten vermisst. Es geht nicht um den Kummer, den du fühlst, weil deine Kinder sich so selten bei dir melden. Es geht nicht um den Kummer, der dich nachts nicht schlafen lässt, weil dein geliebtes Tier über die Regenbogenbrücke ging. Es geht um den Liebeskummer, den EGOn (dein Ego) hat. Weil er glaubt, dass seine Seele (Gott, die Engel oder sein Glück) ihn verlassen haben. Doch das hat sie nicht. Die Seele hat EGOn nicht verlassen. Deine Seele hat dich nicht verlassen. Gott, deine Engel und dein Glück haben dich nicht verlassen. Du glaubst es nur. Das, was du als Kummer bezeichnest, ist nichts weiter als Wachstumsschmerz. EGOn wächst – indem er erwachsen wird – in die Arme seiner Seele. Umso mehr EGOn wächst, umso mehr wird er sich darüber bewusst, wer er ist. Und sobald dein Ego diese Bewusstseinsmarke erreicht, kannst du nicht mehr leiden. Die Umstände, durch die EGOn wachsen kann, sind für jedes Ego einzigartig. Und doch ähneln sie sich. Denn das, was EGOn wachsen und erwachen lässt, sind die Abenteuer seiner Heldenreise. Dein Abenteuer ist der Liebeskummer, den du gerade jetzt erlebst.

Jeder EGOn zieht aus, um das Fürchten zu lernen. Dein EGOn zieht zum Beispiel aus, um diesen einen, so besonderen Menschen zu finden. Er zieht aus, um diesen Menschen zu lieben und von ihm geliebt zu werden. Er zieht aus, um von diesem Menschen abgelehnt zu werden. Denn dabei strauchelt EGOn und fällt hin. Er gewinnt und er verliert. Er verlässt und wird verlassen. Er wird Angst haben und sich fürchten. Doch er wird weitergehen, wenn er genug gelitten hat. Und am Schluss findet er sich nach all der Suche selbst.

Liebesbeziehungen sind der Raketenantrieb, den du für die Entwicklung und Zähmung deines EGOs nutzen kannst. Dabei kommt es – wie beim Gebrauch eines Silvesterknallers – auf die Technik an. Gleicht EGOn einem Blindgänger? Oder geht er mit seiner Entwicklung durch die Decke zu den Sternen? Der Grad deines Bewusstseins entscheidet darüber. Konzentrierst du dich nur auf deinen momentanen Willen? Öffnest du dich für die Stimme deiner Seele? Glaubst du überhaupt an Seele? Wenn nicht, dann kannst du das Wort Seele gerne mit Schöpfung oder Leben ersetzen.

Liebeskummer ist ein Indiz dafür, wie es um die Beziehung von Ego und Seele steht. Die Mehrheit dieser Beziehungen ist aus meiner Erfahrung desaströs. Und dort beginnt mein Ruf. Hier stehe ich dir mit meiner Wunde, mit meinem Wissen und mit diesem Buch zur Verfügung. Das Liebeskummer-Spiel möchte dir die Liaison zwischen Ego und Seele wieder schmackhaft machen. Denn die Beziehung, die du mit deinem König führst, ist immer ein klarer Spiegel für die

Beziehung zu dir selbst. Und diese Beziehung heilt, wenn EGOn und seine Seele Freunde sind.

## Dualseelen und Seelenpartner

Ich habe dieses Buch für DICH geschrieben, wenn es einen Menschen in deinem Leben gibt, den du seit vielen Monaten oder Jahren nicht vergessen kannst. Es spielt keine Rolle, ob du real mit diesem Menschen zusammen gewesen bist. Es spielt keine Rolle, ob du ihm einmal, fünfzigmal oder überhaupt niemals von Angesicht zu Angesicht begegnet bist. Du bist nicht verrückt. Ich verstehe dich. Ich verstehe deine Verwirrung. Ich verstehe deinen Schmerz. Ich verstehe deine Sehnsucht.

Dieses Buch habe ich für dich geschrieben, damit du verstehst, WARUM du diesem Menschen begegnet bist. Es geht um den Prozess des Erwachens. Nicht jeder Mensch erwacht in diesem Leben auf einem neuen Level. Du bist auserwählt, sonst würdest du diesem Seelenpartner nicht begegnet sein. Du bist auserwählt, sonst würdest du dieses Buch nicht in den Händen halten. Auserwählt zu sein, ist ein Geschenk. Es macht dich deswegen nicht besser, als einen anderen Menschen. Auserwählt zu sein, macht dich zu einem Leuchtturm für andere Menschen.

Wenn es dir gelingt, dieses Geschenk anzunehmen, wenn es dir gelingt, zu einem tiefen Verständnis deiner Gabe zu gelangen, dann hört dein Leid auf. Dann hören deine Verwirrung und deine Sehnsucht auf. Dann wirst du heilen. Dich selbst und einen anderen. Dann wirst du wieder lieben. Dich selbst und einen anderen. Dann wirst du dieses unglaubliche Gefühl der Liebe, der Verbundenheit und des Heilseins wiederfinden. In dir selbst, in einem anderen Menschen oder in jenem Menschen, wegen dem du jetzt gerade Liebeskummer hast. Dieses Gefühl wird reiner und intensiver sein als jemals zuvor.

Doch zuerst musst du dein Abenteuer meistern. Zuerst musst du den Weg zu dir selbst gegangen sein. Denn auf diesem Weg findest du die Zutaten, die du für deine größte Liebe brauchst: Akzeptanz, Hingabe, Respekt, Selbstwert, Fokus, Selbstbewusstsein, Sicherheit, mentale Stärke, Klarheit und Absicht. Wie Kräuter wirst du jede dieser Eigenschaften pflücken und auf deine Wunde legen. Nach und nach wirst du zu neuen Kräften kommen, bis du in Liebe und in Frieden bist.

## Wie du dieses Buch benutzt

Ich lade dich ein, dieses Buch am Anfang zu beginnen und Seite für Seite bis zum Ende zu lesen. In deinem Tempo. Das Inhaltsverzeichnis könnte dich dazu verführen, zuerst jene Kapitel zu verschlingen, die dich neugierig machen. Wenn du jedoch in deinem Liebeskummer- und/oder Seelenpartner-Prozess möglichst schnell vorankommen möchtest, dann mache es am besten so, wie ich es dir vorschlage.

Ich schreibe über Zusammenhänge, die absolut neu für dich sein werden. Ich liefere dir Fakten, die dich triggern werden. Etwas in dir wird sich immer mal wieder gegen meine Worte wehren. Das ist ein gutes und wichtiges Zeichen. Immer dann, wenn meine Aussage dir die Knöpfe drückt, kommst du an deine persönliche Grenze. Diese Grenze muss überwunden werden, wenn du dein Ziel erreichen möchtest. Schönmalerei bringt dich nicht zu deinem Ziel. Deshalb nenne ich das Übel beim Namen, damit du die Liebe leben kannst, nach der du Sehnsucht hast. Schreibe dir jetzt folgenden Satz auf fünf Zettel: IMMER DANN, WENN MICH ETWAS TRIGGERT, STOßE ICH AN MEINE GRENZEN, DIE MICH VON MEINEM ZIEL FERNHALTEN.

Klebe dir diese Zettel an Stellen in deiner Wohnung, wo du oft bist: Kaffeemaschine, Kühlschrank, Badezimmerspiegel, Kleiderschrank, Wohnzimmertisch. Diese Zettel erinnern dich daran, dass Widerstand ein Symptom von Wachstum ist.

Spürst du beim Lesen starken Widerstand, dann gönne dir eine Pause. Lege das Buch zur Seite und schlafe ein paar Nächte darüber. Ich habe die Reihenfolge der Kapitel so gewählt, dass du gut damit arbeiten kannst. Betrachte jedes Kapitel dieses Buches als wirksame Medizin für deinen Liebeskummer, die aufeinander aufbaut. Wenn du diese Medizin wild durcheinander frisst, dann wirkt sie nicht richtig und der Schatz des Buches bleibt vor dir verschlossen.

Du hältst ein machtvolles Instrument in der Hand, dass deine zwischenmenschlichen Beziehungen revolutionieren wird. Wende die darin enthaltenen Regeln an. Dann wirst du eine Beziehung führen, die erfüllender für dich ist, als jeder Traum, den du jemals von der großen Liebe träumtest. Die Anwendung der Regeln sorgt dafür, dass die Beziehung zu deinem Seelenpartner heilt. Lass dir alle Zeit der Welt in diesem Spiel. Mache dich in deinem Tempo mit den Charakteren, mit dem Spielfeld und den Spielregeln vertraut. Das meiste, was du lesen wirst, hast du so noch nicht gehört. In diesem Spiel geht es nicht um neue Dinge, die du tun sollst. Es geht um alte Dinge, *die du nicht mehr tun sollst*. Dieses Spiel ist ein Weg-lass-Spiel. Durch Weglassen ziehst du den Schleier weg, der dich von der Schatzkammer deines Bewusstseins trennt.

Durch Weglassen alter Verhaltensweisen löst du die Verstrickungen. Es ist das vielleicht herausforderndste und abenteuerlichste Spiel, das du bisher gespielt hast. Es wird dein Leben auf eine Art verändern, die du dir nicht erträumen kannst. Dieses Spiel wird dich befreien. Von Kummer und Leid. Von Selbstzweifeln und der Angst vor Ablehnung. Von der Sucht nach jemandem, der nicht zu dir gehört. Du wirst in diesem Spiel das finden, was zu dir gehört. Spiele dein Spiel zu Ende und gewinne Liebe.

# Kapitel 1

# Hauptdarsteller & Spielfelder

Zuallererst stelle ich dir die Hauptakteure und die Spielfelder des Liebeskummer-Spiels vor.

**Hauptdarsteller**

- WEIßER HAI
- SCHÜTZE
- EIGELB und EIWEIß
- EGOn
- OCTOPUSSY
- RAUPE
- SCHMETTERLING

**Spielfelder**

- Spielfeld der Gefühle
- Spielfeld der Gedanken

- Spielfeld des Kampfes
- Spielfeld des freien Willens
- Spielfeld des Spielplans
- Spielfeld des Kummers
- Spielfeld der Liebe.

Vielleicht fällt es dir leicht, dir vorzustellen, dass du selbst auf einem unvorstellbar großen Spielbrett stehst. Du selbst bist eine Spielfigur in diesem Spiel. Du begegnest anderen Spielfiguren. Nutze deine Stärken, wenn du gewinnen willst. Mache dich mit den Stärken und Schwächen der anderen Spielfiguren vertraut. In grau unterlegten Kästchen findest du sie. Im Verlauf des Spiels wirst du jeder Spielfigur mehrmals begegnen. Du wirst kämpfen, du wirst scheitern, du wirst wachsen, du wirst Rollen tauschen. Du wirst gewinnen. Sei mutig. Spiele dein Spiel.

## Hallo, Ich bin HAIRAT, der WEIßE HAI des Liebeskummers

**Spielfigur:** HAIRAT, DER WEIßE HAI

**Ich bewirke:** Dank mir kannst du Schmerzen willkommen heißen.

**Was mich stärkt:** Ich werde stärker, wenn du gegen mich kämpfst.

**Was mich schwächt:** Wenn du mir in die Augen siehst, mich umarmst und dich ergibst.

**Wo ich auf dich lauere:** Ähnlich einem trojanischen Pferd findest du mich im Körper deines Geliebten.

**Ich vertrage mich mit:** Meinesgleichen.

**Was du zu tun hast:** Schwäche mich. Lass dich fressen oder friss mich.

In einem guten Spiel gibt es immer einen Bösewicht. Einen, der es dir schwer macht, dass du dein Ziel erreichst. Gestatten: Ich heiße HAIRAT der Weiße. Ich bin der Weiße Hai des Liebeskummers. Ich sehe böse aus. Doch ich bin es nicht. Ich komme immer dann zu dir, wenn du dir Liebes-Illusionen machst. Ich komme immer dann zu dir, wenn du nicht akzeptierst, was die Liebe dir gerade nimmt. Meine Religion heißt Akzeptanz und dafür lebe und wirke ich.

Ich komme als Trojaner. Als Hai im Lieblingspelz. Ich stecke in einem Körper, den du begehrst. Ich lächle dich durch die Augen deines Herzallerliebsten an, in denen du versinkst, weil du glaubst, dass er dich retten kann. Du glaubst, dass dir dieser eine Mensch das gibt, was du brauchst. Und du glaubst, dass das Liebe ist. Deshalb kannst du mich nicht erkennen, denn du bist gerade liebesblind. Du siehst nur, was du gerade sehen willst. Denn die Wahrheit findest du zu schmerzvoll. Ich bin in diesem Spiel, um dir Klarheit zu verschaffen. Ich bin in diesem Spiel, um dir die Illusionen aus dem Herzen zu reißen. Ich bin hier, damit deine Wunde sichtbar wird. Damit du heilen kannst.

Doch ich bin nicht der, der dir wehtut. Ich bin ein Heiler. Ich zeige dir nur deine Wunde. Ich zeige dir die Entzündung in deinem Herzen. Die Entzündung, deren Schmerz du immer wieder betäubst. Mit einem Geliebten, der seine eigene Wunde hat. Zwei Verwundete können sich nicht lieben, sie können sich eine Zeit lang betäuben und sich dann gegenseitig zugrunde richten. Doch aus Angst vor Schmerz bleibst du in einem aussichtslosen Spiel und hoffst, dass es dort Liebe zu gewinnen gibt. In einem aussichtslosen Spiel wirst du niemals jene Liebe finden, nach der du dich sehnst. Du findest mich. HAIRAT, den Weißen Hai des Liebeskummers.

Ich bin hier, um diese Farce zu beenden. Ich bin hier, damit du akzeptierst, was nicht zu ändern ist. Ich bin nicht hier, um dich zu töten. Ich töte nur deine Träume, deine Illusionen und deine Erwartungen, die sich mit diesem einen Menschen nicht erfüllen. Weil er nicht will. Weil er nicht kann. Ich reiße dir den Schleier von den Augen, damit du wieder sehen kannst. Damit du akzeptieren kannst. Denn Akzeptanz bringt dir die Liebe, nach der du Sehnsucht hast. Akzeptanz bringt dir tiefen Frieden und dein Kampf hört auf. Sobald du akzeptierst, lasse ich augenblicklich von dir ab. Das ist ein Versprechen.

Um mich zu besiegen, musst du dich ergeben. Du musst einen Blick riskieren und mir in meine starren Augen sehen. Halte meinen Blicken stand. Damit akzeptierst du mich. Damit akzeptierst du den Willen dieses Menschen, den du für dich gewinnen willst. Fühle, was unsere Begegnung mit dir macht. Fühle deine Angst, fühle Ohnmacht, fühle Verzweiflung. Akzeptiere mich, den weißen Hai des Liebeskummers. Akzeptiere den Umstand, dass du nicht weißt, ob sich dein größter Wunsch erfüllt und dein Liebster wiederkommt. Fühle deine Hoffnungslosigkeit, weil du erst gegen mich gewinnen kannst, wenn deine Hoffnung stirbt. Damit eine neue Hoffnung geboren werden kann. Ich weiß, diese Lektion ist hart, doch sie ist nötig, wenn du wieder lieben willst. Nur wenn du gehen lassen kannst, kannst du bekommen.

**Fressen oder gefressen werden?**

Du hast zwei Möglichkeiten. Du kannst mich, den WEIßEN HAI DES LIEBESKUMMERS, fressen oder von mir gefressen werden.

- Fressen kannst du mich nur, wenn dir bereits die Figur des Schmetterlings gehört. Denn der Schmetterling ist ein Meister in Sachen Akzeptanz. Was es damit auf sich hat, das erkläre ich dir noch genau.

- Fressen lassen musst du dich von mir, wenn du dich bisher als süße Raupe durch das Spiel bewegst. Denn die Raupe hat Mühe mit Akzeptanz.

Auch das ist nicht besonders schlimm. Kämpfe einfach nicht, während ich dich fresse. Denn wenn du Glück hast, verschlinge ich dich samt Haut und Haar mit einem Biss. Dann ist dein Liebeskummer schnell vorbei. Wenn du aber kämpfst, wenn du strampelst, wenn du dich wehrst,

- dann wird es unerträglich schmerzvoll,
- dann tut der Liebeskummer, den ich bringe, richtig weh,
- dann dauert dieser Liebeskummer lange,
- dann spiele ich mit dir – durch die Person, in der ich stecke.

Die Person, in der ich stecke (dein Herzallerliebster, deine Herzallerliebste) tut dir dann immer wieder weh. Sie kommt, sie geht. Sie liebt dich, sie lässt dich wieder fallen. Der Mensch, in dem ich stecke, wird dich dann immer wieder aufs Neue verletzen. Mit dem, was er sagt, mit dem, was er tut. Bis der Kummer unerträglich wird. Erinnere dich. Ich bin ein Trojaner. Ich stecke im Körper dieses einen Menschen, wegen dem du gerade so großen Kummer hast. Umso mehr du um diesen einen Menschen kämpfst, umso weniger akzeptierst du die Lektion. Umso weniger du akzeptierst, umso wilder werde ich. Meine Zähne schnappen immer wieder zu, um dich zu greifen. Ich fresse dich durch ihn. Weil du diesen Menschen nicht in Ruhe lassen kannst. Weil du dich nicht von ihm fernhalten kannst. Du stärkst mich, wenn du gegen mich kämpfst. Und du besiegst mich, wenn du die Situation annimmst und akzeptierst.

**Wie ich dich verdaue:**

Ich habe ordentlich Stress, denn ich muss die Liebes-Meere von Illusion und Liebeskummeropfern säubern. Das ist mein Auftrag. Die Bewusstseins-Verschmutzung der Meere schreitet schnell voran. Weil immer mehr Menschen sich in eine Liebes-Illusion verlieben, anstatt die Absicht des Menschen zu erkennen, den sie zu lieben glauben. Bewusstseinsverschmutzte Menschen wollen ihr Happy End, bevor das Spiel begonnen hat. Bevor sie sich als Held und als Heldin bewiesen haben. Sie suchen nach dem Zaubertrick, der dieses Happy End geschehen lässt. Und so verschmutzen sie unwissend den Ozean der Liebe. Sie stecken andere Menschen mit Illusion und Träumereien an. Das Meer der Liebe gerät immer mehr in

Verruf. Das will ich ändern. Ich tue meinen Dienst als Liebes-Aktivist. Mein Slogan lautet: Liebe ist Akzeptanz.

Ich ernähre mich von Liebesblinden. Ich verdaue sie, damit sie sich in Zukunft selber lieben können.

Meine Berufung ist oft auch schwer. In solchen Zeiten macht Fressen mir echt keinen Spaß:

- wegen des ganzen Stresses, den ich beim Fressen habe,
- wegen der schlechten Verdauung,
- wegen der verseuchten Nahrung.

Viele Liebeskummeropfer schmecken total Scheiße. Manche haben Kette geraucht, literweise Alkohol getrunken und sich mit Fast-Food vollgestopft. Sie haben ihr Fleisch verseucht – um sich zu betäuben. Wenn es nur um deren Gesundheit ginge, wäre es mir ja egal. Es betrifft jedoch auch meine Gesundheit. *Ich muss* die Liebeskummer-Opfer fressen. So lautet mein Job. Und so setze ich meine Gesundheit aufs Spiel und verderbe mir regelmäßig meinen Magen. Das schlägt auch auf den Darm. Meine schlechte Verdauung ist jedoch schlecht für dich. Deshalb beachte meine Gebrauchsanweisung unbedingt.

Wenn ich dich fresse, halte still. Ergib dich. Akzeptiere. Kämpfe nicht gegen den Schmerz. Betäube dich nicht. Lenke dich nicht ab. Sonst wird meine Verdauung träge. Dann kriege ich vielleicht Darmverschluss. Das wäre echt scheiße. Weil ich dann eben nicht aufs Klo gehen kann. Und in diesem Falle bleibst du noch viel länger in mir stecken. Der Liebeskummer nimmt dann kein Ende.

Verhalte dich also ruhig. Fühle, was es zu fühlen gibt. Fühle Dunkelheit, fühle Ohnmacht, fühle Unsicherheit. Hole dir beim Fühlen Hilfe. An mein Bauchgrummeln wirst du dich gewöhnen. Fühle, wie außen alles fließt, aber du nicht. Du steckst in mir drinnen fest. Bis ich dich restlos verdaut habe. Dann entlasse ich dich gesäubert und viel reflektierter wieder ins Meer. Und vielleicht bist du dann bereits zum Schmetterling geworden.

## Hallo, ich bin EGOn: Schnelleinführung in dein Ego

**Spielfigur:** EGOn

**Ich bewirke:** Durch mich kannst du spielen.

**Was mich stärkt:** Trigger, wenn mir jemand die Knöpfe drückt.

**Was mich schwächt:** Samthandschuhe.

**Ich vertrage mich mit:** Dir und OCTOPUSSY.

**Was hast du zu tun:** Liebe, umarme und triggere mich.

# EGOn

Ich bin EGOn. Dein Ego. Ich suche Freunde. Wirkliche Freunde. Willst du mein Freund sein? Willst du meine Geschichte hören? Willst du mich lieb haben? Ich bin so weit gereist. Mein Zuhause ist Planet E742. Dort wurde ich konstruiert. Man hat mich für das Erdenspiel erschaffen. Als Software, als Charakter für deine Spielfigur aus Fleisch. Dann hat man mich und meine Brüder und Schwestern in Pakete gesteckt. Mit Raumschiffen werde ich verschifft, bei Amazon gelagert und an die Endverbraucher ausgeliefert. Jedes Baby wird schon in Mamas Bauch mit mir ausgestattet. Nur durch mich kann die Hardware, der Körper vom Baby wachsen. Das Baby weiß nichts von mir. Ich weiß nichts von dem Baby. Ich kenne die Erde nicht. Die großen Erdlinge wissen zwar, dass es mich gibt, aber kaum einer von ihnen kennt mich. Kaum einer will mich kennenlernen. Ich habe einen schlechten Ruf. Deshalb gibt es so viel Kummer.

Hach: Ich kenne doch die Regeln hier auf Erden nicht. Deshalb mache ich Fehler, falle ich hin, tue mir weh und habe Kummer. Von anderen EGOns werde ich verrufen und verteufelt. Manch einer will mich töten. Dabei lag er doch vor ein paar Jahren neben mir im Paket.

Ich verstehe die Welt nicht. Ich fühle mich gehetzt, einsam, abgelehnt, ausgestoßen und kaltgestellt. Weißt du vielleicht, wie ich mich fühle? Weißt du, wie es ist, wenn dich niemand lieb hat, wenn du es dringend nötig hast? Fühlst du dich auch manchmal so? Wenn du mich verstehst, dann hab mich bitte lieb und erziehe mich. Bitte!

Ich bin deine Software zum Glücklichsein. Willst du glücklich sein, dann musst du wissen, wie ich funktioniere. Dieses Buch ist eine Gebrauchsanweisung für mich. Wenn du aufmerksam bist, dann kannst du mich verstehen. Vielleicht kannst du dich sogar in mich verlieben. Ich wünsche mir, dass mein Ruf wieder besser wird. Ich habe Hoffnung. Denn viele Menschen fangen an, mich neugierig zu betrachten. Sie fangen an, mir näherzukommen. Manche sagen, ich sei niedlich. Einige haben mich lieb. Oft werde ich schon in den Arm genommen. Das tut mir gut. Umarmungen tun mir gut. Langsam mag ich mich selber wieder gerne.

Ich will dein Freund sein. Du brauchst mich in diesem Spiel, damit du glücklich wirst. Ich brauche dich, damit ich glücklich werde. Wir brauchen einander. Ohne mich kannst du überhaupt nicht spielen, weil du ohne mich keinen Willen und keinen Antrieb hast. Ohne mich liegst du im Koma.

Ohne dich kann ich nicht spielen. Weil ich ohne dich keinen festen Körper, keine Hardware und keinen Kontakt zur Seele habe. Es bringt wirklich nichts, wenn du gegen mich kämpfst. Wenn du kämpfst, kämpfst du gegen das, was deine Spielfigur lebendig macht. Ohne mich kannst du nicht in deinem Körper sein, um ihn zu bewegen. Ohne mich gibt es kein Spiel. Ich will bitte spielen. Dafür wurde ich auf E742 produziert. Ich bin deine Software und belebe deine Hardware. Ich kenne deinen nächsten Schritt im Spiel. Wenn du mich gerne hast, dann verrate ich dir auch viele Tricks. Aber jetzt lass dir von Margret erklären, wie ich funktioniere. Sie kennt mich besser, als ich mich kenne.

**Wer ist EGOn?**

Für mich gleicht das Ego einem schnuckeligen, rot-pinken Roboter mit großen Kulleraugen. Seine Hardware hat Tausende von Knöpfen, die ein anderer drücken kann, und die Software bietet ein Programm, das seinen Besitzer funktionieren und auf das Knöpfedrücken eines anderen reagieren lässt. Dieses Ego wurde als Spezialwerkzeug für das Abenteuer Erde produziert. Ich nenne es liebevoll EGOn.

**Du brauchst EGOn**

Dein EGOn gibt dir deine Identität hier auf Erden. Wäre das Leben ein Kuchenteig, dann hätte dein EGOn vielleicht die Form eines Brötchens oder einer Brezel. Vielleicht wäre er auch ein Baguette.

Durch seine Form grenzt er dich vom Rest des Lebens ab und macht dich einzigartig. Einzigartig in deiner Form (Körper) und auch einzigartig in deiner Funktion. Um zu funktionieren, gibt EGOn dir eine Software. Deine Software wird meist „Charakter“ genannt. EGOns Körper nenne ich Hardware. Also deinen Körper, dein Fleisch und die feinstofflichen Körper auch. Es gibt zum Beispiel den mentalen Körper und den emotionalen Körper. Oft werden diese Körper einfach nur als Aura bezeichnet. Du wirst mich hauptsächlich von EGOns Emotionalkörper sprechen hören. Vielleicht kommst du mit der Bezeichnung Schmerzkörper besser klar. Hauptsache, du weißt, was ich mit dem Wort Emotionalkörper meine.

**EGOns Entwicklung**

EGONs Hardware verändert sich seit der Befruchtung unaufhaltsam. Seine Software tut es auch. EGOn lernt bereits im Mutterleib seine Umwelt kennen, speichert jeden Reiz, jeden Impuls von außen ab und entwickelt eine Antwort, eine Reaktion darauf.

Zwei Dinge werden EGOn für den Rest seines Lebens prägen: Nähe und Entwicklung. Im Mutterleib lernt EGOn Nähe kennen: die Nähe seiner Mutter. EGOn lernt auch Entwicklung kennen. Heute ist nichts mehr, wie es gestern war. Es geht immer irgendwie voran. Und so wird EGOn mit Reizen gefüttert. Von Eltern, Geschwistern, Freunden, Lehrern, von Feinden und von den Menschen, die er am liebsten hat. Von seinen Lebenspartnern, von seinen Affären, von denen, in die er sich (unglücklich) verliebt; von den Vorbildern in Sachen Liebe. EGOn frisst und frisst. Er verputzt Berge an Informationen, an Thesen und Konzepten, an Mustern, Kausalketten,

Düften, Gerüchen, Gefühlen und Gedanken. Er speichert alles ab. Daraus entwickelt er Glaubenssätze und Verhaltensmuster. Sein Programm wird immer komplexer. EGOn lernt schnell. Wenn er A tut, passiert A. Wenn er B tut, passiert B. EGOn speichert alles ab. Auf jeden Reiz von außen reagiert EGOn mit drei Fragen:

1. Womit habe ich es hier zu tun?
2. Was bedeutet das konkret?
3. Wie habe ich beim letzten Mal darauf reagiert?

## EGOns Software und sein Softwarefehler

Lass mich wiederholen: EGOn wird durch zwei Prinzipien nachhaltig geprägt:

1. Prinzip Nähe
2. Prinzip Entwicklung

EGOn wird nach Nähe streben, will sich gleichzeitig aber auch entwickeln. Der eine EGOn strebt mehr nach Nähe und verzichtet dafür gerne auf eine Ration Entwicklung. Der andere EGOn strebt nach Entwicklung und verzichtet dafür gerne auf eine Portion an Nähe. Welches Prinzip bei deinem EGOn vorherrschend ist, ist nun die Frage. Denn dadurch entscheidet sich, welche Art von Liebeskummer du erlebst. Und wie lange er dauert.

Als wenn das nicht schon alles wäre, hat EGOn ein Handicap, einen Softwarefehler 404 mit dem Namen: NONEGEMOS. NO NEGATIVE

EMOTIONS PLEASE. Softwarefehler 404 zeigt sich zum ersten Mal in einem Alter zwischen 4 und 8 Jahren. Das sind die Erfahrungen aus meiner Arbeit mit tausenden EGOns.

EGOn kommt mit unangenehmen Gefühlen nicht zurecht. Einerseits wurde er darauf programmiert, nach Harmonie, Frieden, Fröhlichkeit und Ekstase zu streben, andererseits schreibt sein Programm ihm ein Verhalten vor, dass EGOn immer wieder Wut, Enttäuschung, Ablehnung, Frust und Stress erfahren lässt. In der Interaktion mit einem Gegenüber, einem Umstand, einer Tatsache. Natürlich bist du nicht EGOn. Wie du jedoch täglich erfährst, bist du von EGOn nicht getrennt. Deswegen strebst du die meiste Zeit nach Harmonie und Liebe. Und du wirst dennoch mit Ablehnung und Verlust konfrontiert.

Der Verlust des Partners wäre per se keine Katastrophe. Doch weil EGOn den Schmerz als SCHLECHT bewertet, leidet EGOn Höllenqualen.

Schmerz zu fühlen, bedeutet nicht automatisch auch, zu leiden. Das erfährt eine Mutter, die ihr Kind gebärt. Sie hat Schmerzen, doch meist leidet sie nicht, denn der Schmerz hat einen SINN. Sie wird ihr Kind in den Armen halten. Sinn erfährt auch ein Marathonläufer, dessen Füße schmerzen. Er leidet nicht, denn er freut sich auf den Zieleinlauf.

Liebeskummer macht für EGOn keinen Sinn. Denn der Sinn offenbart sich nicht schnell, sondern oft erst viele Jahre später. So wie bei mir. Denn erst heute, als spirituelle Lehrerin, kann ich den tiefen Sinn des Liebeskummer-Karussells erkennen.

**Liebeskummer ist ein Softwarefehler von EGOn.**

Ich fasse zusammen: EGOn wird durch Eltern, Lehrer, Gesellschaft, durch manche Fernsehprogramme, Bücher und Konzepte darauf getrimmt, dass nur POSITIVE Gefühle erstrebenswert sind. Darauf gründet sich das tiefe Leid, das EGOn bei Liebeskummer erfährt. Denn er hat das Gefühl, dass er wegen seiner negativen Gefühlen nicht richtig tickt. Er hat das Gefühl, dass etwas mit ihm nicht stimmt. Er hat das Gefühl, dass er einen Fehler hat. Und diesen Fehler will EGOn reparieren. Durch einen (neuen) Partner. Durch eine Sucht. Durch eine Ablenkung.

EGOn ist natürlich ein Konzept, eine Abstraktion. Erinnere dich stets daran. Abstraktionen machen das Leben leichter.

Beispiel: EGOn sieht einen Stuhl. Sein Programm spuckt aus: „LOS DRAUFSETZEN!" STUHL ist eine Abstraktion. Etwas in dir weiß sofort, dieses Ding ist zum Draufsetzen da.

Meine EGOn-Abstraktion hilft deinem EGOn, sich selbst besser zu verstehen. Sie hilft dir, den Menschen besser zu verstehen, wegen dem du Liebeskummer hast. Sie hilft dir, dich in dich selbst zu verlieben. Sie hilft EGOn, seinen Softwarefehler als wertvoll zu betrachten. Irgendwann. Denn dieser Softwarefehler treibt EGOn auf seiner Heldenreise an. Hätte er diesen Fehler nicht, würde er im Paradies sitzen oder in der Hängematte liegen. Er würde Cocktails schlürfen und an Gänseblümchen kauen. EGOn würde irgendwann an Langeweile sterben. Würde EGOn sich nicht bewegen, könnte die Seele sich nicht erfahren. Doch dazu komme ich im nächsten Kapitel.

## Großer und kleiner EGOn

Im folgenden Abschnitt wechsle ich zwischen dir und EGOn hin und her, damit dir bewusst wird, dass es keine Trennung zwischen euch beiden gibt. Von vielen meiner Schüler werde ich gefragt: „Margret, kann das EGO sich verkleinern oder vergrößern?“

Bleiben wir beim Stuhl. Wenn du wächst, wird der Stuhl dir *kleiner* erscheinen. Die EGOn-Abstraktion wird in Wirklichkeit weder größer noch kleiner. EGOn wird weder größer noch kleiner. EGOn reift. Durch EGOn erweiterst du dein Blickfeld und somit dein Bewusstsein. Du fängst an, dich selbst und die anderen Menschen als Spielfiguren zu erkennen. Du fängst an, dich selbst und die anderen Menschen als einzigartig und besonders zu respektieren. Du fängst an, durch EGOn deine Entwicklungschance zu entdecken. EGOn beginnt, sich einerseits WICHTIG und andererseits als völlig unwichtig zu erkennen. Du lernst, mit beiden Beinen in einer jeweils anderen Welt zu stehen: Mit dem einen Bein stehst du auf dem Spielfeld der Welt, der Materie, der Erde. Hier spielst du dein Spiel, hier bist du wichtig. Hier hast du deine Rolle zu erfüllen. Hier kämpfst du auch. Mit dem anderen Bein stehst du im Reich der Seele. Im „Teig der Schöpfung“. Hier erkennst du dich als Seele selbst. Im Reich der Seele ist EGOn als Individuum nicht wichtig, weil er dort ja ALLES ist.

Wichtigkeit, sich wichtig zu fühlen, braucht einen Vergleich. Wichtigkeit braucht den Rahmen der Dualität. EGOn lernt, die Dualität als Werkzeug zu benutzen, ohne sich länger als ein Opfer zu erfahren. Du lernst, durch die Dualität zu surfen und den

Wellengang zu genießen. Du lernst, dich in dich selbst zu verlieben, weil du EGOn, deine Software kennenlernst. Du beginnst damit, jeden Tropfen Leid auszuschleichen. Nicht jedoch den Schmerz, nicht die negativen Gefühle. Schmerz und negative Gefühle kommen immer wieder. Schmerz und unliebsame Emotionen drücken EGOn weiterhin die Knöpfe. Doch EGOn wird genießen. Du wirst das Spiel erkennen und du wirst lieben: dich selbst und einen anderen. Und davon handelt dieses Buch.

## Hallo – ich bin OCTOPUSSY: Schnelleinführung in die Seele

**Spielfigur:** OCTOPUSSY

**Ich bewirke:** Dass du kein Leid mehr empfindest und totales Glück erfährst.

**Was mich stärkt:** Wenn du volle Kanne fühlst.

**Was mich schwächt:** Wenn du gegen EGOn kämpfst.

**Ich vertrage mich mit:** Allem, was ist.

**Was hast du für mich zu tun:** Füttere mich mit jedem Gefühl.

OCTOPUSSY stellt sich vor:

Hallo, ich bin OCTOPUSSY, deine Seele. Ich weiß nicht, ob und welcher Religion du angehörst. Bist du Christ, Hinduist, Buddhist? Oder Atheist? Ich habe keine Ahnung, ob du an mich glaubst und ob dir dieser Glauben peinlich ist. Ich weiß nicht, unter welchem Namen ich in deinen Kontakten stehe: Seele, Atman, Gott, Ewigkeit, Leben, Nullpunktfeld, Bewusstsein, Matrix, Geist, Natur. Namen machen für mich keinen Unterschied. Speichere mich unter einem x-beliebigem Namen ab, gib mir ein Profilbild nach Geschmack.

Margret hat mir das Profilbild einer Riesenkrake verpasst. Sie hat mich OCTOPUSSY getauft. Ich finde Bild und Namen gut getroffen. Bin ich doch die, die ALLES ist.

Bin ich doch der, der alles aus sich heraus erschaffen hat.

Bin ich doch das, das Milliarden Tentakel hat und mit sich selber spielt.

Vor rund 13,8 Milliarden Jahren fing alles an. Ich selbst bestand zu dieser Zeit aus einem Mini-Materie-Ei. Ich hatte Lust, zu spielen, und so ließ ich zu Spielbeginn mit einem lauten Knall einfach meine Schale brechen. Ich strömte aus, und erschuf im Augenblick des Knalls ein gigantisches Spiel. Dabei gibt es zwischen mir und dem Spiel keinen Unterschied. ICH BIN DAS SPIEL. Ich bin alle Spieler. Ich bin das Spielbrett. Ich bin die Entwicklung im Spiel. Ich bin das Alles-Was-Ist. Du wirst meine Worte wieder vergessen, doch sage später ja nicht, ich hätte es dir zu Spielbeginn nicht gesagt. ICH – OCTOPUSSY – BIN ALLES.

Ich fing an, das Spiel, also mich, zu entwickeln. Langsam, ganz langsam. Aus deiner Perspektive würdest du mich vielleicht Lahmarsch nennen. Ich hatte es nicht eilig. Erstens gehört mir alle Zeit der Welt. Zweitens hatte ich immer schon Geduld. So nahm ich mir Tausende von Jahren Zeit, um Atome zu erschaffen. Danach machte ich mit Galaxien, mit Universen, mit Welten und schwarzen Löchern weiter. Vor meinen Augen entfaltete sich unaufhaltsam ein monströses Spielbrett. So monströs, dass dein Bewusstsein keine Vorstellung davon hat. Ich erschuf Pantoffeltierchen und Dinosaurier. Feuer, Wasser, Erde, Luft. Himmel und Hölle, Adam und Eva, einen Apfel und die Schlange. Ich erschuf den Schmerz, den WEIßEN HAI des Liebeskummers und natürlich den Humor.

Seit dem Startschuss ist das Spiel in vollem Gange. Es nimmt an Fahrt auf, es wird komplexer. Es folgt einem genialen Plan. Es gab nichts, worüber ich nachzudenken hatte. Mein Wunsch war (und ist es), mich voll und ganz zu erfahren. Mein Wunsch war es, mich in Beziehung zu setzen. Und so musste ich zuallererst etwas erschaffen, was ich scheinbar nicht bin. Ich erschuf EGOn: das sich selbst vergessene Stückchen Seele.

Ich erschuf den Plan und einen Mechanismus, der das Spiel von Zeit zu Zeit auf ein neues Level hebt. Langeweile ist nichts für mich. Ich stehe voll auf Abenteuer. Ich will staunen. Ich möchte wissen, wer ich wirklich bin. Grundsätzlich weiß ich, wer ich bin. Doch nur dann, wenn ich mich auch erfahren kann, weiß ich es mit Sicherheit. Nur erfahrenes Wissen ist echtes Wissen.

Stell dir bitte vor, du wärst ganz alleine auf dieser Welt. Stell dir vor, es gäbe niemanden, mit dem du sprechen, schreiben, kommunizieren könntest. Stell dir vor, es gäbe NICHTS. Nichts außer dir. Wie wäre das? Stell dir vor, du wärest mutterseelenallein. Das ist es, was ich war. Ich war als Mutterseele ganz allein. Es gab nichts außer mir. Ich wollte Kinder. Ich wollte EGOns. Ich wollte wissen, wie es ist, eine Mutter zu sein. Ich wollte wissen, wie es ist, eine geliebte Mutter zu sein. Ich wollte wissen, wie es ist, eine von den Kindern vergessene Mutter zu sein. Ich wollte wissen, wie es ist, eine Rabenmutter zu sein. Ich wollte wissen, wie es ist, eine Adoptivmutter zu sein. Ich wollte und will das alles immer noch wissen. Ich bin einerseits ein wissbegieriges Kind. Und ich bin die Mutter, die dieses Wissen stillt.

Erinnerst du dich an Margrets Bild mit dem Stuhl? Ein Stuhl ist Bewusstsein = Seele = OCTOPUSSY in Form gepresst. Der Stuhl bin ich. Jawohl. Bisher würdest du vielleicht nicht glauben, dass der Stuhl eine Seele hat. Damit hast du recht. Er hat keine Seele. Er IST Seele.

Dieser Stuhl kann nun zwar wissen, dass er ein Stuhl ist, doch er wird sich erst als Stuhl erfahren, wenn jemand darauf sitzt. Der Stuhl kann sich als Stuhl erfahren, wenn EGOn darauf sitzt. Ich will mich natürlich nicht nur als Stuhl erfahren. Ich will mich auch als Haus, als Mensch, als Baum, als Straße und als Messer erfahren. Ich will mich auch als Schrank erfahren, der nicht alle Tassen hat. Und so muss ich, wenn ich mich als etwas BESTIMMTES erfahren will, etwas ANDERES erschaffen, das scheinbar NICHT dieses BESTIMMTE ist. Kommst du mit? Wenn du dich als geliebt erfahren willst, dann ist Selbstliebe ja ein frommer Gedanke. Doch Fakt ist: Ohne GELIEBTEN wirst du nicht wirklich wissen, was die Liebe ist. Punkt.

Damit ich mich erfahren kann, muss ich einen Teil von mir mit der Illusion belegen, dass er nicht Seele, nicht OCTOPUSSY ist. Gesagt, getan. Aus einem Saugnapf meiner Tentakel habe ich EGOn kreiert, das EGO. EGOn ist die personifizierte Trennung pur. Ich habe EGOn mit der Illusion belegt, dass er nicht ich, nicht OCTOPUSSY ist. Ich habe ihm mit dem Fluch bedacht, sich nicht mit allem verbunden zu fühlen. Ich bin in die Rolle der mutigen, bösen Fee geschlüpft. Ich habe EGOn verflucht und mich durch ihn von mir selbst getrennt. EGOn wurde zum gefallenen Engel. EGOn fiel aus dem Paradies und vergaß. Er vergaß, dass er OCTOPUSSY ist. Er vergaß mich und damit sich selbst. Seitdem sucht er mich und sich selbst. EGOn sucht, was er ist. Da du dich oft immer noch mit EGOn identifizierst, suchst du, was du bist. Und diese Suche nach deinem Wesen gleicht einer

Heldenreise. Diese Reise wird – da bin ich mir ganz sicher – zu einer Hochzeit führen. Zu einer Hochzeit zwischen deinem EGOn und mir.

Wenn du mich erst gefunden, mich umarmt und geheiratet hast, wird deine Heldenreise Stoff für ein Epos sein. Und HAIRAT, der WEIßE HAI DES LIEBESKUMMERS wird Schnee von gestern sein. Genug von mir. Margret beschreibt dir nun, wie es auf deiner Reise weitergeht.

**Das sich selbst vergessende Stückchen Seele**

Ich weiß, dass du eine tiefe Sehnsucht in dir trägst. Sonst hätte OCTOPUSSY mich dieses Buch nicht schreiben lassen und du würdest es jetzt nicht in den Händen halten. Diese tiefe Sehnsucht gibt dir die Kraft, weiterzugehen. Wieder aufzustehen. OCTOPUSSY zu vertrauen. Denn die meiste Zeit erlebst du dich noch getrennt von OCTOPUSSY. Die meiste Zeit erlebst du dich als EGOn.

EGOn hat Abenteuer zu bestehen. EGOn trifft auf Widersacher. EGOn wird fliegen. EGOn wird abgeschossen werden und fallen. EGOn wird gewinnen, um wieder zu verlieren. EGON wird sich verirren, er wird seinen Weg verlieren. Er wird nicht weiterwissen und einen anderen EGOn um Hilfe bitten. Der wird ihm vielleicht von SEINEM Weg erzählen. Und vielleicht wirst du den Weg eines anderen probieren. Dann wirst du feststellen, dass du dich noch mehr verlaufen hast.

Es ist nicht egal, welchen Weg EGOn benutzt. Der Spruch: „Viele Wege führen nach Rom“ bringt EGOn nicht weiter. OCTOPUSSY hat EGOn nämlich *seinen* Weg gegeben. *Seinen* Weg und *seine* Schatzkarte dazu. Bestimmt ist dieses Buch ein großer Teil deiner Schatzkarte. Und durch diesen Teil wirst du die nächsten Teile deiner Schatzkarte finden. OCTOPUSSY sorgt zum richtigen Moment dafür, dass du fündig wirst. OCTOPUSSY sorgt dafür, dass EGOn weiß, *was* seine tiefste Sehnsucht ist und wie er seiner Sehnsucht folgen kann. Folgt EGOn seiner wahren Sehnsucht, dann lernt er, seinen Ablenkungen nach und nach zu entsagen. EGOn wird zum Helden in OCTOPUSSYs Spiel. EGOn erkennt seine Rolle an. Er geht endlich seinen Weg, auf dem er sich Schritt um Schritt daran erinnert, WER ER IST. Du erinnerst dich daran, WER DU BIST. Du erkennst dich als OCTOPUSSY. Du erkennst dich als SEELE, die sich vergessen hat.

Als ich vor drei Jahren über die Seele meditierte, erschien sie mir in Form einer Riesenkrake. Die Meditation fühlte sich jedoch eher an wie ein Date. Ich habe keine Einzelheit dieses Dates vergessen. Und erst jetzt, beim Schreiben dieses Buches, erkenne ich OCTOPUSSYs Plan. Dieses Buch kündigte sich schon damals an. Doch EGOn war verwirrt, hatte keinen blassen Schimmer. Mittlerweile hat EGOn einen blassen Schimmer. Er hat OCTOPUSSY als Boss akzeptiert und dient. Der Boss hält EGOn ordentlich auf Trab. Dieses Buch zum Beispiel hat OCTOPUSSY mir in einer Zeitspanne von acht Wochen diktiert. Manchmal mitten in der Nacht, manchmal beim Joggen.

**Wie verstehe ich OCTOPUSSY?**

OCTOPUSSY hat sich mir mit Milliarden von Tentakeln vorgestellt. Zu jedem Tentakel gehört ein EGOn. Jedes Tentakel ist beseelt. Ich glaube seit diesem Meet & Greet mit OCTOPUSSY an nur EINE große Seele. Ich glaube an eine OCTOPUSSY, die ganz viele Menschen, Tiere und auch Pflanzen hat. Ich glaube, dass deine Seele auch meine Seele ist. Wir sind Tentakel derselben OCTOPUSSY.

Ich glaube daran, dass OCTOPUSSY nichts und niemanden trennt, sondern verbindet. Wenn es um Trennung geht, ist EGOn spitze. Ich wiederhole: Ich glaube an die eine große Seele, an EINE OCTOPUSSY, die Milliarden von EGOs hat. Jedes Tentakel hat eins. Egal, ob Mensch, ob Tier, ob Pflanze. Milliarden Tentakel, die sich lieben. Milliarden Tentakel, die sich verachten. Milliarden Tentakel, die sich nähren, die sich verhungern lassen, die sich züchten, die sich zerstören, die sich misshandeln, die sich streicheln, die sich trennen, die sich halten, die sich verletzen, die sich versöhnen, die sich gebären, die sich töten. Milliarden Tentakel derselben Seele, die gerade mit sich selber spielt, um sich zu erfahren.

Ich erinnere dich: EGOn ist auch Seele. EGOn ist Seele, die sich vergessen hat. EGOn ist DEINE SEELE. Immer dann, wenn du DEIN oder MEIN sagst, denkst oder schreibst, sprichst du von EGOn. EGOn ist auch OCTOPUSSY, doch EGOn ist nicht die Quelle. EGOn ist der Kanal.

**EGOns Leid**

EGOn wird oft verteufelt. Wir sprechen von egoistischen Menschen, die sich scheinbar nur um sich selbst kümmern. Wir sagen diesen Menschen oft nach, dass sie sich nicht um ihre Seele kümmern. Wir sagen diesen Menschen nach, dass sie schlechter als wir selber sind.

Ein Mensch, der dir egoistisch vorkommt, ist es nicht mehr als du selbst. Er agiert seinen Egoismus *anders* aus. Auch ein Helfersyndrom kann egoistisch sein. Weil das Ego eines Helfers durch das Helfen Anerkennung kriegt.

OCTOPUSSY hat verschiedene EGOn-Strategien ins Leben gerufen. Das ist der Plan, der dieses Spiel am Leben hält. Dein Liebster, deine Liebste hat mit Sicherheit eine komplett andere EGOn-Software, damit es zwischen euch beiden Reibereien gibt. Damit es Schmerzen gibt. Denn nur durch Schmerzen kannst du dich in deinem Spiel entwickeln. Durch die verschiedenen Strategien, Charaktere und Verhaltensweisen triggern sich die EGOns gegenseitig. Lustvoll und schmerzvoll. Trigger sind OCTOPUSSYs Stoff. Denn OCTOPUSSY kann sich nur erfahren, wenn es zwischen den verschiedenen EGONs Spannung gibt. Das kennst du von der Liebe. Keine Spannung, nichts fließt. Du verliebst dich nicht. Und OCTOPUSSY geht es da genau wie dir. Sie braucht immer wieder Spannung, um sich (über einen anderen) in sich selbst zu verlieben. Um sich (durch einen anderen) zu erfahren.

OCTOPUSSY kann sich durch dich erfahren. Durch deinen EGOn, durch deinen Körper, der OCTOPUSSY fühlen lässt. OCTOPUSSY hat das ganze Spiel, die Geschichte, das Abenteuer deines Lebens, die Heldenreise, die Milliarden EGOns, die sich lieben und vernichten, des GEFÜHLS wegen erschaffen. OCTOPUSSY hat nur einen Wunsch: OCTOPUSSY MÖCHTE ALLES FÜHLEN.

Schreib dir diesen Satz auf viele Haftnotiz-Zettel und klebe sie an prägnante Stellen in deiner Wohnung. Mache den Satz zu deinem Mantra. OCTOPUSSY will alles fühlen. Alles. Jedes Gefühl. Immer wieder.

Gefühle wird es auf der Heldenreise zur Genüge geben. Auf der Heldenreise, bei der es an irgendeinem Punkt für dich eine Hochzeit gibt. Die Hochzeit zwischen EGOn und OCTOPUSSY, auf der bedingungslose Liebe besiegelt wird. Doch vorher müssen EGOn und OCTOPUSSY es richtig miteinander treiben. So werden sie sich kennenlernen. Und Kennenlernen erfordert Kommunikation. Eine intensive Form der Kommunikation.

Schönmalerei bringt dich nicht zu deinem Ziel. Deshalb nenne ich das Übel beim Namen, damit du die Liebe leben kannst, nach der du Sehnsucht hast.

## Kommunikation zwischen OCTOPUSSY (Seele) und EGOn (Ego) über Gedanken, Emotionen und Ereignisse

EGOn braucht, wenn er sich entwickeln will, einen guten Draht zu OCTOPUSSY. Am allerbesten einen heißen Draht. OCTOPUSSY kommuniziert immer. Sie kommuniziert über Gedanken, Emotionen und Ereignisse mit EGOn.

Konkret bedeutet das:

OCTOPUSSY lässt EGOn denken.

OCTOPUSSY lässt EGOn fühlen.

OCTOPUSSY lässt EGOn etwas erleben.

Doch EGOn merkt meistens nicht, dass OCTOPUSSY mit ihm kommuniziert. Erstens lenkt EGOn sich oft ab. Zweitens hat er kein Konzept davon, *wie* OCTOPUSSY mit ihm kommuniziert. In diesem Kapitel kann EGOn es jetzt lernen.

### Sprich mit OCTOPUSSY

Um das Gespräch mit OCTOPUSSY zu starten, kannst du zum Beispiel die Augen schließen. Warte, bis EGOn still und einigermaßen friedvoll ist.

Wenn das klappt, dann werde dir deines inneren und äußeren Raumes gewahr. Innen ist EGOns eigenes Reich. Außen ist dort, wo es auch andere EGOns gibt.

- Der innere Raum trägt das Türschild „Herz- und Kopfkino“.
- Der äußerer Raum trägt das Schild „Theater“.

**Der innere Raum**

Im inneren, dem imaginären Raum, schickt OCTOPUSSY an EGOn Gedanken – in Form von Worten, Sätzen, Geräuschen, Bildern oder Videos. Das tut OCTOPUSSY im Wachzustand von EGOn *und* im Traum. Sie schickt EGOn auch Emotionen, die ich OCTOPUSSYS Wetterlagen nenne. Diese Wetterlagen treffen EGOn oft unvermittelt. Wie Regenschauer im April. EGOns Stimmung schlägt um, ohne dass er den Grund für den Stimmungswechsel kennt. Erinnere dich: Es passiert.

**Der äußere Raum**

Den äußeren Raum kennst du unter dem Begriff „reale Welt“. Mir gefällt der Begriff „Theater“ besser. Das Theater steht mit dem Herz- und Kopfkino in magischem Zusammenhang. Im Grunde existieren beide Attraktionen nicht getrennt voneinander. Das ist mir heute Morgen wieder bewusst geworden. Ich musste aufs Klo. Draußen hörte ich ein lautes Motorengeräusch und vermutete einen EGOn mit Rasenmäher. Er wurde sofort IN MEINEM KOPFKINO lebendig. Ich sah aus dem Toilettenfenster, konnte aber keinen EGOn entdecken. Das Geräusch wurde immer lauter. Ich hörte es IN meinem Kopf. Ich sah EGOn mit dem Rasenmäher IN meinem Kopf. Als ich mit dem Pinkeln fertig war, schaute ich noch einmal aus dem

Fenster. Da sah ich den Nachbar-EGOn mit einer elektrischen Sense im Theater.

- Was du im Kopfkino siehst, heißt FILM
- Was du im Theater siehst, heißt EREIGNIS.

Die Darsteller und Requisiten des Ereignisses könntest du meistens anfassen.

Es spielt grundsätzlich keine Rolle, IN WELCHEM RAUM du etwas siehst, hörst oder empfindest. Es spielt keine Rolle, wo sich etwas ereignet. Ob im Herz- und Kopfkino oder im Theater. Denn wenn du deinen EGOn beobachtest, sind es oft jene Dinge, die gerade NICHT passieren, mit denen EGOn dich beschäftigt.

- Dein Lieblingsmensch ruft NICHT an.
- Dein Herzallerliebster trennt sich NICHT von seiner Ehefrau.
- Du kannst diesen einen, besonderen EGOn NICHT vergessen.
- Er kommt einfach NICHT zurück zu dir.
- Du kannst ihn NICHT umarmen.

Das, was EGOn gerade NICHT hat, was er im Theater *nicht* erlebt, das sieht er jedoch meist als gegenteiligen Film im Kopfkino. Und deshalb will er es haben. EGOn *macht* den Film im Kopfkino nicht selbst. Ich erkläre das später im Kapitel zum freien Willen noch genauer. Es gibt Studien von Hirnforschern dazu.

OCTOPUSSY *schickt* den Film ins Kopfkino, um EGOn zu triggern, damit er viele Gefühle produziert. Denn über EGOns Gefühle kann OCTOPUSSY sich erfahren.

Beobachte neugierig das Geschehen im Kopfkino und EGOns Reaktionen darauf. Ganz egal, welchen Input du gerade kriegst – es geht um das, was EGOn daraus macht. Wie verarbeitet er den Input im Liebeskummer-Spiel? Was fühlt er dabei? Denn was EGOn *fühlt,* ist DAS, was OCTOPUSSY interessiert.

**Besuch im Herz- und Kopfkino:** Konzentriere dich für einen Moment nur auf das Kino in EGOns innerem Raum. Dazu kannst du die Augen nochmals schließen und ein paar Male tief ein- und ausatmen. Lass die Kinoleinwand in dir entstehen. Vielleicht ist sie für dich hell, vielleicht dunkel. Das hat nichts zu bedeuten. Bestaune diese Leinwand, auf der OCTOPUSSY Botschaften an EGOn sendet.

**EGOns Herz- und Kopfkino**

Im Kopfkino kommen die Botschaften in Form von Gedanken.

Diese Gedanken sendet OCTOPUSSY

- als einzelne Worte,
- in Sätzen,
- als Geräusch,
- als Melodie (zum Beispiel ein Ohrwurm),
- Bilder,

- als Video-Sequenzen,
- als Gerüche (du riechst etwas, was nicht da ist),
- als Geschmack (du schmeckst etwas, was nicht da ist).

Gedanken sind Information. Input. Manchmal erscheint ein einzelnes blinkendes Wort auf der Kinoleinwand. Manchmal schickt OCTOPUSSY dieses Wort als Sound. Weil manch EGOn eher ein visueller, ein anderer eher ein auditiver EGOn ist. OCTOPUSSY sendet via Kopfkino multidimensionale WhatsApp-Nachrichten an EGOn. EGOn öffnet die Nachrichten oder auch nicht. Wenn er sie öffnet, produziert EGOn für OCTOPUSSY Gefühl. *EGOn wandelt Gedanken in Gefühle um.* OCTOPUSSY ist an Gefühlen interessiert.

**EGOns Herzkino**

OCTOPUSSY kann aber noch mehr. Sie kann dir Emotionen senden. Die werden dir angeschmissen, wie aus heiterem Himmel. Man nennt das auch Stimmungsumschwung.

Du kennst dieses Phänomen, wenn du dich mit einem Menschen ganz eng verbunden fühlst. Dann fühlst du seine Gefühle. Es ist jedoch nicht dein Lieblingsmensch, der dir diese Emotionen sendet. Es ist immer OCTOPUSSY, die das tut. Sie schickt EMOTIONEN, damit EGOn aus diesen Emotionen Gef*ü*hle für OCTOPUSSY produziert.

Emotionen sind Einwirkungen von außen, die eine Empfindung auslösen. Eine bestimmte Energie trifft zum Beispiel von außen auf einen deiner Körper. Wenn dich jemand berührt, löst das eine körperliche Empfindung aus. Wenn dir jemand etwas sagt, löst das eine emotionale Empfindung aus. Wenn jemand an dich denkt, löst das zum Beispiel eine mentale Empfindung aus. Diese Empfindungen werden interpretiert und lösen dann ein bestimmtes Gefühl in dir aus. Solange du dich wohlfühlst, denkst du nicht weiter darüber nach.

Merke: Emotionen sind Energien, die von außen kommen. Gefühle werden als Antwort auf die Emotionen produziert. Nicht so schöne Emotionen, die OCTOPUSSY an EGOn sendet, werden meistens hinterfragt, bewertet und durchdacht. EGOn beim Selbstgespräch: „Wo kommen diese Emotionen *plötzlich* her? Das sind doch gar nicht meine? Mir ging es doch eben noch so gut. Was ist denn nun schon wieder los?"

EGOn denkt über die Emotionen nach und spürt etwas dabei. EGOn kommt über den Umweg des Denkens ins Gefühl. Bingo. OCTOPUSSY kriegt Gef*ü*hl.

**Unterschied zwischen Herz-und Kopfkino**

- Im Kopfkino kriegt EGOn Gedanken und wandelt sie in Gefühle um: EGOn sieht im Kopfkino Schokolade, geht zum Kühlschrank, isst die ganze Tafel, fühlt sich danach entweder gut oder schlecht.

- Im Herzkino kriegt EGOn Emotionen. Egon wird über körperliche Empfindungen getriggert und wandelt diese Trigger in Gefühle um: EGOn ist vielleicht gerade noch ausgelassen und bemerkt urplötzlich eine schwere, drückende

Energie. Er fragt sich, WOHER diese negative Energie wohl kommt und fühlt sich nun auch schlecht.

Im Herzkino kommen Emotionen unvermittelt angeflogen. Sie sind aus heiterem Himmel einfach da. Ohne ersichtlichen Grund. OCTOPUSSYs Wetter dreht sich. Blau und wolkenlos wandelt sich urplötzlich in Gewitter.

## OCTO-GON: positive und negative Gedanken und Gefühle als Nahrung für EGOn

Wenn OCTOPUSSY mit EGOn kommuniziert, sendet sie ihm OCTO-GON eine explizit für EGOn entwickelte Nahrung aus Gedanken und Emotionen. Damit EGOn sich entwickeln kann. Damit er stark für seine Heldenreise wird. Kein EGOn kriegt DASSELBE. OCTO-GON ist als Mix für jeden EGOn einzigartig. Und natürlich schmeckt EGOn OCTO-GON nicht immer. Meist findet er es sogar zum Kotzen. Er WILL es nicht zu sich nehmen, weil es brennt, sticht, zwickt, in seinem System rumort und den Brechreiz aktiviert. Blähungen und Durchfall auch. EGOn ist zu Beginn des Liebeskummer-Spiels nicht bereit, OCTO-GON zu verdauen. Er will nichts Negatives denken. Er will auch nichts Negatives empfinden. Also bleibt er schwach. EGOn hört von Freunden und liest in Büchern Parolen wie: „Du darfst nicht negativ denken. Du musst deine Gedanken kontrollieren.“ Also schreit EGOn nach leckerem OCTO-GON. Er will schöne Gedanken, bessere Gefühle, tolle Geräusche, liebe Worte, Lob und Anerkennung. EGOn will in die Arme seiner Geliebten, seines Geliebten. EGOn verwechselt Freude,

Ekstase und freudvolle Nähe mit Glück. Doch das ist nur halbes Glück. Denn solange EGOn nicht jeden Tropfen OCTO-GON bereitwillig verdaut, solange er nicht auch die „negativen“ Gedanken und Emotionen frisst, wird er nie dauerhaftes Glück empfinden. EGOn muss – will er wahres, langfristiges Glück erfahren – durch OCTO-GON seinen Softwarefehler 404 reparieren.

**Unterschied: Emotionen, Gedanken und Gefühle**

**Emotionen**: Kategorie Nahrung (OCTO-GON)

**Gedanken**: Kategorie Nahrung (OCTO-GON)

**Gefühle**: Kategorie Stoffwechselendprodukt (E-GON = Kot)

**Emotionen** sind *Nahrung* für EGOn und erscheinen als Wetterlagen der Seele, die durch EGOns Hard- und Software ziehen. Stell dir die Emotionen wie Wetterbedingungen vor, die von außen auf EGOn strahlen, regnen, schneien, donnern, peitschen, wehen, säuseln. Bedingungen, die an ihm rütteln und reißen. Die ihn manchmal streicheln. EGOn empfindet – je nach Software, die ja für jeden EGOn einzigartig ist – ein bestimmtes Gefühl.

**Gedanken** sind *Nahrung*, die OCTOPUSSY in Form von Liebesbriefen an EGOn schreibt.

**Gefühle** sind *Ergebnisse* von EGOn, die er als Stoffwechselend-produkt produziert, wenn er OCTOPUSSYs Informations-Cocktail (OCTO-GON) verdaut.

**Next Level OCTO-GON für EGOn**

Nehmen wir OCTO-GON und EGOns Stoffwechselendprodukt ein bisschen genauer unter die Lupe:

| Nahrung = OCTO-GON | Stoffwechselendprodukt = Kot |
|---|---|
| Emotionen | Gefühle |
| Gedanken | Gefühle |
| Ereignisse | Gefühle |

OCTOPUSSY füttert EGOn durch die Nabelschnur des Tentakels mit OCTO-GON. OCTOPUSSY weiß immer ganz genau, WELCHE Nahrung, welches OCTO-GON EGOn gerade braucht. Baby-EGOn braucht eine andere Nahrung als Teenie-EGOn. Und der gereifte EGOn braucht wieder einen ganz eigenen Proviant. Ändert sich die Herausforderung auf EGOns Heldenreise, ändert sich sein Snack.

Ich habe zwar keinen blassen Schimmer, welche Nahrung du zu dir nimmst, doch bin ich sicher, dass deine Kost sich im Laufe deines Lebens schon ein paar Male verändert hat. Vielleicht verzichtest du auf bestimmte Lebensmittel, die dir zwar schmecken, deinem Körper aber nicht gut tun. So geht es EGOn mit OCTO-GON. EGOn wird auf neue Abenteuer vorbereitet, er wird abgehärtet, er bildet neue Stärken aus. EGONs Nahrungsumstellung löst ab und an Unverträglichkeiten, Allergien, Übelkeit und Brechreiz aus. Auch Blähungen, Völlegefühl und Dünnpfiff. Manchmal wird EGOn davon schläfrig.

Manchmal besoffen, manchmal hellwach. Eine Diät von OCTO-GON ist ausgeschlossen. OCTOPUSSY füllt EGOn immer wieder damit ab. Greift EGOn auf altbewährtes, „Gute-Gefühle"-OCTO-GON zurück, also auf positive Gedanken, geliebte Menschen und Ereignisse, mit denen er sich ablenkt, schleust OCTOPUSSY mehr neues, schmerzhaftes OCTO-GON in EGOns Sinne. EGOn wird dann vermehrt getriggert. Die Nahrungsumstellung braucht seine Zeit. Letztlich passt EGOns Verdauung sich nach und nach an die neue Ernährungsweise an. Anfängliche Unverträglichkeiten werden ausgeschlichen. Und das bringt ein wirklich langanhaltendes, besseres Gefühl für EGOn.

**Nahrungsumstellung über Emotionen:**

Wenn EGOn wächst, wird OCTOPUSSY ihm rauere Emotionen schicken: weniger Harmonie, mehr Chaos. EGOn fühlt sich dann oft „durch den Wind". Er fragt sich, was mit ihm nicht stimmt und kriegt noch mehr an Chaos. Vielleicht versucht er auszuweichen, hält sich an seinen geliebten Oasen und an seinem Plüschhasen fest. Doch auch hier schickt OCTOPUSSY Stürme. Taifun in der Oase, gerupftes Fell beim Plüschhasen. EGOns heile Welt steht Kopf. Bis er sich ergibt. Bis er bereit ist, das neue OCTO-GON zu schlucken und das anzunehmen, was diese Nahrung mit ihm macht.

Vielleicht hältst du kurz inne und beantwortest folgende Frage: Welche Emotion schmeckt dir gerade nicht? Was willst du nicht mehr in deinem Leben haben? Wogegen kämpfst du?

**Nahrungsumstellung über Gedanken:**

Gedanken sind immer *Liebesbriefe* von OCTOPUSSY an EGOn. Ob sie nun Worte, Bilder oder Videos an EGOn sendet, sie drückt mit jeder Botschaft ihre Liebe zu EGOn aus. Soll EGOn wachsen, sind ihre Liebesbriefe manchmal hasserfüllt. Voll von Kritik, voll von Ablehnung, voll von Zorn oder Hohn. OCTOPUSSY triggert EGOn im Kopfkino. EGOn denkt, dass er selbst negativ denkt. Bis er auf den Trichter kommt, dass er Gedanken gar nicht machen kann. Langsam, aber sicher, wird EGOn stärker. Er lehnt negative Gedanken nicht mehr ab. Er begutachtet sie mit Neugier. Es sind die negativen Gedanken, die EGOn schmieden. Es sind die unschönen Bilder, die ihn über alte Aversionen wachsen lassen. Jeder Gedanke, jede Stimme im Kopfkino, jedes Urteil – all das drückt OCTOPUSSYs Liebe zu EGOn aus. Es gibt keine andere Quelle außer OCTOPUSSY. Es gibt keinen anderen Nektar außer OCTO-GON. OCTO-GON ist immer perfekt. Perfekt für den Moment.

Halte auch hier wieder kurz inne: Welche Gedanken quälen dich gerade? Welche Gedanken willst du nicht mehr denken? Welche Gedanken versuchst du zu kontrollieren?

**Nahrungsumstellung über Ereignisse:**

Im Theater geht es weiter: OCTO-GON wird EGOn in Form von Bildern, Worten und Filmen zugeführt. In 3D. OCTOPUSSY verschärft auch hier die Bedingungen: EGOns Kumpel ticken plötzlich anders. Störenfriede betreten die Bühne und schupsen EGOn aus der gemütlichen Hängematte des Komforts. OCTO-GON in 3D zum

Anfassen. EGOn wehrt sich gegen diese Nahrung. Er bezeichnet sie als „schädlich“ und als „Gift“ und versucht, seine heile Welt zu retten. EGOn will die Harmonie zurück. Doch OCTO-GON soll EGOns Softwarefehler reparieren. Und so triggert OCTOPUSSY ihren EGOn am laufenden Band. Damit EGOn nun auch Scheißgefühle ohne großen Widerstand fühlen kann.

Ich lade dich ein, kurz zu reflektieren: Was passt dir in der realen Welt, im Theater gerade nicht? Welches Verhalten geht dir gegen den Strich? Welche Stärke will OCTOPUSSY dadurch bei dir zur Entfaltung bringen?

**EGONs Kot**

Gucken wir uns nun EGOns Verdauung an und das Stoffwechselendprodukt, den Kot. Kot passt sehr gut, denn es geht hauptsächlich um die Scheißgefühle, die sich OCTOPUSSY vermehrt von EGOn wünscht, denn mit Freude und Ekstase klappt es bei EGOn meistens schon. Im Liebeskummer-Spiel geht es um den Kot, der EGOn stinkt, mit dem er nichts zu tun haben will. Kaum ein EGOn will freiwillig in der Scheiße sitzen, dabei hat es, als er ein Baby oder Kleinkind war, doch noch gut geklappt. Dann wurde EGOn im Zuge der Erziehung das Spiel mit Scheiße abtrainiert. Körperausscheidungen und negative Gefühle waren plötzlich „Pfui“.

Nun muss EGOn wieder lernen, was ihm abtrainiert worden ist, wenn er wirklich Glück empfinden will. Er muss Scheißgefühle lieben lernen.

Wenn EGOn OCTO-GON (Gedanken, Emotionen, Ereignisse) verarbeitet und verdaut, entsteht Kot (Gefühl), dass er für OCTOPUSSY produziert. OCTOPUSSY fühlt durch EGOn. Und OCTOPUSSY hat das Spiel erfunden, um ALLES, jedes Gefühl zu fühlen. Ich wiederhole mich, weil das die wichtigste Botschaft dieses Buches ist.

Im Liebeskummer-Spiel wird EGOn für das nächste Level im Spiel bereitgemacht. Für ein Level, in dem EGOn und OCTOPUSSY mehr Glück erfahren können. Deshalb bekommt EGOn Next-Level-OCTO-GON. Eine spezielle Nahrung, einen speziellen Treibstoff. Doch Menschen-EGOn verdaut Next-Level-OCTO-GON nicht gerne, weil es ihm meistens nicht schmeckt. Baum-EGOn kann für Menschen-EGOn da ein Vorbild sein. Wieso Baum-EGOn wirst du dich vielleicht fragen. Hat ein Baum denn ein Ego? Meine Antwort darauf lautet Ja. All das, was einen Überlebenswillen hat, hat auch ein Ego.

**Der Baum als Vorbild**

Stell dir vor, du bist mit EGOn ein paar Tage in den Bergen. Es ist sommerlich, windstill, warm. Du schaust aus dem Fenster deines Hotelzimmers. Dein Blick schweift über den kleinen, grünen Hügel gegenüber vom Hotel. Dort steht ein großer, starker, alter Baum. Der Baum bewegt sich nicht. Auch das Gras scheint im Dornröschenschlaf zu sein.

Nichts scheint sich zu bewegen. So still ist es. Die Aussicht wird von dem Fenster eingerahmt, durch das du schaust, und wirkt fast kitschig. Bergidylle – wie auf einer Postkarte. Vielleicht hältst du den

Atem an, während sich dieses Bild in EGOns Fotoalbum brennt, weil es so besonders ist. Ein paar Monate später bist du wieder in dem Hotel. Es ist windig, fast stürmisch. Regen peitscht an dein Fenster und über den Hügel, das Gras biegt sich Richtung Boden. Der Wind zerrt an der Krone des Baums, die sich bei jeder Böe neigt. Kleine Zweige und lose Blätter fliegen durch die Luft, Äste brechen ab. Der Baum gibt sich Sturm und Wetter hin. Der Baum lässt sich bewegen. Stell dir vor, der Baum würde sich NICHT bewegen lassen. Stell dir vor, er würde stocksteif an Ort und Stelle bleiben, so wie an dem Sommertag, an dem es windstill war.

**Erstens:** Es würde total unnatürlich und künstlich wirken. Du würdest sofort merken, dass da etwas nicht stimmt. **Zweitens:** Wenn der Baum gegen das Wetter kämpfen würde, dann würde er an Kraft verlieren. Viele seiner Äste würden brechen. Nach ein paar Stürmen gäbe es den Baum, so wie du ihn jetzt kennst, nicht mehr. Ein Baum gibt sich jeder Wetterlage hin. Er hat kein Konzept vom Kampf gegen das Wetter. Er verdaut das Wetter und liefert OCTOPUSSY Gefühl. Übrigens: Ob und wie Pflanzen fühlen, darüber sind sich die Wissenschaftler nicht einig. Dr. Peter Hietz vom Institut für Botanik an der BOKU Wien sagt: „**Gefühle** im Sinne von Emotionen **haben Pflanzen** nicht. Reize aus der Umwelt nehmen sie aber schon wahr, fühlen sie also quasi und können entsprechend darauf reagieren."

Menschen-EGOns geben sich dem Wetter meist nicht hin. Sie kämpfen dagegen. Sie wollen Sonnenschein, wenn es gerade regnet. Ganz besonders heftig kämpfen sie jedoch gegen das Wetter der Emotionen. EGOn kämpft gegen die Emotionen, die er nicht mag. EGOn kämpft gegen für ihn *negative* Emotionen. EGOn will die Emotionen, also das Wetter, kontrollieren. EGOn will *positive* Emotionen. Doch kontrollieren kann EGOn die Emotionen nicht. Wenn EGOn OCTOPUSSYs Launen schon nicht kontrollieren kann, dann tut er wenigstens so, als ob er es könnte. EGOn bewahrt die heile Fassade. EGOn zeigt sein Pokerface. EGOn tut, als ginge es ihm gut. Und das wirkt unnatürlich. Es wirkt unnatürlich, so wie ein Baum unnatürlich wirkt, der sich durch den Sturm nicht bewegen lässt. EGOn versucht, mit allen Mitteln an seiner harmonischen Fassade festzuhalten. Bis er zusammenbricht. Bis er die Fasson verliert. Egal, was EGOn eingeredet wird, egal, wie hart er auch trainiert: EGOn kann Stimmungen und Emotionen nicht allein erzeugen. Es scheint nur, als ob er es könnte. Es scheint so, dass er seine Stimmungen verändern kann, wenn er zum Beispiel sein Lieblingslied auf YouTube hört und tanzt.

Fakt ist: Auch der Input, coole Musik aufzulegen, ist OCTO-GON. Auch der Workshop mit EGOns Lieblingslehrer ist OCTO-GON. Auch die Meditation von EGOns bester Freundin ist OCTO-GON. OCTOPUSSY entspannt den gestressten EGOn zur richtigen Zeit, am richtigen Ort. In der verbleibenden Zeit hat EGOn nur eine Möglichkeit, sein Dilemma zu beheben: EGOn kann entscheiden, wie intensiv er sich für unliebsame Ereignisse und Emotionen öffnet. Er kann entscheiden, ob er sein Leben annimmt und akzeptiert oder ob er dagegen kämpft. Was auch immer er entscheidet, EGOns Film läuft weiter. Im Kopfkino und im Theater. Alle Wetter, alle Emotionen werden immer wieder kommen, um den Baum und EGOn zu bewegen. Um EGOn fühlen zu lassen, damit OCTOPUSSY sich erfahren kann.

**Bevor du weiterliest:**

Was glaubst du, WER DU BIST? Glaubst du, dass du EGOn bist?

Glaubst du, dass du OCTOPUSSY bist? Keiner von beiden? Beide?

Es macht einen Unterschied, aus welcher Perspektive du den Stoff dieses Buches verschlingst. Es macht einen Unterschied, welche Wahrnehmung du für das große Ganze hast. Es macht einen Unterschied, ob du dich als Marionette oder als Diener des Lebens fühlst. Wie findest du den Gedanken, dass es durch dich denkt?

Irritiert es dich, dass du vielleicht nicht selber denkst? Irritiert es dich, dass du vielleicht gesteuert wirst?

Ich nehme an, du bist es gewohnt, zu glauben, dass du selber denkst. Ich nehme an, du bist es gewohnt, zu glauben, dass du eigene Entscheidungen treffen kannst. Ich nehme an, du bist es gewohnt, zu glauben, dass du die Welt verändern kannst. Wenigstens ein kleines Stück. Das kann ich gut verstehen. Es ging mir vor kurzem noch ganz genauso. Dann bekam mein EGOn einen Schock. Er begann damit, sein Leben rückwärts zu analysieren. EGOn tat das zum ersten Mal sehr akribisch. Er studierte seine gesammelten Informationen. Ich kam mit EGOn zu dem Schluss, dass es durch mich denkt. Dass Emotionen durch mich ziehen. Ich kam zu dem Schluss, dass ich Gedanken und Emotionen nicht selber mache. Dann stellte ich mir die Frage: Was macht es für mich für einen Unterschied, ob ich selber denke, oder ob ich nur in der Illusion lebe, dass ich selber denke? Was macht es für dich für einen Unterschied?

Wenn du beginnst, dich tiefer auf das Leben einzulassen, dann stellst du fest: Alles folgt einem genialen Plan. So sehr du auch suchst, du wirst keine Zufälligkeit finden. Du wirst kein wirkliches Chaos finden. Das Chaos selbst folgt einem genialen Plan. Das Chaos *hat* einen Plan.

Der Makrokosmos findet sich im Mikrokosmos wieder und umgekehrt. Planeten kreisen um die Sonne. Elektronen kreisen um den Atomkern. Die Modelle ähneln sich bis ins Detail. Jede Erscheinung – so zufällig sie auch erscheint – hat ihren festen Platz im großen Ganzen. Selbst Anomalien passen wie Puzzleteile ineinander. Wieso glaubt der Mensch, er hätte einen freien Willen? Wieso glaubt der Mensch, er könnte schalten und walten, wie er will? Er denkt, dass er es kann. Darin liegt das Geschenk der Erfahrung.

Wenn es so wäre, dass du selber denkst, wieso kannst du dann diesen einen Menschen nicht aus deinen Gedanken verbannen, wegen dem du Liebeskummer hast? Wenn es so wäre, dass du selber denkst, wieso kannst du dann nicht den Gedanken zu Ende denken, dass dieser Mensch schlecht für deine Entwicklung ist? Wenn du Herr und Meister deines Lebens bist, wieso hängst du dann noch immer im Liebeskummer-Spiel fest und kommst kein einziges Kästchen weiter? Wenn es so wäre, dass der Mensch selber denkt, wieso ist die Welt in solch desolatem Zustand, obwohl sich fast jeder Mensch nach Glück und Frieden sehnt?

Ich glaube, dass es um die Perspektive geht, aus der du dieses Spiel betrachtest.

Wie wäre es, wenn du dich mehr und mehr mit OCTOPUSSY identifizierst? OCTOPUSSY ist die, die das Spiel spielt. So wie du vielleicht ab und an Mühle, Schach, Dame, Monopoly oder „Mensch ärgere dich nicht“ spielst. Der Spielstein, die Figur ist EGOn, mit der du dich durchs Spiel zum Ziel bewegst.

Ein Teil von dir weiß, dass er die OCTOPUSSY ist, die das Spiel erfunden hat. Ein anderer Teil glaubt, dass er EGOn, das Tentakel ist, der einen freien Willen hat. Hierin besteht das Dilemma.

Ich liebe und benutze meinen EGOn, doch er ist nur ein Teil von mir. So – wie eine Hand nur ein Teil von mir ist.

Würde meine Hand sagen:

ÄH, SAG MAL, MARGRET, WOZU SOLL ES GUT SEIN, DASS DU MIR IMMER ALL DIESE IMPULSE GIBST?

KAFFEETASSE ANFASSEN

KAFFEETASSE ZUM MUND FÜHREN

KAFFEETASSE LANGSAM KIPPEN

KAFFEETASSE LANGSAM IN SENKRECHTE POSITION FÜHREN

KAFFEETASSE ABSETZEN

KANN ICH MIR NICHT SELBST EIN PAAR IMPULSE SENDEN??? ICH KANN SCHLIEßLICH SELBER DENKEN.

Spannend, wenn meine Hand selber denken würde. Wäre es so, könnte ich keinen Kaffee trinken, wahrscheinlich hätte ich mich in fünf Minuten selbst erschlagen. So wie du Impulsgeber für deine

Hand bist, so ist OCTOPUSSY Impulsgeber für EGOn. EGOn verarbeitet OCTOPUSSYs Impuls in ein Gefühl. OCTOPUSSY ist der Chef, EGOn ist der Diener. Da du im Grunde OCTOPUSSY bist, die unter dem Einfluss von EGOns Wünschen und Erwartungen steht, fühlst du dich oft zerrissen. Du spürst die Spannung. Diener EGOn will oft nicht dienen.

**Chef und Diener**

Ob Kopfkino oder Theater: OCTOPUSSY ist Drehbuchautorin und Regisseurin. Sie schreibt EGOn ein Abenteuer auf den Leib, in dem er Held oder Heldin ist. EGOn ist Diener, der Ausführende. Er spielt seine Rolle in OCTOPUSSYs Film. Doch nicht nur das: EGOn liefert auch die Filmmusik in Form von Gefühlen dazu. EGOn bewegt OCTOPUSSY durch das Gefühl in Dur und Moll, das er aus OCTO-GON produziert. EGOn „schreibt" – passend zum Film – eine Sinfonie aus Schmerz und Freude, aus Traurigkeit und Übermut, indem er alles fühlt.

Sieh dir deinen Lieblingsfilm mal ohne Ton an. Du wirst merken, wie viel an Informationen dir plötzlich fehlt. So geht es OCTOPUSSY, wenn EGOn nicht richtig fühlt. Denn die Gefühle, die EGOn für OCTOPUSSY produziert, sind wie Noten, die sich zu OCTOPUSSYs Soundtrack zusammenfügen. EGOn komplettiert das Meisterwerk. Ohne Gefühle, ohne Soundtrack kann OCTOPUSSY sich nicht voll in Erfahrung bringen und EGOn auch nicht. Ihre Erfahrung von sich selbst wäre wie ein Stummfilm in Schwarz-Weiß.

**Was EGOn im Liebeskummer-Spiel erwartet:**

Ziele erreichen, scheitern, wieder aufstehen, neu beginnen, sich entwickeln, wieder fallen, stecken bleiben, sich neu verwickeln ... OCTOGON bringt EGOn immer wieder auf die heiße Spur. Egal, wie es gerade schmeckt – es ist perfekt abgestimmt, um das Liebeskummer-Spiel zu meistern. Es ist perfekt dafür, dem Kummer endlich zu entsagen und voll und ganz im Spiel der Liebe anzukommen. Das ist das Geheimnis dieses Buches. Das ist das Geheimnis, dass dir Liebeskummer für alle Zeit vom Leibe hält. Nicht den Schmerz, jedoch den Kummer. Schmerz wird sich auf irgendeine Art immer wieder in deinem Leben zeigen. Doch wenn du den Schmerz willkommen heißt, wie eine Gebärende, dann kannst du keinen Kummer mehr erfahren. Der Schmerz bringt etwas Großartiges, Neues in dein Leben. Der Kummer hält dir das Großartige, Neue vom Leib. Kummer und Leid sind Kinderkrankheiten von EGOn, die überwunden werden müssen.

## Gefühle verstehen und akzeptieren: Wie du richtig fühlst

### Dual-sachliches Fühlen

Wenn es also für EGOn im Leben EINZIG UND ALLEIN ums FÜHLEN geht, dann wird es Zeit, das Fühlen zu *erlernen*. Deine Heldenreise ist bereits in vollem Gange, denn du hängst im Abenteuer „Liebeskummer" fest. Es tut weh. Und das willst du nicht. Es wird unbequem und das willst du nicht. Du sollst loslassen und das kannst du nicht. Das, was du wirklich willst, das kriegst du nicht. Schöne Scheiße.

Doch was wäre, wenn du OCTOPUSSYs Wunsch erfüllst und alles fühlst? Was wäre, wenn EGOn ihr mit seinem Fühlen dient? Glaubst du, diese Welt hat bereits genug Mitgefühl? Glaubst du, dass wir einander emotional verstehen?

Ich glaube, dass deine Art zu fühlen auch deine Welt verändern kann. Und ich glaube, dass du dieses Buch in deinen Händen hältst, um es zu lernen. Ich glaube, dass dein ganzes Abenteuer, deine ganze Heldenreise, von OCTOPUSSY nur der Erfahrung wegen geschrieben worden ist. Eine Heldenreise, die du durch deinen EGOn ausagierst. Trotz Softwarefehler 404 hast du alles gegeben. Um hierherzukommen, zu diesem Punkt, an dem dein Leben eine markante Wende nehmen kann.

Um hierherzukommen, bist du gestrauchelt. Deswegen hast du dich verirrt. Deswegen hast du dein Ziel noch nicht erreicht. Deswegen wurdest du verlassen. Deswegen brennt in dir die Sehnsucht, dich wieder neu zu verlieben. Deswegen hat ein anderer dich verletzt. Wieder und wieder. Deswegen hat ein anderer dir geholfen. Deswegen hast du das verloren, was dir am wichtigsten erschien.

Du erlebst das alles, um deine tiefe, uralte Sehnsucht noch stärker zu spüren. Du spürst eine Sehnsucht, die nicht leiser, sondern immer lauter wird. Eine Sehnsucht, die dich zu dir NACH HAUSE bringt.

Du hast es satt, mit einem anderen verglichen zu werden. Du hast es satt, nicht gut genug zu sein. Du hast es satt, dich mit Almosen einer Liebe zu begnügen, die längst noch keine Liebe ist. Du willst strahlen. Du willst dich entfalten, du willst das, was an dir besonders und einzigartig ist, der Welt nicht länger vorenthalten. Und du willst wissen, wie es sich anfühlt, wenn sich diese Sehnsucht erfüllt. Fühle alles, wenn du nach Erfüllung strebst.

**Gefühle sind OCTOPUSSYs Soundtrack**

Denk nochmal an das Bild mit dem Film ohne Ton zurück. So ähnlich, als würdest du deine Gefühle abschalten. Ich habe es getan. Für etwa drei Tage. Als ich einen schlimmen Liebeskummer hatte. Mit 30. Meine Mutter schickte mir eine Packung Antidepressiva. Ich schluckte es und als die Wirkung einsetzte, fühlte ich NICHTS.

Ich fühlte mich meinen Gefühlen beraubt. Ich sage dir, FÜR MICH WAR ES DIE REINE HÖLLE.

Ich habe die Antidepressiva weggeworfen. Ich fühlte lieber Schmerz. Ich fühlte lieber, wie der Weiße Hai des Liebeskummers mein Herz in Stücke riss, als NICHTS zu fühlen. Nichts fühlen zu können, bedeutet für mich den Tod. Es ist wie gestorben zu sein und weiter „leben" zu müssen.

**Zeit zu üben: Quetsche jedes Gefühl aus wie eine Zitrone**

Nimm ein paar Zitronen und male auf jede Zitrone ein Gesicht. Ein lächelndes, ein trauriges, ein wütendes, ein übermütiges. Vielleicht gewöhnst du dich daran, deinen Zitronen in Zukunft ein Gesicht zu geben. Und dann presse die Zitronen aus. Bis auf den letzten Tropfen. In Zukunft, wenn ein Gefühl mal wieder deine Schotten flutet, dann möchte ich, dass du dieses Gefühl ausquetschst, wie eine Zitrone. FÜHLE – bis auf den letzten Tropfen Emotion. Wenn du fühlst, dann akzeptierst du deine Gefühle. Wenn du akzeptierst, dann kann sich das Gefühl verändern.

Bei den positiven Emotionen wird dir das Fühlen gut gelingen. Doch was ist mit Schmerz, mit Traurigkeit, mit Ablehnung, mit Verzweiflung, mit Ohnmacht?

FÜHLE diese Gefühle. Versuche dabei, stumm und regungslos zu sein. Lass das Gefühl kommen. Versuche, deinen Brustkorb, dein Herz, für dieses Gefühl zu öffnen. Sieh dich als Gefäß der Seele, durch das OCTOPUSSY sich erfahren kann. Mit jedem Gefühl, das du richtig fühlst, beschenkst du deine Seele. Umso öfter du dich darin übst, umso glücklicher wirst du sein.

Wenn du dich in deinem Leben noch nicht rundherum glücklich fühlst, wenn dein Betriebssystem auf Stromsparmodus läuft, dann verschließt du dich vor negativen Emotionen. EGOns Softwarefehler 404 zeigt sich: NONEGEMOS. No Negative Emotions.

Fühle. Fühle, als ginge es um dein Leben. Denn das tut es. Es geht darum, ob du deinen Lebensplan erfüllst oder nicht. Es geht darum, ob du den Teller deines Schicksals mit Appetit und Lebenshunger leerst oder ob du verhungerst. Es geht darum, ob du die Liebe lebst oder nur daran riechst. Es geht darum, ob du dich auf dem Spielfeld deines Lebens hingibst und voller Lust verschleuderst oder ob du auf den Zuschauerrängen sitzt. Es geht darum, ob du eine

Nebenrolle spielst oder ob du endlich einen Oskar für deine Hauptrolle gewinnst. FÜHLE. FÜHLE ALLES.

1. **Lass die Emotion voll kommen**, während du gleichzeitig die Verantwortung für diese Emotion übernimmst. Begrüße zum Beispiel die Emotion mit folgenden Worten: AHA, da bist du also wieder, meine alte Freundin Angst. Und dann öffne dich MIT ALLEM, WAS DU BIST, für diese Emotion. Öffne dich, als wäre diese Emotion dein Geliebter, deine Geliebte. Fühle, lasse die Emotion dir nahe sein. Lass sie dich durchdringen. Lass dich quasi von ihr vögeln. Nicht vergewaltigen. Vögeln. Die meiste Zeit fühlst du nämlich so, als würde dich das Gefühl vergewaltigen. Hör damit auf.

   Stell dir vor, diese Emotion steht für den EINEN MENSCHEN, dem du nahe sein möchtest. Und dann schaffe es, dieser Emotion nahe zu sein.

2. **Bleibe dabei sachlich.** Drama ist tabu. Fühle, wie die Emotion dich bewegt. Dabei musst du einerseits im Körper sein und fühlen. Andererseits musst du dich beim Fühlen beobachten. Deshalb nenne ich es auch DUALES FÜHLEN. Mit einem Bein bist du auf der Erde, in der Hardware, im Körper, bei EGOn.

Mit dem anderen Bein bist du im Himmel, bei OCTOPUSSY, außerhalb der Hardware. Du bist derjenige, der fühlt, UND derjenige, der dich beim Fühlen beobachtet.

Aus der Arbeit mit Tausenden an Klienten kann ich folgendes Fazit geben:

Diese Art von Fühlen befreit nicht einfach nur von Liebeskummer. Sie verjüngt. Denn du kehrst zurück zu deinen Kindertagen, als du ALLES fühlen konntest. Unzensiert. Du wirst es merken, man wird dich darauf ansprechen. Außerdem macht diese Art von Fühlen glücklich. Kunterbunt glücklich. Denn Glück ist das Puzzle aus jedem Puzzleteil an Gefühl.

## Hallo, wir sind DUALSEELEN-EIGELB und -EI-WEIß (Gefühlsklärer und Loslasser)

**Spielfigur:** EIGELB

**Ich bewirke:** Dass du dich von außen nach innen entwickelst.

**Was mich stärkt:** Wenn du deinen Weg alleine gehst.

**Was mich schwächt:** Bedürftigkeit, gebraucht werden, erzwungene Nähe.

**Ich vertrage mich mit:** Meinesgleichen und mit dir, wenn du und ich mit dem Kreuzweg fertig sind.

**Was hast du zu tun:** Lass mich los.

Hallo, ich bin das EIGELB. Für dich bin ich das Gelbe vom Ei. Du willst mich unbedingt angeln. Du willst mich fangen und mich in deine Pfanne kriegen. Die meiste Zeit des Tages bist du damit beschäftigt, an mich zu denken. Vielleicht komme ich in Form eines Arschkönigs in dein Spiel, der schon eine andere Königin an seiner Seite hat. Vielleicht erscheine ich dir in Form der Dualseele – dann wird das Spiel besonders lang und abenteuerlich. Vielleicht bin ich einfach nur ein Phantom, das sich über das World Wide Web seinen Weg in dein Herz und deine Gedanken bahnt. Ich kann in Form deiner Kinder oder eines anderen Lieblingsmenschen in deinem Spiel erscheinen.

Ganz egal, welche Form ich habe: Ich bin das, was du kriegen willst und nicht kriegen kannst. Zumindest nicht auf jene Weise, auf die du mich zu kriegen versuchst. Ich bin der, das oder die, wegen dem oder der du Liebeskummer hast. Ich bin der oder die, wegen dem oder der du dieses Buch jetzt in den Händen hältst. Du wirst mir irgendwann dafür in Gedanken DANKE sagen. Ich ziehe mich oft und immer wieder aus der Affäre. Ich sitze in meiner Tropfsteinhöhle und zähle die Stalaktiten. Ich beiße nicht an deiner Angel an, obwohl du diese besondere Energie zwischen uns ganz deutlich spüren kannst. Unsere Affäre ist meist eher Off als On. Ich bekenne mich nicht zu dir. Ich mache aber auch nicht wirklich Schluss. Ich nehme dir nicht deine

Illusion. Warum auch: Es ist schmeichelhaft für mich, dass du an mich denkst. Ich weiß genau, dass ich dich sicher habe.

Ich komme dir keinen Schritt entgegen. Denn in diesem Spiel geht es nur um dich. Erst, wenn du mit dir alleine wirklich glücklich bist, erst dann kann ich in deinem Leben vielleicht die Rolle spielen, die du dir wünschst. Doch falls dieser Zeitpunkt kommen sollte, wirst du mich nicht mehr brauchen. Du wirst keine Sehnsucht mehr nach mir verspüren. Deine Sucht nach jemandem, der dich komplettiert, wird ausgeschlichen sein.

**Spielfigur:** EIWEIß

**Ich bewirke:** Dass sich das EIGELB von innen nach außen entwickelt.

**Was mich stärkt:** Wenn ich das EIGELB hinter mir lasse und meinen Weg gehe.

**Was mich schwächt:** Wenn ich am EIGELB kleben bleibe.

**Ich vertrage mich mit:** OCTOPUSSY und mit EGOn, wenn er dient.

**Was hast du zu tun:** Tue mir weh.

**Ich gehe davon aus, dass du ein EIWEIß bist**

Immer dann, wenn ich in diesem Buch vom EIWEIß spreche, dann meine ich dich. Ganz egal, ob du männlich oder weiblich bist. Das EIWEIß ist jener Teil der Beziehung, der bei Liebeskummer oft stark und heftig leidet. Für dich habe ich dieses Buch geschrieben, deshalb fasse ich mich an dieser Stelle kurz. DU BIST DIE HAUPTPERSON. DIR GILT MEIN WIRKEN.

In Kapitel 3 gehe ich sehr ausführlich auf EIGELB und EIWEIß ein. Falls du dich beim EIGELB wiederfindest, dann gratuliere ich dir an dieser Stelle. Denn ein EIGELB, das Bücher über den WEIßEN HAI des Liebeskummers, über RAUPEN, SCHMETTERLINGE, SCHÜTZEN und über sein EIWEIß liest, ist ein sehr gereiftes, weises EIGELB. Schön, dass du mich liest.

## Hallo – ich bin der SCHÜTZE: ich drücke deine Knöpfe

**Spielfigur**: Schütze

**Ich bewirke**: Dass sich deine Wunden offenbaren.

**Was mich stärkt**: Wenn du gegen mich kämpfst.

**Was mich schwächt**: Wenn ich dich gut und in der Wunde treffe.

**Ich vertrage mich mit**: Anderen Schützen und mit dem Weißen Hai.

**Was hast du zu tun**: Präsentiere mir deine Achillesferse.

Wie mein Name schon sagt, ich schieße für mein Leben gern. Ich will dir keine neuen Wunden machen. Ich bin von OCTOPUSSY, der

Seele ins Spiel gerufen worden, um deine alten Wunden zu treffen, damit sie weh tun, damit du dich an sie erinnerst. Damit sie bluten, damit du berührbar wirst. Damit du fühlst. Deinen Schmerz – und den eines anderen. Es ist der Schmerz, der alle Menschen miteinander verbindet. Der Schmerz der Trennung. Es ist die Wunde, die uns wieder zusammenführt. Du meisterst dieses Spiel, wenn du erkennst, dass du im Außen keinen Gegner hast. Du findest dein Ziel, wenn du erkennst, dass ich dein Förderer bin.

- DU HAST MIR WEHGETAN.
- DU HAST MICH VERLETZT.
- DU BEHANDELST MICH WIE DEN LETZTEN DRECK.
- DU HAST MICH BENUTZT.

Wie oft kommen solche Worte noch über deine Lippen?

Wie oft denkst du sie, ohne sie auszusprechen?

Wie oft gibst du einem anderen Menschen, deinem EIGELB zum Beispiel, die Schuld für deinen Schmerz, dein Leid? Und wird es dadurch besser? Ich bin da, um deine Wunde, deine Achillesferse immer wieder zu treffen. Ich bin da, um dich zu erinnern, dass es um DEINE Wunde geht. Um DEINEN Schmerz. Um DEIN Abenteuer. Um DEINE Heldenreise. Ich bringe sie in Gang. Ich bin dein Spielmacher.

Du und auch ich – wir tragen eine Wunde in uns. Die Wunde der Trennung, die durch den Fall aus dem Paradies verursacht wurde.

EGOn ist aus dem Paradies gefallen. EGOn hat sich vergessen.

EGOn hat vergessen, er musste vergessen, dass er auch Seele ist. Er musste vergessen, dass er OCTOPUSSY ist, weil OCTOPUSSY sich sonst nicht erfahren kann. Die Wunde, die die Trennung verursacht hat, ist nötig. Die Wunde wird im Spiel um die Liebe immer nötig sein. Und so erinnere ich dich daran.

Es geht nicht darum, die Wunde zu verbinden.

Es geht nicht darum, die Wunde zu verbergen.

Es geht nicht darum, die Wunde zu beschützen.

Es geht nicht darum, die Wunde zu heilen.

**Das ist die Kernerkenntnis: Es geht nicht darum, die Wunde zu heilen.**

Es geht darum, die Wunde zu erkennen.

Es geht darum, die Wunde freizulegen.

Es geht darum, die Wunde der Welt zu präsentieren.

Es geht darum, dich an deiner Wunde berühren zu lassen.

Immer wieder.

Immer wieder.

Also treffe ich dich mit meinen Pfeilen, mit meinen Kugeln, mit meinen Messern, mit all meinen Geschossen. Immer wieder.

Ich berühre deine Wunde, damit du ihr Aufmerksamkeit schenkst. Damit du diese Wunde lieben lernst. Die Wunde der Ablehnung, die Wunde, nicht gut genug, nicht schön genug, nicht jung, nicht klug genug zu sein. Die Wunde, nicht gebraucht zu werden. Die Wunde, nicht geliebt zu sein. Die Wunde, nicht vertrauen zu können.

Es geht darum, mit deiner Wunde zu leben und DEINE SCHÖNHEIT in dieser Wunde zu finden.

Schmerz ist die BeRÜHRUNG an deinem wundesten Punkt. Lass dich von mir und allen anderen Sch*ützen treffen und* berühren.

Über körperliche, mentale und emotionale Berührung findet das Liebesspiel zwischen OCTOPUSSY und EGOn statt. Das Liebesspiel, das hoffentlich eines Tages zu einer Hochzeit zwischen EGOn und OCTOPUSSY führt. Um dorthin zu kommen, braucht es meine Treffer oder Trigger. Denn durch die Trigger kann OCTOPUSSY Gefühle von EGOn erhalten. Wenn EGOn sich berühren lässt, und wenn er alles fühlt, dann zeigt er OCTOPUSSY, dass er sie liebt. Dann zeigt er sich selbst, dass er sich liebt. Deshalb ist Liebe immer Selbstliebe. Und umgekehrt auch. Denn Ego ist auch Seele. OCTOPUSSY IST EGOn UND EGOn IST OCTOPUSSY. Lässt EGOn sich an seiner tiefsten Wunde berühren, dann erkennt er die Trennung an. ER SIEHT SIE AN. Er begreift, dass er OCTOPUSSY ist, die sich von sich selber trennen musste. Auf diese Weise heilt EGOn durch ANERKENNEN dieser Trennung die Beziehung. EGOn gibt sich hin. EGOn wird zum verwundeten Heiler, zur verwundeten Heilerin. Er lernt, mit seiner Wunde zu leben, weil er versteht, dass diese Wunde pure Liebe ist. Und aus diesem Grunde muss ich dich immer wieder treffen. So lange, bis du meine Pfeile suchst.

## Hallo – ich bin die RAUPE: ein Entwicklungszustand

**Spielfigur:** RAUPE

**Ich bewirke:** Dass EGOn mal so richtig auf seine Kosten kommt.

**Was mich stärkt:** Konsum, Konsum, Konsum jeglicher Art.

**Was mich schwächt:** Fasten und Entzug.

**Ich vertrage mich mit:** EGOn.

**Was hast du zu tun:** Schwäche mich, hungere mich aus.

Im Grunde bin ich ausgesprochen niedlich. Ich bin ziemlich besorgt um mein körperliches, geistiges und seelisches Wohl. Das mit OCTOPUSSY habe ich noch nicht so richtig verstanden. WIE SOLL DAS GEHEN MIT DEM „WIR SIND ALLE EINS"? Ich bin geboren, um mich durchzufressen. Dabei muss ich gegen andere Raupen kämpfen. Ich muss schneller, besser, weiter sein. Schließlich bin ich geboren, um zu gewinnen, damit ich noch mehr konsumieren kann. Ich liebe Nahrung in jeglicher Form. Fest, flüssig, energetisch. Ich komme als fleischfressende Raupe vor, als eingefleischter Vegetarier und als Veganer auch. Habe ich eine Mission, dann übertreibe ich es gern. Andere Raupen bekehre ich gerne. Ich überzeuge sie von meiner Lebensweise und von meiner Fresskultur. Mir geht es jedoch längst nicht nur ums Fressen. Auch Kleidung und Status sind mir wichtig. Und Sex natürlich. Alles, was das Leben schöner macht. Ich diene EGOn, damit er Softwarefehler 404 kompensieren kann. Ich verhelfe EGOn zu jeglicher Ersatzbefriedigung. Meine Befriedigungs-Speisekarte ist XXL.

Doch du erkennst mich nicht immer auf den ersten Blick. Manchmal bin ich leicht zu übersehen. Manchmal wirke ich fast konsumbefreit und schlicht. Doch Vorsicht: Ich konsumiere Wissen. Man nennt mich deshalb Bücherwurm. Ach – und als Liebesraupe erkennst du mich auch oft nicht. In dieser Gattung fresse ich Harmonie und Liebe mit der Schaufel, ich will die ganze weite Welt verlieben. Ich träume von einer Galaxie voller Frieden, von einer Welt, in der es nur die helle Seite der Medaille gibt. Ich träume vom Raupenschlaraffenland.

Meine Haupteigenschaften sind: fressen, konsumieren, horten (Klopapier, Schätze, Freunde, Kinder), alles versichern wollen, andere überzeugen, festhalten, nicht genug kriegen, Ziele haben, etwas erreichen wollen. Ich dehne Wissen, Kleiderschränke, Vorratskeller, Wohnungen, Auszeichnungen und Freundeskreise aus. Ich halte sehr oft meine Kinder und meine Partner fest. Loslassen fällt mir schwer. Ich stehe eben auf Beziehungen, auch auf Vitamin B. Und auf einen ordentlichen Vorrat an Harmonie.

Ich bin für dieses Spiel sehr wichtig. Denn solange EGOn sich noch nicht richtig vollgefressen hat, solange er nicht gesammelt und festgehalten hat, solange ist Transformation unmöglich. Ich bin das Werkzeug, durch das EGOn frisst. Und im Moment ist dein EGOn scharf auf ElGELB, der Mensch, wegen dem du Liebeskummer hast. Friss dich durch mich mit ElGELB voll. Vielleicht musst du wieder und wieder von dieser Droge kosten. Vielleicht muss es wieder und wieder weh tun. Im Bauch, im Kopf, im Herzen. Irgendwann hat EGOn dann genug. Er und ich sind voll. Und für alle Ewigkeit vom ungesunden ElGELB-Konsum geheilt. Ich bin für dich wichtig, vergiss das bitte nicht.

Wenn du mal Schmetterling geworden bist, kannst du dich stets nach Lust und Laune in mich zurückverwandeln. Nur so zum Spaß oder dann, wenn du dem WEIßEN HAI begegnest. Denn dann kannst du ihn fressen und verdauen. Also ehre mich und hab mich lieb.

## Meine Schwächen

Ich bin oft besserwisserisch. Wenn ich nämlich fest an etwas glaube, dann lasse ich keine andere Meinung zu. Meine Meinung kommt meist von den Büchern, die ich gefressen habe. Sie kommt von den Lehrern, die mich unterrichtet haben, sie kommt von einem Guru, den ich verehre. Ich verehre Lehrer, die man kennt. Sie sind aus Funk und Fernsehen bekannt, sie haben Bestseller geschrieben, sie füllen Säle oder Stadien, sie haben große Namen. Werde ich von einem Menschen, den ich noch nicht kenne, mit einer neuen Meinung konfrontiert, die meinen Thesen widerstrebt, gehe ich grundsätzlich dagegen an. Mein EGOn ist einfach so programmiert.

Neue Positionen einzunehmen, fällt mir schwer. Ich probiere einfach die alten. Neugier und Toleranz kommen in meinem Entwicklungsprozess später, wenn ich schon an der Schleuse stehe, dem Kokon.

Solange ich glaube, dass meine Meinung die allerbeste ist, bin ich zur Transformation noch nicht bereit. Dann suche ich nach anderen Raupen, die meiner Meinung sind. Ich verbünde mich mit ihnen, damit ich mich stärker fühlen kann. Aber nur nicht zu eng. Denn etwas in mir will ein Ticken besser sein. Ich höre, was ich hören will. Meist höre ich nicht richtig zu, bin auch nicht aufmerksam beim Lesen, weil ich mir in Gedanken immer wieder folgende Fragen stelle:

- Bringt mich diese Information weiter?
- Was habe ICH davon?
- Werde ich davon reicher?

- Werde ich davon gesünder?
- Werde ich davon schöner?
- Werde ich davon schlauer?
- Werde ich davon bekannter, begehrter?
- Werde ich davon glücklicher?

Während ich diese Fragen checke, gehen mir die wichtigsten Informationen durch die Lappen. Informationen, die mich in Richtung Transformations-Schleuse bringen. Man nennt das auch Kokon. Der Kokon ist unbequem.

Ich mische mich lieber in fremde Spiele ein, bewege mich auf fremden Territorien, fresse mich dort durch und suche nach Anhängern und Fans.

**Einmischung in fremde Spiele**

Zum Beispiel gehe ich äußerst gerne in RESTAURANTS. Mit RESTAURANTS meine ich alle Läden, in denen ich etwas konsumieren kann: Cafés, Galerien, Boutiquen, Seminare und Workshops, Imbissbuden, Kosmetikstudios, Hotels, Wellnessoasen, Weihnachtsmärkte, Onlineshops, Kinos, Social-Media-Kanäle, Dating-Plattformen. Also all das, wo ich gegen Honorar oder gratis an geilen Stoff komme – an Glückshormone. Und ich will ausschließlich Glückshormone. Weil mein EGOn ja auch Error 404 hat.

All das, was ich gratis kriege, mag ich natürlich ganz besonders gern. Außer, es ist limitiert. Dann bezahle ich gerne auch einen sehr hohen

Preis dafür. Oder, wenn es von einer bekannten Marke stammt oder von einem sogenannten Guru.

Meist bin ich zu bequem, selbst ein RESTAURANT aufzumachen. Da steckt erstens ordentlich Arbeit drin. Zweitens kann ich selbst vielleicht nicht sonderlich gut KOCHEN, also malen, schneidern, unterrichten, massieren, schreiben, fotografieren, Filme drehen, produzieren ....

Auf jeden Fall muss ich meinen permanenten Hunger nach jeder Art von glücksfördernder Nahrung stillen. Im fremden RESTAURANT wird erst mal die SPEISEKARTE sehr aufmerksam studiert. Erstens muss ich wissen, was es dort im Angebot gibt. Zweitens suche ich nämlich gerne das Haar in einer fremden Suppe. Finde ich etwas, was MIR nicht schmeckt, erhebe ich meine Stimme. Und zwar meistens laut. Ich rufe den WIRT, um ihn zu kritisieren. Ich tue, als ob das RESTAURANT unter meiner Leitung steht. Dabei habe ich meist keine Ahnung vom Fach, sonst hätte ich ja selbst schon ein RESTAURANT. Also fresse ich mich durch, oft, ohne dafür zu bezahlen. Dann verbünde ich mich mit anderen Gästen und warne sie. Ich schreibe Bewertungen bei Google oder beschwere mich direkt.

Wie können andere RAUPEN nur in einem Restaurant essen, wenn dort zum Beispiel noch FLEISCH auf der Speisekarte steht, jene Angebote, die man besser nicht auf der Speisekarte haben sollte? Weil sie moralisch überhaupt nicht richtig sind. Jedenfalls nicht, wenn es nach meiner Meinung geht. Ich finde es eine absolute Unverschämtheit, dass ein WIRT sich traut, mit seinem Angebot gegen meine Meinung zu verstoßen.

Sollte ich mich aus dem RESTAURANT verkriechen? Das kann ich einfach nicht. Ich wünsche Absolution. Erstens muss ich all die anderen Raupen im RESTAURANT von meiner Meinung überzeugen. Zweitens erwarte ich, dass der WIRT „DANKE" zu mir sagt. Vorher finde ich meist keine Ruhe. Wenn ich das Restaurant dann endgültig verlassen habe, kehre ich doch immer wieder dorthin zurück. Ich muss wissen, wie es in diesem Saftladen weitergeht. Ich muss sehen, wie er zugrunde geht. Mein Sensationshunger ist ebenfalls unstillbar.

Allerdings traue ich mich nicht immer in mein Ex-Lieblings-RESTAURANT zurück. Ich habe ja schon LEBEWOHL gesagt. Manchmal ändere ich einfach meine Meinung. Kommt ganz auf die Gäste (sind es Freunde?) und auf meine Verfassung an. Manchmal bleibe ich auch einfach draußen vor dem Fenster stehen und drücke mir meine Nase an der Scheibe platt. Ich werde einfach niemals satt.

**Merkmale einer Raupe**

Die Raupe

- sucht Verbündete,
- mischt sich in fremde Spiele ein,
- sucht nach Kontrolle in einem fremden Spiel,
- sehnt sich nach Anerkennung, nach Harmonie, nach Nähe,
- hat viele Wünsche,
- sucht nach Fehlern bei anderen,

- sucht den leichten Weg,
- hasst sichtbaren Kampf und kämpft dabei die ganze Zeit gegen sich selbst,
- konsumiert Nahrung, Kleidung, Statussymbole, Wissen, Lehrer,
- guckt von einem anderen ab,
- hat Idole und bewundert sie, bis die Raupe ihre Meinung ändert,
- sucht in Gruppen Solidarität,
- passt sich an, wenn es GUT für ihr Ansehen ist,
- grenzt Meinungsfremde aus,
- kriecht anderen Mitspielern in den Arsch, wenn es gerade dienlich ist,
- reißt Brücken ab,
- schlägt Türen zu, um hinterher wieder anzuklopfen,
- ist oft ziemlich empfindsam, besonders bei sich selbst,
- ist außen hart und innen fragil,
- sagt, was sie alles kann, welche Zeugnisse sie hat ODER: traut sich gar nichts zu,
- kritisiert das Können anderer Raupen laut oder leise,

- versteckt ihre Wunden,
- hat Angst, verletzt zu werden,
- triggert unbewusst (blind) als Antwort auf einen Treffer, den sie selbst kassiert hat, weil sie sich angegriffen fühlt,
- ist oft bestechlich,
- rechtfertigt und entschuldigt sich,
- hat (noch) keinen eigenen Plan, sucht nach ihrem Spiel,
- hängt ihr Fähnchen in den Wind der Anerkennung,
- lässt (im Anfangsstadium) keine andere Meinung zu, wenn sie nicht von einem Guru oder einem Star kommt,
- hält sich oft für einen Schmetterling.
- Ihr Slogan heißt: „Ich will."

**Die Raupe auf dem Weg zum Schmetterling**

Die Metamorphose zum Schmetterling ist für die Raupe ein beschwerlicher Weg. Ein Weg der Entbehrung, ein Weg der Begrenzung, denn der Kokon ist eng. Um sich zu verpuppen, muss die Raupe all das loslassen, woran sie so sehr hängt. Sie muss Ballast abwerfen. Ballast, den sich die Raupe angesammelt hat, damit sie Liebe und Anerkennung kriegt. Dieser Ballast kann aus Materie, aus Glaubenssätzen und Konzepten und auch Beziehungen bestehen. Was die Raupe loslässt, das kommt in Form von Bewusstsein zu ihr zurück. Die Raupe hat es meist nicht eilig, Dinge loszulassen, dafür hat sie es eilig, ein Schmetterling zu werden. Weil sie glaubt, dass der Schmetterling ihrem Status dient.

Du bist nicht besser, wenn du ein Schmetterling geworden bist. Du bist nicht weniger wertvoll, wenn du eine Raupe bist. Raupe und Schmetterling sind EIN UND DASSELBE in verschiedenen Stadien. Die Raupe ist das Baby des Schmetterlings. Sie ist so niedlich. Nicht aus jeder Raupe wird ein Schmetterling. Es ist auch nicht nötig, denn das Leben BRAUCHT jede Erscheinungsform. Das Leben braucht Raupen, die konsumieren. Der Schmetterling konsumiert nur noch das Nötigste an jeglicher Form von Nahrung. Der Schmetterling produziert.

Betrachte den Schmetterling wie ein Abzeichen. Ein Abzeichen für jene Menschen, die nichts mehr WOLLEN. Ein Abzeichen für jene Menschen, die dem Leben dienen. Schmetterlinge lehren, was sie wissen. Sie geben IHR persönliches Wissen weiter. Nicht das Wissen ihrer Lehrer. Das ist ein Unterschied. Schmetterlinge kennen ihre Aufgabe. Sie wissen jedoch, dass sich jederzeit alles wieder ändern kann. Auch die Aufgabe, die sie gerade haben. Schmetterlinge halten nichts mehr fest.

## Hallo – ich bin der SCHMETTERLING: dein Update

**Spielfigur:** SCHMETTERLING

**Ich bewirke:** Dass du deine Rolle vollkommen spielen kannst und kein Leid oder Kummer mehr erfährst.

**Was mich stärkt:** emotionale Achterbahnfahrten.

**Was mich schwächt:** Konsum und freier Wille.

**Ich vertrage mich mit:** Jedem.

**Was hast du zu tun:** Spiele DEIN Spiel.

Das Kleid der RAUPE habe ich nun abgestreift. Ich habe abgespeckt. Ballast verloren. Ich habe meine Form verändert. Nun kann ich fliegen. Ich bin Pilot, weil ich dem Leben diene. Ich bin Pilot, damit ich mehr erkennen, mehr erklären kann, denn von oben sieht das Spiel des Lebens anders und vollkommen aus. Ich kann jetzt erkennen, was mir als Raupe verborgen blieb. Plötzlich ergibt das scheinbar Sinnlose einen Sinn.

Ein SCHMETTERLING zu werden – das kannst du nicht erzwingen, denn das WOLLEN hält dich im Kleid der RAUPE fest. Ein Kleid, das wie ein Panzer wirkt. Metamorphose kannst du nur geschehen lassen. Geduldig, ohne Eile. Jede Raupenform hat ihre Zeit, zum SCHMETTERLING zu werden, um dann schwerelos und frei über duftend-bunte Wiesen zu fliegen.

Den meisten RAUPEN fällt es schwer, den SCHMETTERLING als solchen zu erkennen, denn ich kann mich – wenn es nötig ist – in die RAUPENform zurückverwandeln. Hast du ein Konzept von mir, dann bist du für mein Wesen blind, denn ich verändere meine Erscheinung nach Lust und Laune. Ich surfe durch die Vielfalt der Frequenzen. Keine ist mir lieber als eine andere. Ich koste von jedem Gefühl. Immer wieder: Lust, Scham, Freude, Schmerz, Wut, Ekstase, Hass, Frieden, Angst. Sieh die Farben meiner Flügel an. Jede Farbe steht für ein Gefühl. Ich liebe Chaos und die Ordnung, weil Chaos eine andere Form von Ordnung ist.

**SCHMETTERLING als Spiegel**

Ich begegne jedem EGOn mit seiner eigenen Energie. Ich spiegle immer. Radikal – ohne irgendein Detail wegzulassen, deshalb wird eine RAUPE fast immer eine RAUPE in mir sehen. Sie wird mich als Schmetterling nicht erkennen können. Ein unreflektierter EGOn wird einen unreflektierten EGOn in mir erkennen, eine gierige RAUPE wird Gier in mir erkennen und eine traurige RAUPE wird in mir ihre Trauer sehen.

Eine Raupe kann mich nur sehr selten spiegeln. Im Zustand kindlichen Staunens kann es ihr gelingen. Weil sie nur dann den Schmetterling in sich erkennt. Als SCHMETTERLING bin ich nur für jene RAUPEN zu erkennen, die kurz vor der Verpuppung stehen. Bei der Verpuppung entsteht der Kokon. Der Kokon ist die Schleuse zum Erwachen. Im Kokon passiert Transformation.

Als SCHMETTERLING ist es mir nicht mehr wichtig, was andere Mitspieler von mir halten. Und so kann ich mich mit jedem Spieler auf eine ganz spezielle Art verstehen. Ich muss nicht jeden Spieler mögen. Ich werde VERSTÄNDNIS für jeden Spieler haben. In meinem Spiel werde ich auf RAUPEN, auf SCHMETTERLINGE und auch auf SCHÜTZEN treffen. Ich kann sterben. Immer wieder. Meine Transformation ist längst noch nicht vorbei.

Wer auch immer meine Wege kreuzt, er hat in meinem Spiel seine Rolle zu erfüllen. Auch ich erfülle meine Rolle in seinem Spiel. Wozu soll ich um Anerkennung, um Harmonie, um Frieden kämpfen? Jede Stimmung, jedes Ereignis, hat seinen Platz und seine Zeit.

Ich spiele viel zu gerne, als mir die Birne zu zerbrechen. Selbst Kampf ist für mich Spiel: weil ich es liebe, es mit allen Emotionen so richtig wild zu treiben. Ich kann wütend sein, ein paar Minuten später herzlich lachen, in tiefe Trauer fallen, um es ein paar Minuten später wieder leicht zu nehmen. RAUPEN kommen mit meinem Spiel der Emotionen überhaupt nicht klar. Sie vermuten, dass ich nicht authentisch bin. Sie suchen nach dem Haken, den es irgendwo doch geben muss.

### Der Preis des SCHMETTERLINGS

Den Haken gibt es. Es ist das Preisschild, das auf meinen Flügeln klebt: Hingabe, Demut, Aufgabe des freien Willens, Dienst für OCTOPUSSY und Geduld. Ich habe keine Wünsche mehr. Nicht nach einer Partnerschaft, nicht nach Erfolg, nicht nach Reichtum, nicht nach Harmonie, nicht nach Gesundheit, nicht nach Liebe, nicht nach Erholung, nicht nach Konsum. Ich will nicht anders sein. Ich brauche keine Freunde und keine Hilfe, denn was ich brauche, das ist immer da. Ich erfülle den für mich konstruierten Plan. Das ist der Preis, den ich als Raupe zahlen musste, weil ich nach dem Fliegen strebte. Ich musste fasten lernen.

### Über Artenvielfalt, Erscheinungen und Einstellungen des Schmetterlings

Es gibt mich in Hellbunt und in Dunkelbunt. Es gibt mich in Groß und in Klein. Doch in ganz Schwarz oder in ganz Weiß wirst du mich nicht finden. Bei mir sind alle Farben mit bloßem Auge zu erkennen. Wenn ich in Dunkelbunt vor deinem Auge flattere, dann will ich dich für deine Schatten motivieren. Wenn ich mich dir in Hellbunt präsentiere, dann ist es Zeit für dein Licht.

Urteile nicht über mich, wenn du selbst zum SCHMETTERLING werden möchtest. Höre dir meine Meinung an oder lass es bleiben. Aber wenn du meine Meinung hörst, dann lass sie wirken. Sie fühlt sich oft wie Gift für deinen RAUPEN-EGOn an. Und das ist nötig, wenn du in die Schleuse, in den Kokon, gelangen willst.

Als SCHMETTERLING interessiere ich mich für jede nagelneue Meinung, die mir zu Ohren kommt. Denn meist erkenne ich durch die Meinung eines Spielers, auf welchem Spielfeld dieser Spieler gerade steht.

Als SCHMETTERLING gibt es für mich kein RICHTIG und kein FALSCH. Ich kann Spielpositionen überfliegen und von oben sehen. Jede ist wichtig, jede Position macht Sinn. Oft hole ich mir einen Eindruck vom gesamten Spiel und spiele munter weiter. Dass ich den Plan nicht mache, das ist mir klar. Was morgen für mich kommt? Ich weiß es nicht. Abenteuer halt. Ich liebe das Rauf und Runter, die Loopings, den freien Fall. Auch das Schwarze Loch. Ich mag das Chaos und die Harmonie, ich schätze meine Freunde und auch meine Feinde. Ich mag Wut, Leichtigkeit, Frust und Freude. Ich mag den Tanz aus Ablehnung und Umarmung, ich mag die Leichtigkeit und auch die Schwere, wenn meine Flügel nass vom Regen sind.

**Begegnung zwischen SCHMETTERLING und RAUPE**

Die RAUPE fühlt sich magisch von mir angezogen und lehnt mich in gleichem Atemzuge vollkommen ab. Sie wartet schon auf meinen nächsten Fehler. Er kommt bestimmt, gehört zum Plan. Wenn ich Fehler mache, dann feiere ich sie. Weil sie mich täglich noch virtuoser fliegen lassen. Dass ich meine Fehler feiere, das versteht die Raupe nicht.

Ich nehme niemandem was krumm, ich trage nichts nach, denn ich habe keinen Rucksack mehr. Meine Tür steht für jedes Wesen offen. An meiner Eingangstüre steht: *„Komm herein, stelle deine Frage und höre, was ich zu sagen habe, wenn ich was zu sagen habe. Lache oder weine. Danach überlasse ich dich der Freude oder deinem Schmerz. Ich tröste selten, doch falls ich es tue, dann mit allem, was ich bin.“*

**Merkmale eines SCHMETTERLINGS**

Ein Schmetterling

- solidarisiert/verbündet sich nicht,
- mischt sich nicht ein,
- besucht fremde Spiele nur als Gast, er spielt sein eigenes,
- ist gruppenfähig, bildet aber keine feste Gruppe,
- polarisiert meist stark,
- rechtfertigt sich nicht, erklärt sich, wenn er gefragt wird,
- hält sich manchmal für eine Raupe,
- zeigt sich nackt und authentisch,

– kriecht keinem Mitspieler in den Arsch,
– bewundert niemanden, hat kein Idol,
– baut Brücken zwischen den Polen,
– lässt alle Türen offen,
– ist außen zart und innen robust,
– ist nicht zimperlich,
– kennt und präsentiert seine Wunden,
– triggert (trifft) bewusst im Wissen um das Endergebnis,
– hat nichts zu verlieren,
– folgt dem Spielplan,
– ist unbestechlich,
– ist unberechenbar,
– lehrt seine eigene Weisheit,
– guckt nicht von einem anderen ab,
– mag Kampf im Spiel als Abenteuer.
– Sein Slogan ist: „Neuer Tag, neues Spiel.“

## Unterschiede zwischen Raupe und Schmetterling

In der folgenden Tabelle habe ich die Unterschiede zwischen Raupe und Schmetterling noch einmal zusammengefasst. Es spielt letztlich keine Rolle, ob du gerade als RAUPE oder als SCHMETTERLING dein Spiel bestreitest. Metamorphose kannst du nicht erzwingen. Sie passiert zu ihrer Zeit. Du kannst dich mit dieser Tabelle testen und schauen, wie viele Punkte du in jeder Spalte hast. Dabei kannst du erkennen, WO du dich im Liebeskummer-Spiel befindest.

Der wichtigste Punkt ist jedoch folgender: Willst du noch etwas verändern? Oder darf alles bleiben, wie es gerade ist, weil es sich sowieso auf irgendeine Art verändert? Akzeptanz macht Schmetterlinge.

Ich habe wenige Schmetterlinge getroffen. Doch jene, die ich traf, die durfte ich einige Zeit beobachten. Aus nächster Nähe. Sie haben mir gut und weh getan. Sie haben mich nicht geschont. Ich bin ihnen dankbar.

| RAUPE | SCHMETTERLING |
|---|---|
| solidarisiert und verbündet sich in Gruppen | solidarisiert sich nicht |
| mischt sich in fremde Spiele (Angelegenheiten) ein | bleibt im eigenen Spiel |
| bildet Gruppen | ist gruppenfähig, nährt sich nicht von einer Gruppe |
| sucht die goldene Mitte, sucht nach Balance | polarisiert gerne und stark, sucht das Chaos |
| rechtfertigt und entschuldigt sich | erklärt sich, wenn er darum gebeten wird, entschuldigt sich nicht |
| sucht nach Anerkennung, Lob und Zugehörigkeit | anerkennt sich als ALLES, sucht Kritik |
| schützt sich vor Verletzungen | sucht Verletzungen |
| trägt gerne Masken und Schutzanzüge | zeigt sich nackt und authentisch |

| | |
|---|---|
| kriecht anderen in den Arsch oder: bemüht sich um andere | bemüht sich um nichts |
| hat Gurus, Idole, Vorbilder | bewundert niemanden mehr, hat Inspirationsquellen |
| trennt, spaltet und isoliert | baut Brücken zwischen Polen |
| nimmt Kampf ernst | nimmt Kampf wie ein Spiel |
| macht Türen zu, um später wieder anzuklopfen | lässt alle Türen offen |
| außen robust, innen fragil | außen zart, innen robust |
| bemitleidet sich gerne oder fühlt sich ungerecht behandelt | ist nicht zimperlich, weiß, dass alles gerecht ist |
| versteckt ihre Wunden | kennt und zeigt offen seine Wunden |
| triggert unbewusst zur eigenen Verteidigung | triggert bewusst im Wissen um das Endergebnis |
| will nicht(s) verlieren | hat nichts zu verlieren |

| | |
|---|---|
| folgt dem nächsten Ziel oder einem Menschen | folgt dem Spielplan |
| hat Ziele, um glücklich zu werden | hat Glück, weil er immer am Ziel ist |
| ist bestechlich (materi-ell oder emotional) | ist unbestechlich |
| ist berechenbar | ist unberechenbar |
| hat Lehrer | ist Lehrer |
| frisst Bücher und Wis-sen | produziert Bücher und Wissen |
| guckt, wie es ein ande-rer macht | macht sein Ding |
| macht einen Bogen um Aversionen und nega-tive Gefühle | lebt Vorlieben und Aversionen aus, sucht negative Gefühle |
| will verändern | weiß um Veränderung |
| will verstehen | will spielen und erfahren und versteht automatisch |
| sucht nach Glück | ist glücklich |
| glaubt an freien Willen | glaubt an einen Lebensplan |

Da du nun alle Spielfiguren kennengelernt hast, widmen wir uns nun den Spielfeldern.

DIE SPIELFELDER VOM LIEBESKUMMERSPIEL

## Hallo – ich bin das Spielfeld des Kampfes

Auf diesem Spielfeld fällt EGOn in den Kampfmodus. Und meist kämpft er gegen ein Gefühl. Gegen das Gefühl von Ablehnung. Gegen das Gefühl von Trauer. Gegen das Gefühl von Leere. Gegen das Gefühl von Ohnmacht. Weil dein EGOn diesen Softwarefehler hat. Den Softwarefehler der EGOn glauben lässt, dass Glück bedeutet, nur POSITIVE Gefühle zuzulassen. Deshalb kämpft EGOn gegen all jene Gefühle, die ihm NEGATIV erscheinen. Frei nach dem Motto:

„Die Guten ins Töpfchen, die Schlechten ins Kröpfchen". Und wenn EGOn kämpft, kann er nicht richtig fühlen, denn sein Herz ist verschlossen.

EGOn merkt noch nicht einmal, dass er gegen negative Emotionen kämpft. Er glaubt, dass er gegen die Umstände und Menschen kämpft, wegen denen er die negativen Gefühle hat. Unter all den scheinbaren Gegnern liegt der Kampf gegen das Gefühl selbst.

So habe ich fast ein halbes Jahrhundert gegen negative Emotionen gekämpft. Bis ich total müde war vom Kampf. Ich hatte keine Kraft, keine Energie und keine Lebenslust. Ich wollte nur noch schlafen. Heute hat mein Tag oft 18 Stunden. Von 4 Uhr morgens bis 22 Uhr am Abend. Viele dieser Stunden sind ausgefüllt: Schreiben, live senden, Video-Kurse erstellen, mit meinem Hund spielen und coachen. Ich fühle mich meist putzmunter. Es muss sich nichts in meinem Leben ändern. Ich empfinde GLÜCK, auch wenn ich mal hundemüde bin. Auch wenn ich wütend bin. Auch wenn ich neidisch bin. Auch wenn ich traurig bin. Auch wenn ich Schmerzen fühle. Ich empfinde immer mehr an zustandsfreiem Glück.

**Zwei verschiedene Möglichkeiten, zu kämpfen**

Natürlich gibt es unzählige Methoden des Kampfes. In diesem Buch möchte ich mich mit den zwei häufigsten Methoden aus meiner Arbeit beschäftigen: Angriff und Ablenkung.

**Angriff**

Der Angriff ist schnell erklärt. Du versuchst, deinen Liebeskummer zu beenden, indem du aktiv alles in deiner Macht Stehende tust, um dein EIGELB für dich zu gewinnen oder zurückzugewinnen.

Das kannst du zum Beispiel tun, indem du das EIGELB immer wieder kontaktierst, indem du seine Freunde mit einbeziehst, indem du zu Gurus und Hexen gehst, die dich mit ihrer Energie und Magie dabei unterstützen. Du kannst dich äußerlich verändern, abnehmen, Sport betreiben, dich weiterbilden. Wenn du das auch nur mit dem Hauch der Intention tust, deinem Lieblingsmenschen zu gefallen, dann ist das der Kampf gegen ein GEFÜHL. Vielleicht kämpfst du gegen das Gefühl, abgelehnt oder verlassen zu werden. Vielleicht kämpfst du gegen das Gefühl, einsam oder/und traurig zu sein. EGOn setzt auf Angriff. Sein Kampfslogan lautet: ICH GEBE (DICH) NICHT AUF!

**Aktiver und passiver Angriff**

Kampf hat verschiedene Gesichter. Kampf kann selbst im Angriff aktiv oder passiv sein. Ein aktiver Angreifer prescht vor, macht seine Klappe auf, sagt, was ihm nicht passt. Ein passiver Angreifer geht zum Beispiel in den Hungerstreik. Nimmt viele Tage keine Nahrung zu sich. Beim emotionalen Hungerstreik verweigert er sich. Leidet stumm. Doch er greift passiv damit Menschen an, die ihn lieben.

Überprüfe das in deiner aktuellen Liebeskummer-Situation: Leidest du laut? Forderst du eine Änderung? Oder leidest du still und leise und verhungerst emotional immer mehr?

**Ablenkung:**

Eine leichte Möglichkeit, sich abzulenken, bieten Drogen. Vielleicht rauchst du, trinkst Alkohol, konsumierst Marihuana, Koks oder Heroin. Vielleicht verfällst du auch der Spiel-, Kauf-, Sex- oder Datingsucht. Vielleicht flüchtest du dich in die nächste Netflix-Serie, liest ein neues Buch? Du könntest übermäßig Nahrung konsumieren, exzessiv Sport betreiben oder dich permanent weiterbilden, um dich von EGOns Softwarefehler 404 abzulenken. Das Buffet der Ablenkungen ist umfangreich. Dort findest du Schlagsahne, mit der du üppig den Scheißhaufen in EGOns Wohnzimmer dekorierst. Ja: Es sieht besser aus. Vielleicht fühlt es sich auch besser an. Aber es stinkt. Die Scheiße stinkt weiter vor sich hin. Und solange es stinkt, bleibst du in der aktuellen Szene in deinem Lebensfilm gefangen. Es ist, als würdest du diese eine Szene immer und immer wieder spielen. Bis sie sitzt. Bis du endlich alles fühlst. Bis du dem Kampf entsagst. Du bleibst auf dem gleichen Kästchen deines Spielfelds stehen. Du kommst einfach nicht vom Fleck.

Ablenkung ist Kampf gegen die Entfaltung deines Lebensplans. Wie findest du heraus, ob du der Ablenkung auf den Leim gegangen bist? Stelle dir dazu folgende Frage:

WAS WILL ICH GERADE NICHT FÜHLEN? VON WELCHEM GEFÜHL VERSUCHE ICH, WEGZUKOMMEN?

Ablenkung ist Kampf gegen deine *persönliche* Entfaltung.

## Hallo, wir sind die Spielfelder des Spielplans und des freien Willens

Kommen wir zu den wirklich spannenden Spielfeldern. Gibt es sowas wie den freien Willen? Existiert ein Lebens- oder Spielplan, der alles vorbestimmt?

Ich benutze in diesem Buch immer wieder die Begriffe Lebensplan, Spielplan, deine Geschichte, Drehbuch oder Skript. Ich wähle sie je nach Metapher aus. Alle Begriffe meinen dasselbe. Sie meinen, dass es etwas gibt, das vorgeschrieben, vorbestimmt ist.

## Das Spielfeld des Spielplans/Lebensplans

Ich habe mein Leben und das Leben vieler meiner Klienten rückwärts betrachtet. Meine Liebeskummer-Klienten sind intelligente, willige, oft beruflich erfolgreiche Menschen, die sich als selbstbestimmt bezeichnen. Sie wollen vor allen Dingen eines: Sie wollten ihr Leben verändern. Sie machen ihre Hausaufgaben, entwickeln sich, haben teilweise Erfolge und werden dann meist ziemlich radikal zurückgeworfen. Auf den LEVEL DER BEGRENZUNG. Dort geht erst mal nichts. Und umso mehr sie sich gegen diesen Level wehren, umso tiefer tauchen sie darin ein. Sie stellen mir folgende Fragen:

- WIE KOMME ICH WEITER, WENN JEDE ERFOLGSTECHNIK (DIE BISHER BEI MIR FUNKTIONIERT HAT) PLÖTZLICH VERSAGT?

- WAS SOLL DAS FÜR EIN LEBEN SEIN, DAS MIR KEINE ENDGÜLTIGE ERFÜLLUNG BRINGT?
- WIESO HÄNGE ICH JAHRELANG AN EINEM MENSCHEN, DEN ICH NICHT HABEN KANN?

Jahrelang glaubte ich, dass meine Klienten die Techniken nicht richtig benutzen. Bis ich mein Leben reflektierte und auch bei mir erkannte, dass ich im Leben nicht alles erreichen kann. Aus einem Ackergaul wird eben doch kein Rennpferd. Und aus einem Rennpferd wird kein Ackergaul.

Durch tiefes Forschen bin ich zu der Erkenntnis gelangt, dass ein Lebens- oder Spielplan existiert. Ich bin der Meinung, dass dieser Spielplan – wie in einem vorzüglichen Computerspiel – mehrere Level hat. Dein EIGELB ist eine Möglichkeit, dich in das Spiel zu ziehen. Es fungiert als Köder, es lockt dich von den Zuschauerrängen aufs Spielbrett.

Vielleicht schaust du dir den Film „JUMANJI – WELCOME TO THE JUNGLE“ an.

Hier geht es nicht um Liebeskummer. Doch der Film zeigt auf eindrückliche Weise, was OCTOPUSSY tut, um sich zu erfahren. Sie macht die Spieler wach. Sie bringt die Spieler dazu, ihr Leben, ihre Aufgabe anzunehmen und einen Kampf zu kämpfen, der sie aus dem Level der Begrenzung zurück in die Freiheit führt. Ihr Spiel heißt JUMANJI. Um das Spiel zu gewinnen, müssen die Spieler VOLL UND GANZ in ihrer Spielfigur ankommen. Sie müssen ihre Talente nutzen, sie müssen lernen, sich zu lieben. Sonst scheitern und sterben sie. Und ihr Spiel wäre verloren.

Dein Spiel heißt vielleicht gerade LIEBESKUMMER-SPIEL? Und du bist hier, um DEIN SPIEL endlich zu beginnen.

Wo auch immer du dich in deinem Leben gerade befindest, es ist Zeit, in deiner Rolle anzukommen. Wie auch immer du dich fühlst, du kannst nichts gewinnen, außer jenen Boni, die OCTOPUSSY in deinem Seelenplan = Lebensplan = Spielplan vorgesehen hat. Ist dein EIGELB in deinem Spiel als Boni angelegt, kannst du es am Ende dieses Spiels sicherlich für dich „gewinnen". Wenn es nicht in deinem Spielplan = Lebensplan steht, dann kannst du machen, was du willst. Du kannst dieses EIGELB nicht kriegen. Ein anderes dafür schon. Also entspanne dich und spiele dein Spiel.

**Kämpfe klug und effektiv all jene Kämpfe, die im Spielplan für dich vorgesehen sind. Kämpfe nie gegen das Spiel selbst.**

Bleibe mit allem, was du tust, im Hier und Jetzt. Dort tobt der „Kampf". Nimm ihn ernst und auch wieder nicht. Er ist Part des Spiels. Kämpfe wie bei einem Computerspiel. Dein EGOn ist die Spielfigur. Kämpfe entspannt, denn du bist in Wirklichkeit nicht EGOn, sondern OCTOPUSSY. Du bist immer in Sicherheit. Akzeptiere das Spiel und seine Regeln. Kämpfst du dagegen an, kommst du niemals auf den nächsten Level und die erfüllte Liebe bleibt eine LIMITED EDITION, für die du dich nicht qualifizierst.

## Das Spielfeld des freien Willens

Albert Einstein sagte 1934: „An Freiheit des Menschen im philosophischen Sinne glaube ich keineswegs. Jeder handelt nicht nur unter äußerem Zwang, sondern auch gemäß innerer Notwendigkeit. Schopenhauers Spruch: ‚Ein Mensch kann zwar tun, was er will, aber nicht wollen, was er will', hat mich seit meiner Jugend lebendig erfüllt und ist mir beim Anblick und Erleiden der Härten des Lebens immer ein Trost gewesen und eine unerschöpfliche Quelle der Toleranz."

Ich glaube daran, dass der freie Wille als Special Effekt im Lebensplan existiert. An manchen Stellen ist er eingebaut und funktioniert. An anderen Stellen funktioniert er nicht, egal – welche Erfolgstechniken oder Methoden du benutzt. Das ist auch, was die Wissenschaft belegen kann. Manch Wissenschaftler kommt zu dem Schluss, dass der freie Wille existiert. Ein anderer Wissenschaftler widerlegt die These.

**Meine Thesen:**

Wenn es einen freien Willen gibt, dann hat ihn OCTOPUSSY. Sie hat das Spiel erfunden. Sie hat es entwickelt. Ihr Wille ist bereits geschehen. Der freie Wille für EGOn ist demnach ein Special-Effekt in deiner Geschichte. Manchmal funktioniert er und manchmal nicht.

Einer der Urväter der Atombombe, Eugene Paul Wigner, Nobelpreisträger 1963, sagte: „Die Quantentheorie beweist die Existenz eines universellen Bewusstseins im Universum".

Für mich ist dieses universelle Bewusstsein, von dem Wigner spricht, OCTOPUSSY = Leben = Gott.

Es ist jenes Bewusstsein, das eine Schneeflocke kreiert, einen Schmetterling ins Leben ruft, einen Regenbogen an den Himmel malt, dir einen Geliebten in die Arme legt – und im Ausdruck eines Hurrikans diese Schöpfung wieder ausradiert.

Dieses Bewusstsein gibt allen Dingen eine Form. In vollendeter Schönheit, in radikaler Grausamkeit.

Dieses Bewusstsein atmet ein. Und aus. Dieses Bewusstsein gebiert und zerstört. Dieses Bewusstsein gibt und nimmt.

Dieses Bewusstsein hat einen großen, unerschütterlichen Plan.

Wieso soll dieses Bewusstsein etwas dem Zufall überlassen? Mathematik, Physik, Musik, Dichtung, der Goldene Schnitt zeigen Harmonie oder Disharmonie. Ordnung oder Chaos. Die Schöpfung würfelt nicht. Sie kreiert, hat ein Auge für das große Ganze. Zahnrad um Zahnrad fügt sich in ein gigantisches Uhrwerk ein.

WARUM SOLLTE AUSGERECHNET DER MENSCH TUN UND LASSEN KÖNNEN, WAS ER WILL?

**Mein Fazit:** OCTOPUSSY ist der Schöpfer und die Schöpferin. Umso mehr es dir gelingt, dich nicht nur als Tentakel (EGOn), sondern als OCTOPUSSY (Seele) zu erfahren, umso freier bist du. Weil du das, was du erfährst, immer mehr als deinen Willen erkennen kannst. Du willst das, was kommt. Dein Slogan lautet: Wolle, was komme.

## Der freie Wille ist ein Special-Effekt des Liebeskummer-Spiels

Manchmal hast du einen Wunsch und ein paar Tage oder Wochen später erfüllt er sich. „Siehst du?“, wird EGOn rufen. „Es klappt doch mit der Schöpfung. Es klappt ja mit dem freien Willen.“

Meiner Meinung nach funktioniert das so: EGOn kommt im Liebeskummer-Spiel auf ein Feld, auf dem „FREIER WILLE“ steht. Auf diesem Feld hat EGOn, was er nicht weiß, Zugang zu seinem Spielplan. Er channelt quasi in seinem Spielplan der Zukunft. Er sieht dort einen Partner und bestellt ihn sich beim Universum. EGOn beschreibt genau, was der Partner für Eigenschaften hat und ein paar Wochen später wird die Bestellung geliefert. In Wirklichkeit hat EGOn sich etwas bestellt, was sowieso für ihn bestimmt und vorgesehen ist. Der freie Wille ist ein Zaubertrick im Spiel des Lebens. Der Trick mit dem freien Willen macht das Spiel einfach interessanter. Denn nur so kann EGOn um den Ausgang bangen. Das, worum EGOn bangt, das hat für ihn eine viel größere Bedeutung als das, was ihm in den Schoß gefallen ist.

**Das sagt die Wissenschaft:**

Der Physiologe Benjamin Libet hat sich ausführlich mit dem Thema des freien Willens beschäftigt.

Er benutzte für seine Versuche ein EEG (zur Messung der Gehirnströme) und ein EMG zur Messung der Muskelkontraktion. Dann bat er seine Probanden, sich spontan zu entscheiden, WANN sie den

Zeigefinger bewegen möchten. Diese Entscheidung sollten die Probanden laut aussprechen. Zum Beispiel mit einem „Jetzt“. Libet verfolgte den Versuch mit dem EEG.

Es stellte sich heraus, dass die BEWUSSTE Entscheidung, den Finger zu bewegen, 200 msec VOR der tatsächlichen Bewegung getroffen wurde. Verblüffend war, dass das Gehirn jedoch 300 msec VOR der bewussten Entscheidung bereits reagierte. Bedeutet, du entscheidest dich JETZT, etwas zu tun, der Impuls zu dieser Entscheidung ist bereits 300 msec früher zu messen.

**Die Verwirrung stirbt zum Schluss**

Wer steuert also deine Entscheidungen?? Ist es EGOn? Oder glaubt er nur, dass er die Entscheidungen trifft?

Ich glaube an ein Drehbuch, an einen Spielplan, an ein Skript. Wenn du deinen Lieblingsfilm anschaust, denkst du dann im Moment der Hochspannung daran, dass das Drehbuch jemand GESCHRIEBEN hat? Oder bist du nicht total gespannt, WIE ES WEITERGEHT? Wenn Harry Potter gegen Voldemort kämpft, beobachtest du dann nicht einfach einen großartigen Kampf zwischen GUT und BÖSE? Denkst du in diesem Moment daran, dass J. K. Rowling diese Szene schon Jahre zuvor geschrieben hat? J. K. Rowling ist die SEELE von Harry Potter. Sie ist die Seele von Voldemort. Sie ist die Seele von Hermine und von Ron.

Dein EGOn – das glaube ich – erlebt ab und an den Special-Effekt des freien Willens, wenn er auf dem dazugehörigen Spielfeld steht.

Nicht mehr und nicht weniger. Und ganz genau *das* macht die Geschichte so spannend.

Es geht nicht darum, das Leben zu entschlüsseln. Erstens ist es nicht möglich und zweitens gäbe es keine Spannung mehr. Wir würden an Langeweile sterben.

Verwirrung, Irrung, Ironie, Ent-Täuschung – das sind die Werkzeuge, mit denen das Leben deinen und meinen EGOn schmiedet. Bis wir wissen, dass WIR NIEMALS ALLES WISSEN, solange wir uns erfahren. Erst dann, wenn wir uns nicht mehr erfahren, weil wir gestorben sind – erst dann wissen wir ALLES, doch dieses Wissen wird in der Nichterfahrung nutzlos sein.

## Hallo, ich bin das Spielfeld der Liebe – ein Aggregatzustand von OCTOPUSSY, der Seele

Kein Wort hat die Gemüter jemals so erhitzt wie das Wort LIEBE. Für mich ist Liebe kein Gefühl. Und doch meinen die meisten Menschen eine starke Emotion, wenn sie von Liebe sprechen. Sich hingezogen, zugeneigt fühlen. Sehnsucht spüren. Sich verzehren.

Für mich ist Liebe = Schöpfung, die *sich zum Ausdruck bringt.*

Liebe ist OCTOPUSSY, die sich immer wieder neu erfährt. OCTOPUSSY, die mit sich spielt. Liebe ist Bewegung, sie ist der Fluss zwischen den beiden Polen, die durch den Sündenfall geschaffen worden sind. So wurde die Polarität geschaffen. Das Gute und das Böse. Das Helle und das Dunkle. Hochzeit und Trennung. All das ist

Liebe. All das ist OCTOPUSSY in Bewegung. OCTOPUSSY in EMOTION.

Jede Emotion ist ein Puzzleteil der Liebe, das OCTOPUSSY an EGOn verschenkt. So drückt OCTOPUSSY ihre Liebe zu sich selbst aus.

Denn OCTOPUSSY ist auch EGOn.

Die Liebe hat viele Puzzleteile aus all den verschiedenen Emotionen. Da sind Freude, Wut, Trauer, Scham, Ekstase, Ohnmacht, Übermut und Schmerz. Liebe ist das Puzzle aus allen Emotionen, die OCTOPUSSY Puzzleteil für Puzzleteil an EGOn sendet. Und EGOn drückt seine bedingungslose Liebe zu OCTOPUSSY und sich selbst aus, indem er alles fühlt. Weil Liebe Selbstliebe ist. Und umgekehrt auch.

Liebe ist weder gut noch schlecht. Liebe bewegt die Gemüter. Liebe bewegt, triggert dich. Sie ist die neugeborene Babyrobbe. Und sie ist der Weiße Hai, der diese Robbe frisst. Sie ist der erste Kuss mit deinem Liebsten und sie ist die Geliebte, mit der dein Liebster dich betrügt. Sie ist der Mann, der einen verletzten Vogel rettet, ihn pflegt, bis er wieder fliegen kann. Sie ist der gleiche Mann, der ein unschuldiges Mädchen brutal vergewaltigt.

Liebe hat viele Gesichter. Sie IST alle Gesichter. Denn sie ist SEELE, die sich zum Ausdruck bringt. Liebe ist OCTOPUSSY in Aktion. Liebe ist OCTOPUSSY, deren Tentakel sich bewegen.

## Ich bin das Spielfeld der Ohnmacht, der zweite Aggregatzustand der Seele

Ein weiterer Aggregatzustand von OCTOPUSSY ist Ohnmacht. Starre. Eine Form von Koma. Ohnmacht hält die Gemüter an. Jene Ohnmacht ist nicht einfach ein Gefühl. Sie bringt NICHTS zum Ausdruck. Sie ist starr. Sie hält den Ausdruck des Lebens an. Ein starres Tentakel, das sich gerade nicht bewegt. Ein Moment absoluter Leere. Nichts fühlen können. Nicht handeln können. Nichts wahrnehmen können. Eingefrorenes Leben. Dornröschen fällt in den 100-jährigen Schlaf und im Schloss schläft alles ein. Der Kellner erstarrt. Die Katze im Sprung hängt wie eingefroren in der Luft. Aus einem Film wird ein Gemälde. Leben festgenagelt. Angehaltene Luft. Dieser Aggregatzustand ist wichtig. Ich erwähne ihn, weil OCTOPUSSY dich ab und an damit konfrontiert. Vielleicht für ein paar Sekunden, vielleicht für ein paar Minuten oder länger. Er fühlt sich für die meisten EGOns absolut beschissen an. Dieser Aggregatzustand ist nötig. Meist kommt er, bevor EGOn ein neues Softwareupdate kriegt.

Zurück zum Aggregatzustand der Liebe. Liebe erschafft Realität. Liebe ist der Zündstoff der Geschichten. Liebe ist die Magie, die zwischen den Zeilen liegt, sie ist das Unausgesprochene und doch Gehörte. Sie ist das Unsichtbare und doch Gesehene, sie ist das, was das Spiel am Laufen hält. Im Grunde kann man sie nicht erklären. Sie ist des Pudels Kern. Sie ist das DESWEGEN. Sie ist das WARUM. Sie ist das WOFÜR.

Die Liebe ist die *Gesamtheit aller Gefühle*, sie ist der Ausdruck jedes Wesens. Sie ist jede Handlung, jeder Gedanke, jede Form von Energie, die sich bewegt. Sie ist auch der Liebeskummer.

Vielleicht fing damals am Baume der Erkenntnis die Liebesgeschichte an. Die Liebesgeschichte von EGOn auf seiner Heldenreise zu sich selbst. Als eine Schlange erst Eva – und Eva daraufhin Adam verführte, die verbotene Frucht zu kosten. Und so gelangte das Wissen von Gut und Böse an die Menschen. Der Mensch fiel aus dem Paradies und das Spiel begann. Das Spiel, in welchem wir versuchen, das Böse zu ignorieren oder zu vernichten. Das Spiel, indem wir das Dunkle vertreiben wollen, um im vollen Licht zu stehen. Das Spiel, indem wir über einen anderen richten, wenn er uns aus Liebe die Knöpfe drückt. Damit EGOn sich erkennen kann. Damit OCTOPUSSY fühlen kann. Und zwar ALLES. Das Spiel, das sich die meiste Zeit eher wie Kampf anfühlt. Kampf gegen die Erkenntnis, WER DU WIRKLICH BIST. Kampf gegen den Softwarefehler 404 von EGOn. Kampf gegen die Liebe.

Interessant ist, dass es das Verbotene ist, was den Menschen von jeher reizt. Warum ist es verboten? Was passiert, wenn ich in den Apfel beiße?

EGOn ist ein Abenteurer. Wenn EGOn wirklich an die eine, reine Liebe glauben würde, die nur positive Emotionen bringt, hätte er nicht von dieser Frucht gekostet. Er hätte der VerSUCHung widerstanden. Doch EGOn sucht. Er sucht nach sich selbst. Er sucht nach Abenteuer, nach Recht.

# Kapitel 2

# Die Spiellevel

Erinnere dich: OCTOPUSSY hat das Spiel erschaffen, um sich zu erfahren. Sie hat dir eine Heldenreise auf den Leib geschneidert. Mit Hochs und Tiefs, gleich einer Achterbahn, damit sie durch deinen Körper fühlen kann. Deshalb wird Leben immer unberechenbar sein. Glücksfälle, Schicksalsschläge, Wendungen, die sich ein Steven Spielberg nicht besser ausdenken könnte. Durch Beobachtung und Erfahrung habe ich bisher 3 Spiellevel entdeckt.

Level EINS: RAUPEN – Konsum und Begrenzung

Level ZWEI: Schleuse – Krisen und Updates

Level DREI: SCHMETTERLING – Spiel und innere Freiheit

## Level EINS: FRESSEN, FRESSEN, FRESSEN

Level EINS ist der Level der Begrenzung. Hier bist du RAUPE. RAUPEN tun im Großen und Ganzen nur zwei Dinge. Fressen und Wachsen. RAUPEN fressen sich durch Nahrung, Kunst, Kultur, Konsum, Welt und Wissen. Sie sind süchtig nach Input aller Art. Sie stehen auf

Gaumenfreuden, auf Augenschmaus, Hörgenuss, Status, Reisen und Macht. Sie unterhalten sich darüber. „Als ich neulich in Paris war, da war ich in diesem besonderen Schmausoleum „Laserre". Auf jede RAUPE kommt ein Kellner, der serviert schneller, als du fressen kannst und das Fressen ist vorzüglich."

„Ach – wo du das gerade sagst, ich war in meinem schönsten Kleid auf dieser Vernissage von Leon Löwentraut und habe mir ein kunterbuntes Werk von ihm gesichert. So eine junge, talentierte RAUPE. Eine echte Zukunftsinvestition." „Wirklich? Also mein Porsche ist in Chromaflair lackiert. Die Lackierung sieht aus wie grüner Durchfall, hat dafür 80.000 Mäuse gekostet."

„WOW, Ich hab die Model-RAUPE „Klum" auf Bora Bora getroffen. Hans und Franz sahen einfach prächtig aus in ihrem neuesten Tankini."

„Dafür bleibt mir keine Zeit, ich kandidiere für den Vorsitz für das Salatbeet."

Für die RAUPE ist erst einmal ALLES Konsum. Auch Persönlichkeitsentwicklung. Auch Sex. WARUM? Weil es der RAUPE vor allen Dingen darum geht, VIEL an guten Gefühlen zu konsumieren. Gute Gefühle bringen EGOn zum Wachsen. Er bläht sich auf. Er glaubt, dass er JEMAND ist. Er glaubt, dass er jemand Besonderes ist, wenn er besondere Dinge konsumiert. EGOn konsumiert im Raupenstadium auch Menschen. Er konsumiert und prüft, ob sie ihm schmecken. Schmecken die Menschen nicht, dann versucht EGOn, sie schmackhaft zu machen. Sie sollen sich verändern, damit EGOn sie verdauen kann. Denn das, was bitter, sauer oder zu scharf für die

RAUPE ist – das wird abgelehnt. Die RAUPE beurteilt die Welt nach der Qualität und dem Geschmack der Nahrung. Sie sucht nach „ekstatischem Fast-Food".

Um negative Emotionen frisst die RAUPE einen Bogen. Natürlich kommt die RAUPE stets und ständig mit negativen Emotionen in Berührung. Diese negativen Emotionen begrenzen die RAUPE wie ein enger Tunnel. Gelangt die RAUPE an die Tunnelwand, dann macht es bzzzzzzzzzt. Stromschlag.

OCTOPUSSY liebt das. Die RAUPE wird deswegen auf Level EINS volle Kanne mit Begrenzung konfrontiert. EGOn leidet, während OCTOPUSSY jauchzt. Sie will Begrenzung spüren. Freiheit kennt OCTOPUSSY zur Genüge. Die RAUPE vergisst die negativen Emotionen schnell. Denn sie lenkt sich mit noch mehr Fressen ab. Es gibt ja immer und überall einen schnellen Kick in den RAUPEN-Bars und -Restaurants. In den Shoppingmeilen und zwischen den Armen und Beinen anderer RAUPEN.

Ist die RAUPE auf einem neuen Trip, hat sie das Leid sofort vergessen. Sie trällert: DAS LEBEN IST SCHÖN. Die RAUPE macht sich viel vor. Sie bestellt sich ein Auto, einen Parkplatz, einen Mann. Beim Universum. Dann posaunt sie raus, wie gut das doch alles funktioniert. EGOn wächst. Das muss er. So steht es im Spielplan.

Irgendwann schwant es der RAUPE. Sie merkt, dass die Bestellungen des Universums irgendwie vergiftet sind. Scheinbar ist die Lieferung genau wie bestellt. Doch irgendwas ist da im Futter drin. Denn die Nahrung macht Blähungen. Die RAUPE fühlt sich immer öfter elend. Sie muss sich übergeben, kriegt Dünnpfiff, hat Scheißlaune. Irgendwas funktioniert da nicht mehr. EGOns Software spinnt. Sie setzt manchmal einfach aus. EGOn stürzt ab. Die Schleuse naht. Der Kokon, in dem die RAUPE sich verpuppt.

Nicht jede MenschenRAUPE wird den Eintritt in die Schleuse wagen. Nicht jeder RAUPE ist bestimmt, ein SCHMETTERLING zu werden. Deshalb urteile nicht über eine andere RAUPE, wenn sie ihre Zeit viel lieber mit Fressen, Fressen, Fressen und Wachsen, Wachsen, Wachsen verbringt. Der Kontostand, Häuser, Garagen, Kleider-schränke und Bibliotheken wachsen. Freundeskreis und Vitamin B wachsen mit. Betrittst du jedoch die Schleuse, wirst du eine andere RAUPE hinter dir lassen müssen. Über kurz oder lang.

## Level ZWEI: Die Schleuse oder der Kokon

Jede RAUPE erfährt die Schleuse ganz individuell. Manche RAUPEN passieren die Schleuse in Kürze, mit heftigen Wehen und starken Krisen. Andere RAUPEN passieren die Schleuse sanfter und brauchen dafür vielleicht um vieles länger. Es gibt jedoch wichtige Gemeinsamkeiten:

- Loslassen von Konzepten
- Loslassen von materiellen Gütern
- Loslassen von Freundschaften, Partnerschaften und manchmal von Familie

- Loslassen von Lebensumständen
- Loslassen von Visionen und Wünschen

Es gibt noch andere Schleusen-Symptome wie Pleiten, Krankheiten, Unfälle. Da es in diesem Buch um Liebeskummer geht, bleibe ich bei den spezifischen Merkmalen einer liebeskranken RAUPE.

Falls im Drehbuch der RAUPE geschrieben steht, dass aus ihr ein SCHMETTERLING werden soll, dann wird OCTOPUSSY sie mit dem WEIßEN HAI des Liebeskummers konfrontieren. Dieser spirituelle Liebeskummer ist anders als jeder Liebeskummer zuvor. Der Mensch, der diesen Liebeskummer auslöst – das besondere EIGELB – verhält sich anders als je ein Mensch zuvor. Keine der angewendeten Erfolgstechniken funktionieren, um den Liebeskummer oder das EIGELB zu verdrängen. Du hast nur eine Chance, wenn du vom Kummer zurück in die Liebe kommen willst: REIN IN DIE SCHLEUSE.

Das Passieren der Schleuse kann mehrere Monate oder auch Jahre dauern. Manch eine RAUPE wartet Jahre, bevor sie überhaupt in die Schleuse geht. Meine Erfahrungen zeigen, dass die RAUPE nicht in der Schleuse steckenbleibt. Sie wird als SCHMETTERLING geboren.

Was passiert in der Schleuse:

- Etablierte Techniken funktionieren nicht mehr.
- Der freie Wille stürzt immer öfter ab.
- Der RAUPE schmeckt ihr Futter nicht.

- Die RAUPE wächst nicht mehr.
- Die RAUPE zweifelt.
- Die Aufmerksamkeit wandert von außen nach innen.
- Die RAUPE stellt eine neue Frage: „Leben, WAS WILLST DU VON MIR?"
- Die RAUPE lässt los.

**Etablierte Techniken funktionieren nicht mehr**

In Level EINS gab es Zeiten, da hat die RAUPE ihr Umfeld erfolgreich manipuliert. In ihren Beziehungen setzte sich die RAUPE durch, lenkte sich von Defiziten ab oder sie beendete die Beziehung. Über kurz oder lang konnte die RAUPE wieder Glücksgefühle fühlen. Immer öfter sitzt die RAUPE jetzt im Dunkeln. Emotional fühlt sie sich am Boden. Ablenkungen bringen die RAUPE nur tiefer in den Sumpf. Die RAUPE merkt: Hier stimmt was nicht. Vielleicht sucht sie am Anfang der Schleuse noch weiter nach neuen Techniken, nach neuen Gurus, nach einer LÖSUNG IM AUßEN. Einmal in der Schleuse angekommen, wird die RAUPE eine Lösung im Außen nicht mehr finden.

**Der freie Wille stürzt immer öfter ab.**

Immer dann, wenn EGOn etwas will, kriegt er es nicht. EGOn kämpft seinen letzten Kampf. Er bäumt sich auf. Er versucht, sein altes Programm, seine alte Software zu reparieren. Irgendwie muss das doch funktionieren. Es ging doch früher auch.

Es ist so, als würdest du dein iPhone schütteln, wenn der Bildschirm schwarz bleibt. Wieder und wieder malträtierst du den Startbutton. Nichts passiert. Das Display bleibt schwarz. Hilflos schaut EGOn auf andere Raupen. Auf RAUPEN, die anscheinend glücklich sind. EGOn WILL auch eine glückliche Liebesbeziehung. Wieso kann ER keine Liebesbeziehung haben? Wieso ist ER immer noch allein? Wieso kommt das EIGELB nicht? Am Anfang der Schleuse schwillt der Frust der RAUPE meist noch einmal richtig an. Die Begrenzung erreicht ein neues Ausmaß.

**Der RAUPE schmeckt ihr Futter nicht**

Es wird immer offensichtlicher. All das, was die RAUPE gestern noch in Ekstase versetzte, funktioniert nicht mehr.

Bei mir kam dieser Moment mitten beim Sex mit meinem Geliebten. Ich fühlte nichts mehr. Es fühlte sich an wie Alkohol trinken ohne Rausch, aber Kater am nächsten Tag. Das Erlebnis war so eindrücklich, dass ich wochenlang darüber nachdachte. Apropos Alkohol: Der schmeckte plötzlich auch nicht mehr. Ich hatte keine Lust auf Mode und rannte fortan nur in Joggingklamotten herum. Dabei betrachtete ich meine Schätze und entschied: Das Zeug muss weg. Gleichzeitig kündigte ich meine Wohnung und zog in eine WG. Zum ersten Mal in meinem Leben verzichtete ich auf einen eigenen Mietvertrag. Auf Fernsehen verzichtete ich zu diesem Zeitpunkt schon etwa 5 Jahre. Auch mein Nahrungskonsum reduzierte sich auf ein paar Lebensmittel. Mein Bücherkonsum wurde gestoppt. Ich las nichts mehr, dafür erinnerte ich mich plötzlich an Wissen.

Genauso erging es mir mit den Beziehungen in meinem Leben. Sie wurden eingedampft. Es fühlte sich wie BEFREIUNG an. Endlich nicht mehr FRESSEN müssen. Endlich mit NICHTS zufrieden sein.

**Die RAUPE wächst nicht mehr**

In meinem Fall fühlte es sich sogar wie Schrumpfen an.

Kleiderschränke, Speisekammer, Wohnung, Freundeskreis, Bewegungsradius, Aktivitäten, soziale Kontakte: alles auf ein Minimum reduziert. Meine RAUPE und mein EGOn schrumpften. EGOn hatte ein paar Kämpfe um den freien Willen verloren. Er war sichtlich angeschlagen. Irgendetwas lag in der Luft. EGOn gab endlich nach. Er blähte sich nicht länger auf. Er wartete, übte sich das erste Mal in Geduld.

**Die RAUPE zweifelt**

Und wie ich zweifelte. Immer öfter fühlte ich mich wie eine Marionette. Ich betrachtete mein Leben rückwärts und stellte fest: EGOn war schon immer eine Marionette gewesen. EGOn hatte noch nie den freien Willen, an den er sich so geklammert hat. EGOn hatte sein Augenmerk in der Vergangenheit auf die wenigen Punkte gelegt, an denen der freie Wille als „Special Effekt" erschienen war.

Als ich das begriff, verschwand mein Lebenssinn. EGOn und ich fielen in ein Schwarzes Loch. Wenn ich nur eine Marionette war, WOZU DAS GANZE? Wozu sollte ich leben, wenn ich nichts bewirken konnte? EGOn bäumte sich noch einmal auf. Es musste eine andere Erklärung geben. Es MUSSTE einen freien Willen geben. Wo – zur Hölle – war er zu finden? Wie war er zu erreichen?

### Die Aufmerksamkeit wandert von außen nach innen

Jahrelang hatten EGOn und ich meditiert. Für mindestens eine halbe Stunde täglich begaben wir uns in absolute Stille. Ich befahl EGOn regelrecht, seine Aufmerksamkeit von außen nach innen zu lenken. Und ja, es gelang EGOn immer besser. EGOn war nach jeder Meditation heilfroh, wenn der Wecker endlich klingelte. Ganz ehrlich: Ich fand Meditation all die Jahre wirklich scheiße. Trotzdem blieb ich brav auf der Übungsmatte sitzen. Und dann passierte etwas. Der Meditationsimpuls war von mir genommen. Von einem Tag auf den anderen hörte ich damit auf. Ich meditierte nicht mehr. Ich WUSSTE zutiefst, dass es nicht mehr nötig war. Wochen und Monate später fiel mir auf, dass meine Antworten nicht mehr von außen kamen. Sie kamen immer öfter aus meinem Inneren. Ich suchte nicht mehr. Ich empfing. Etwas in mir war OFFEN.

Merke: Du kannst diese Öffnung nicht machen. Wenn du dich dafür anstrengst, ist es nicht das, wovon ich spreche. Öffnung passiert. So wie Regen passiert. Du kannst ihn riechen. Du kannst ihn nicht machen. Wenn es soweit ist, wenn dein Kanal zum Leben offen ist, wirst du es merken, weil es den Menschen auffällt, mit denen du zusammen bist. Es ist, als hättest du deine eigene Stimme gefunden, deinen eigenen Ausdruck, deine eigene Farbe, deine besondere Melodie. Du bist IN DEINER ROLLE, AUF DEINEM SPIELFELD ANGEKOMMEN.

**Die RAUPE stellt eine neue Frage**

Fast ein halbes Jahrhundert habe ich dem Leben Befehle erteilt. Ich habe bestellt. Ich habe gebeten. Ich habe gebettelt. Ich habe gefleht. Ich habe geflucht, wenn ich nicht bekam, was EGOn wollte. Und plötzlich verstummte EGOn. Als hätte er begriffen, dass es hier um etwas Größeres ging. Eine Zeit lang blieb EGOn demütig und funktionierte. Und dann tauchte diese eine große Frage in mir auf.

Fast zu groß und mächtig, um sie zu stellen: LEBEN, WAS WILLST DU VON MIR?

Ich hatte Angst, die Antwort zu erfahren. Ich war mir nicht sicher, ob ich diese Antwort hören wollte. Denn meine bisher letzte große Krise stürzte mich in eine Ohnmacht, die ich nicht beschreiben kann. Ich hatte Angst um mich selbst. Das erste Mal hatte ich wirklich Angst um meine Spielfigur, denn ich begriff, dass es außer mir da draußen keinen gibt. Ich fühlte das ALL-EINS-SEIN. Und das war alles andere als erbaulich oder schön. Ich fühlte mich so einsam und so verlassen wie noch nie zuvor in meinem Leben. Und in dieser Einsamkeit begriff ich, was es bedeutet, SEELE zu sein. Ich erfuhr, wie es ist, etwas zu wissen, ohne es zu erfahren. Und ich verstand das SPIEL. Ich stellte die Frage in der Präsenz der Seele und der Identifikation mit EGOn.

LEBEN, WAS WILLST DU VON MIR?

Es war im Wald. Zwischen Bäumen und Schatten schrie es aus mir heraus. Mit aller Kraft schleuderte ich diese Frage meinem Leben entgegen. WAS WILLST DU VON MIR, VERDAMMT NOCHMAL? Ich war verZWEIFELt. Ich wollte eine Antwort. Und ich war bereit, der Antwort zu folgen. EGOn war bereit. Der WEIßE HAI des Liebeskummers lag zu dieser Zeit bereits fünf Jahre hinter mir. Und noch immer steckte ich in der Schleuse. Jetzt erst öffnete sie sich. Die Antwort kam nicht am Stück. Sie kam und kommt in kleinen Puzzleteilen. An jedem einzelnen Tag. Immer noch.

In der Phase des Kokons kommt von außen meist nichts Neues.

Kein neuer Mann, keine neue Einnahmequelle, kein neuer Job. Die Phase des Kokons gleicht dem Dornröschenschlaf. Es passiert scheinbar nichts. Du entwickelst dich im Unsichtbaren. Vielleicht wird deine Sehnsucht spürbarer. Denn darum geht es in dieser Phase. Es geht darum, zu deiner tiefsten Sehnsucht vorzudringen. Wirklich zu begreifen, wozu du hierhergekommen bist. Lasse los. Gib dich hin. Bitte dein Leben mit den Worten: LEBEN, NIMM MICH!

**Die RAUPE lässt los**

Loslassen ist nicht etwas, was du einmal, zweimal oder fünfmal tust. Loslassen ist Begreifen, dass du NICHTS halten kannst. Dass du nichts besitzen kannst. Loslassen bedeutet, die Energie hinter der Materie zu erkennen. Das Wasser hinter dem Eis. Wasser, das dir durch die Hände rinnt. Energie, die sich stets verändert.

Am Ende der Schleuse lässt die RAUPE jeden Glauben los. Sie weiß nicht, was sie heute glaubt. Sie weiß nicht, was sie morgen glauben wird. Sie erkennt, dass die Spielregeln sich ändern. Sie erkennt, dass EGOns altes Softwareprogramm nicht mehr funktioniert. Es macht klick.

Du kannst nicht mehr kriechen. Du bist keine RAUPE mehr. Du kannst noch nicht fliegen. Du bist noch kein SCHMETTERLING. Du bist nichts und doch alles. Du bist der Wandel selbst. Du erfährst dich als pures Leben und glaubst dabei, du würdest sterben. Die RAUPE stirbt. Der SCHMETTERLING wird geboren.

## Level DREI: SCHMETTERLING – Spiel und innere Freiheit

Eines Tages platzt der Kokon. Ich kann schwer in Worte fassen, wie sich das anfühlt. Die Begrenzung ist nicht mehr spürbar. Dabei fällt die äußerliche Begrenzung nicht einfach weg. Sie tangiert den SCHMETTERLING nicht länger. Er erhebt sich zum Flug. Er kann große Teile des Spielfeldes überblicken. Er erkennt den Plan. Er spielt und fliegt.

Der SCHMETTERLING dient seinem Leben. Er nutzt die Thermik des Windes, spart seine Kräfte.

Der SCHMETTERLING nimmt nur noch flüssige Nahrung zu sich. Für Menschen-SCHMETTERLINGE bedeutet das leichte Kost.

Der SCHMETTERLING ist fähig, sich zu paaren.

RAUPEN haben Sex. SCHMETTERLINGE vermehren sich: Sie zeugen Bewusstsein.

Für mich ist das DIE EIGENSCHAFT des SCHMETTERLINGS.

Bewusstseins(er)ZEUGUNG.

Der SCHMETTERLING dient den RAUPEN, damit sie sich verpuppen können. Damit sie selbst zum SCHMETTERLING werden können. Der SCHMETTERLING predigt nicht, er lebt vor.

Beispiel: Ich kann dir viele Dinge gut erklären. Und wahrscheinlich wirst du vieles von dem, was ich schreibe, begreifen. Wendest du es deshalb auch an? Nicht unbedingt. Wenn du nun aber mit mir arbeitest oder – wenn du einen Menschen kennst, der das, was ich hier schreibe schon lebt, dann kommst du durch Beobachtung vom Verstehen ins Umsetzen. Aus Bewusstsein wird Bewusstheit. Du wendest dein Bewusstsein an. Du folgst dem Weg des Schmetterlings, weil du Vertrauen hast.

Die RAUPE, die nur Wissen konsumiert, ohne es zu durchdringen, die erkennt meist nicht, dass sie einen SCHMETTERLING vor Augen hat. Denn diese RAUPE sieht im Außen meist nur ihr eigenes Spiegelbild. Wenn eine RAUPE erkennt, dass sie einem SCHMETTERLING gegenübersteht, ist sie bereits im Begriff, selbst ein SCHMETTERLING zu werden. Sie steht mit ein paar von ihren Beinen schon in der Schleuse drin.

# Kapitel 3

# Die Attraktionen im Liebeskummer-Spiel

Der WEIẞE HAI des Liebeskummers hat verschiedene Gesichter. In diesem Kapitel mache ich dich mit seiner Artenvielfalt bekannt. Ich habe mich auf Attacken beschränkt, bei denen meine Klienten am häufigsten gebissen werden. Dabei habe ich dem Dualseelen-Syndrom besonders viel Platz eingeräumt. Erstens haben immer mehr Menschen nun Dualseelen-Begegnungen, meist ohne es zu wissen. Zweitens sind Dualseelen-Begegnungen mein absolutes Spezialgebiet. Ich forsche selbst seit vielen Jahren. Wenn dich der WEIẞE HAI des Liebeskummers schwer erwischt und dich seit langer Zeit schon nicht verdaut, dann hast du es möglicherweise mit einem Dualseelen-EIGELB zu tun.

## Das Dualseelen-Syndrom oder der EIGELB-EI-WEIẞ-Crash

Weil OCTOPUSSY mich zur Liebeskummer-Spezialistin formen wollte, hat sie es richtig gut mit mir gemeint. Sie spendierte mir – zu all den anderen kosmischen Seelenpartner-Nervensägen – die

Dualseele obendrauf. Immerhin die Königsdisziplin in Sachen „Wachstum durch Beziehung". Vielleicht kennst du das: Du triffst auf einen Menschen und hast bereits nach ein paar Sekunden das Gefühl, dass du ihn seit Jahrzehnten kennst. Es könnte eine Dualseelen-Begegnung sein.

Ich hatte anfangs keinen blassen Schimmer, was die Dualseelen-Begegnung mit mir machen würde. Ich erkannte mich kaum wieder. Meine sonst so klaren Gedanken waren klebrig wie Kaugummi. Sie klebten an meinem Seelenpartner fest. Dabei kam ich mir besetzt und ferngesteuert vor. Irgendwie gar nicht bei mir. Von Gefühlen überflutet, starrte ich wie ein Junkie aufs Telefon. Ich zählte die Stunden, bis seine nächste Nachricht kam. Kam eine, flippte ich aus. Kam keine, war mein Tag gelaufen. Der Seelenpartner wurde zu meiner Droge. Ich brauchte den nächsten Schuss. Setzte er mich auf Entzug, litt ich wie ein Hund, der nicht zu seinem Herrchen oder Frauchen darf. Ich versuchte, mich von Treffen zu Treffen zu hangeln und dachte, das wäre Liebe. Mehr und mehr wurde ich zum Schatten meiner selbst.

Nach ein paar Monaten im Magen-Darm-Trakt des WEIßEN HAIs des Liebeskummers war mir klar: Ich musste aus dieser Kläranlage raus. Das Ungeheuer musste mich einfach irgendwie verdauen. Ich hatte keine Ahnung, wie ich mich verhalten sollte. Ich machte einen Fehler nach dem anderen. Entweder schwelgte ich in rosaroten Illusionen oder ich kämpfte wie eine Irre, bis meine Kräfte schwanden.

Dabei fing alles ganz harmlos an. Wir trafen uns in einer Bar. Er Bier, ich Wein. Er sah gut aus, ich fand ihn nett. Ich mochte, was er sagte.

Er sprach so unverblümt, so ehrlich. Wir trafen uns zum zweiten Mal und es war, als hätte ich an einer psychotropen Substanz geschnüffelt. Als wir uns entgegenliefen und während er mir auf Zürichs Kopfsteinpflaster immer näher kam, entfernte ich mich Richtung Wolke Sieben. Meine Bodenhaftung war dahin. Dieser kolossale Kitsch an Gefühl. Ich glaube, ich habe noch niemals solch ein emotionales Feuerwerk empfunden. Ich fühlte mich, als wäre eine XXL-Packung Zuckerwatte explodiert. Er küsste mich, während es regnete. Erst schien sich der Boden unter mir zu drehen, dann schlug der Blitz bei mir ein. Mitten in die Zentrale der Vernunft. Mitten in die Ratio. Ich konnte nicht mehr denken. Ich fühlte meine Füße nicht. Ich (ver-)brannte lichterloh. Vielleicht ging es ihm ähnlich. Er sah aus wie durch den Wind. Der Sex war überirdisch. Wir nannten das Liebe. Beide.

Zehn Wochen später zog er sich zum ersten Mal zurück. Es war die Hölle. Und ich ein Junkie auf Entzug. Sein Rückzug dauerte lang. Fast ein halbes Jahr. Verzweifelt und ahnungslos brauchte ich dringend eine Antwort auf die Qualen, die ich litt. Ich fragte Google, las von Platons Kugelmenschen, die Zeus in zwei Hälften teilte, weil sich der Göttervater vor der Vollkommenheit dieser Menschen fürchtete. Hälften, die sich seit der Trennung nacheinander sehnen und verzehren. Hälften, die nacheinander suchen.

Ich suchte weiter nach greifbaren Informationen. So fand ich Seelenpartner-Coaches, die mir erzählten, dass sich die Seele teilt und in zwei Körpern inkarniert. Da ich selber durch die Hölle ging und mir Hilfe wünschte, glaubte ich so ziemlich alles, was irgendwie plausibel klang. EGOn wollte schnell weg vom Schmerz. EGOn wollte Liebe. Der Seelenpartner-Coach versprach: „Wenn du deine Lernaufgaben erledigst, dann wird es automatisch zum Happy-End mit der Dualseele kommen."

Nach etlichen Rückzügen und zwei Jahren Arbeit an mir selbst hatte mein EGOn endlich die Schnauze voll. Er war wütend. Er war frustriert. Er resignierte. Er realisierte: SACKGASSE. Er stellte außerdem das ganze Dualseelen-Konzept in Frage. Hatte EGOns Programm über Nacht ein Update erhalten? Ich weiß es nicht. Auf jeden Fall fackelte EGOn nicht lang und setzte der Farce ein Ende. Ich verabschiedete mich vom EIGELB und mein EIGELB verabschiedete sich von mir. Es war kurz und schmerzvoll. Es war das, was EGOn brauchte.

Von da an ging es mit meinem Leben definitiv wieder bergauf. Doch ich traf auf immer mehr Menschen, die am Dualseelen-Syndrom zu leiden schienen. Ich wollte Antworten.

Also meditierte ich, zog mich in mein Kopf- und Herzkino zurück. Ich las die Konversation mit meinem EIGELB in zwei fetten Leitz-Ordnern noch einmal. Ich fragte das Leben, ich schrieb die Antwort auf, die ich empfing. Ich bildete mich aus und weiter. Ich lernte. Ich lauschte. Ich entwickelte eine These:

Dualseelen sind wie EIGELB und EIWEIß. Sie müssen sich erst trennen, gerührt und geschlagen werden, um sich im großen Finale erneut im Kuchenteig zu treffen. Oder auch nicht.

So denke ich seit knapp 5 Jahren darüber, seit dem Morgen, an dem eine innere Stimme diesen Spruch wie ein Mantra wiederholte: Dualseelen sind wie EIGELB und EIWEIß.

Ich dachte über die Stimme nach und darüber, was sie sagte. Und JA. Ich fand dieses Bild ziemlich schlüssig. Das Eiweiß umschließt im Ei das Eigelb. Das Eigelb ist der Mittelpunkt des Eiweißes und des Ei's.

## Das Dualseelen-Ei

Wenn das Dualseelen-EIGELB und sein EIWEIß sich zum ersten Mal begegnen, dann leben sie für einen kostbaren Moment in einem Ei. In einem Ei, das ihre ganz eigene Welt symbolisiert. Für ein paar Tage oder Nächte treffen sie sich regelmäßig in diesem Ei. Um alleine zu sein. Außerhalb dieser Treffen beginnt das EIWEIß, sein EIGELB zum Mittelpunkt seiner Bemühungen zu machen. Zum Mittelpunkt seiner Gedanken. Zum Mittelpunkt seines Lebens. Es opfert sich auf. Es braucht das EIGELB, weil es glaubt, ohne sein EIGELB nicht zu sein. Und so jagt es das EIGELB. In Gedanken, in Wort und Tat. Es folgt dem EIGELB – real oder in Gedanken – wie eine Drohne. Das EIGELB will jedoch nicht gebraucht, sondern geliebt werden. Ihm wird der Druck, den das EIWEIß macht, viel zu groß. Und so bricht irgendwann das Ei und diese heile Welt. EIGELB und EIWEIß werden vom Lebensplan getrennt. Denn dort gibt es Umstände, die ein momentanes Leben auf Wolke Sieben unmöglich machen. Das EIWEIß wird von Leid und Liebeskummer geschlagen, bis aus dem EIWEIß ein stolzer, steifer Eischneeberg geworden ist. Bis sein Selbstwert eine ordentliche Latte hat. Das EIGELB darf sich in Selbstliebe üben, doch dazu komme ich ein paar Seiten später.

**Sind Dualseelen füreinander bestimmt?**

Sie sind bestimmt, voneinander zu lernen. Sie sind bestimmt, all das zu vergessen, was sie bisher über die Liebe zu wissen glaubten. Sie sind bestimmt, die Hebamme füreinander zu sein. Die Hebamme entbindet das Kind. Sie heiratet es nicht. Sie nabelt es ab, sie legt es der Mutter, dem Leben in die Arme. Sie weiß: Auch wenn das Baby nach der Geburt schreit – es wird sich beruhigen. Denn es ist bei seiner Mutter. Es ist jetzt in seinem Leben. Dieser wundervolle Gedanke führt mich zu einer tieferen Definition von Dualseelen:

Ich suchte DICH und fand MICH.

Auf dieser Suche nach sich selbst fungieren EIWEIß und EIGELB wie ein Vergrößerungsspiegel für die Themen, die der jeweils andere Teil zu bewältigen hat. Das EIWEIß agiert scheinbar aus seinem Herzen. Es glaubt, dass man diese Liebe unbedingt leben muss. Das EIGELB agiert scheinbar aus dem Verstand, über seinen Kopf. Es übernimmt Verantwortung für sein Leben, jedoch nicht für sein EIWEIß.

Beide agieren in Wirklichkeit weder nur aus dem Herzen noch nur aus dem Kopf. Beide agieren aus dem Kontrollzentrum von EGOn. Jeder der beiden Teile tut das mit seiner maßgeschneiderten Strategie. Und die Strategie des EIGELBs wird zur perfekten Zeit zur STRATEGIE des EIWEIßes werden, um das Spiel zu meistern. Die Strategien bringen EIWEIß und EIGELB auf ihren ganz eigenen Weg der Integration. EIGELB und EIWEIß werden Abenteuer bestehen, um den fehlenden Anteil in sich selbst zu entdecken und ihn zum Leben zu erwecken.

**Was passiert, wenn EIGELB & EIWEIß ihr Ziel**, eine Beziehung zu leben, **erreicht haben?**

Ich weiß es nicht, denn ich kenne zu wenig Dualseelen-Pärchen, um eine Regel daraus zu machen. Nutze bitte all deine Vernunft und deine Nüchternheit. Es geht um dich. Bleibe realistisch, denn meist bleiben EIGELB und EIWEIß in der Begegnung auf dem Spielfeld stecken. Beide gehen immer und immer wieder zum Treffpunkt zurück. Um sich nur noch ein letztes Mal in die Arme zu schließen. Um eine letzte SMS zu schreiben. Um ein letztes Mal Lebewohl zu sagen.

Vom Steckenbleiben wird das Spiel nicht gemeistert. Am Kreuzpunkt, dort, wo beide sich zum ersten Mal begegnen, dort, wo sie EIN FÜR ALLE MAL in entgegengesetzte Richtungen laufen müssen, wo sie ihr Pendant zurücklassen müssen, dort findet die Kreuzigung von EGOn statt. Der Weg, den beide Dualseelen-Pole gehen, der gleicht dem Kreuzweg von Jesus. Mit dem Unterschied, dass keiner von beiden am Kreuze sterben muss. Das, was am Kreuze stirbt, das sind Erwartung, Hoffnung und Bedürftigkeit. EGOn kommt um diese Kreuzigung nicht herum. Er muss – will er das Spiel meistern – ans Kreuz. Die Kreuzigung ist hart und bedeutet für jeden EGOn etwas anderes.

Die Kreuzigung tut höllisch weh. Wie die Wehen bei einer Geburt. Sie tut dem EIWEIß weh, sie tut dem EIGELB weh. Doch sie muss sein, wenn der WEIßE HAI des Liebeskummers dich verdauen und ausscheiden soll. Sie muss sein, willst du auf Level ZWEI des Spiels gelangen. Die Kreuzigung könnte für das EIWEIß sein, den Kontakt zum EIGELB einzustellen und die Hoffnung auf eine Zukunft symbolisch zu begraben. Wenn du das EIWEIß bist, dann könntest du all deine Wünsche, Hoffnungen und Sehnsüchte aufschreiben, sie dann in eine Kiste stecken und an einem stillen Ort in der Erde begraben. Trauere, wenn du das tust. Lasse deinen Gefühlen freien Lauf. Fühle, ohne zu kämpfen.

Wenn das EIWEIß diesen Schritt nicht geht, wird der WEIßE HAI des Liebeskummers nicht verschwinden und eine Beziehung mit dem EIGELB bleibt reine Illusion.

# EGOn

Vielleicht – wenn EIWEIß und EIGELB den Kreuzweg gegangen sind, vielleicht – wenn beide die Schleuse meistern, vielleicht treffen sie sich dann besonnener und weiser wieder. Zu einer anderen Zeit, auf einem anderen Level des Spiels, wo beide sich nicht mehr brauchen.

Romantischer Glauben ist an dieser Stelle jedoch fehl am Platz. Er lullt dich ein, benebelt dich, doch weiter bringt er dich nicht. Ich glaube, dass zwischen beiden Teilen im Ausnahmefall eine Beziehung möglich ist. Das Geschenk des EIGELB-und-EIWEIß-Crashs liegt jedoch in der Erziehung und Zähmung von EGOn. Das Geschenk liegt im Softwareupdate, das EGOn irgendwann erhält. Das Geschenk liegt in der Transformation von RAUPEN-EGOn zum SCHMETTERLING. Das Geschenk liegt in der Behebung von ERROR 404. Ist ERROR 404 behoben, erkennt EGOn mehr und mehr, was Liebe ist. Die Liebe, die es im Liebeskummer-Spiel zu gewinnen gibt, schließt kein Gefühl mehr aus. Sie ist das ganze Puzzle.

ICH LIEBE DICH – bedeutet für EIGELB und EIWEIß dann:

Ich bin bereit, dass du mir immer wieder alle Knöpfe drückst.

Ich bin bereit, durch unsere Begegnung auch Schmerz, Scham und Wut zu fühlen.

Ich bin bereit, Verantwortung für MEINE EMOTIONEN zu übernehmen.

Ich bin bereit, nichts von dir zu fordern.

Ich bin bereit, bei mir zu bleiben, wenn du mich enttäuschst.

Ich bin bereit, dich als Spiegel zu erkennen.

Ich bin bereit, dir all das zu sagen, was ich fühle.

Ich bin bereit, mich der Angst, von dir abgelehnt zu werden, immer wieder neu zu stellen.

Ich bin bereit, nackt vor dir zu stehen und zu fühlen, was das mit mir macht.

Ich bin bereit, mein Herz zu öffnen für den rigorosen Dolch deiner Liebe.

Ich bin bereit, bedingungslos zu meinem Leben JA zu sagen, egal, was es mir gerade zeigt, serviert oder nimmt.

Ich bin bereit, zu verlieren, loszulassen, hinzufallen.

Ich bin bereit, in meiner Rolle anzukommen und auf meine Art auf dein Verhalten zu reagieren.

Ich bin bereit, deine Wahl, wie du dein Leben lebst, zu respektieren.

Ich bin bereit zu kapieren, dass du mich immer auf die Art und Weise liebst, auf die ich mich gerade selber liebe.

Ich bin bereit, den Gedanken zuzulassen, dass ich dich jetzt vielleicht noch gar nicht lieben kann. Dass du mich jetzt noch gar nicht lieben kannst. Ich bin bereit, mich in Liebe zu üben.

Ich bin bereit zu sehen, dass ich eine VOR-Liebe für positive Emotionen habe.

Ich bin bereit, die Anziehung zwischen uns nicht länger mit Liebe zu verwechseln.

Ich bin nun bereit, jede Emotion ins Gasthaus meines Bewusstseins einzuladen.

Ich bin bereit, alles zu fühlen.

Ich bin bereit, das Puzzle der Liebe Teil für Teil, Gefühl für Gefühl zusammenzusetzen. Ohne zu bewerten. Ohne auszusortieren. Ohne dabei zu kämpfen.

Ich bin bereit, VOR-Liebe in Liebe zu verwandeln.

ICH LIEBE MICH DURCH DICH.

## DER KREUZWEG VON EIGELB UND EIWEIß (Gefühlsklärer und Loslasser)

Der Verdauungstrakt des WEIßEN HAIs ist lang. Wenn EIWEIß-EGOn bereit ist, sich hinzugeben, dann kann er, während er im WEIßEN HAI sein Dasein fristet, den Kreuzweg gehen. Schauen wir uns den Kreuzweg von Jesus an.

Wenn man der Bibel glauben kann, dann wurde Jesus von Nazareth am Karfreitag, den 03. April 33 n. Chr. gekreuzigt.

Sein Kreuzweg begann mit dem Abendmahl, setzte sich mit dem Tragen des Kreuzes zum Ort seiner Hinrichtung am Karfreitag fort und endete mit der Auferstehung am Ostersonntag.

Mir drängen sich zwei Fragen auf:

- **Was bedeutet sein Sterben, sein Tod und seine Auferstehung für dich und mich?**
- **Was hat Ostern mit dem Liebeskummer-Spiel zu tun?**

Es gibt durchaus Parallelen zwischen dem Kreuzweg von Jesus und dem Kreuzweg von EGOn

- **Phase 1**: Abendmahl oder auch: die letzte Versammlung von EIWEIß & EIGELB
- **Phase 2**: Der Kreuzweg von EIGELB und EIWEIß

- **Phase 3**: Kreuzigung oder: wenn der Glaube an ein Happy End mit deinem EIGELB stirbt

- **Phase 4**: Auferstehung oder: EGOn kriegt eine neue Software

**Phase 1**: Abendmahl oder auch: die letzte Versammlung von EIWEIß & EIGELB

Jesus hat beim Abendmahl seine Jünger um sich geschart. Zum letzten Mal vor seiner Kreuzigung. Er hat Brot und Wein (Leib und Blut) mit ihnen geteilt.

Von einem seiner Jünger wurde er verraten. So – wie ein EIWEIß von seinem EIGELB scheinbar verraten wird. Und umgekehrt ganz genauso.

**EIGELB und EIWEIß werden *für*einander wie Judas und Jesus sein.**

In der Begegnung mit deinem EIGELB gibt es einen Moment, da FÜHLST du unmittelbar und klar, dass sich dein EIGELB von dir trennen wird. Du fühlst, dass es diese Liebe verraten wird. Und dass es dich damit ans Kreuz schlägt. Kurz zuvor hast du noch alles mit ihm geteilt. Deinen Leib (Körper) und dein Blut (Seele). Du triffst, versammelst dich ein letztes Mal in Eintracht mit der Dualseele, bevor der Kreuzweg seinen Anfang findet.

Was *wäre*, wenn Jesus *für* EGOn steht, der am Kreuze sterben muss? Um neu geboren zu werden?

Unser aller Jesus ist EGOn. Er ist ein Genie, er erschafft und heilt, kann übers Wasser gehen, wenn es in seinem Spielplan steht, und muss doch immer wieder sterben. Dieser EGOn geht den schweren Weg der Last und Bürde, er verrät, er wird verraten und gekreuzigt, bis er mit einer neuen Software wieder aufersteht.

**Phase 2:** Der Kreuzweg von ElGELB und ElWEIß

Der Kreuzweg des ElWEIßes beginnt, wenn es sich von seinem ElGELB verraten fühlt. Das ElGELB geht in den Rückzug, es gibt keine Antwort mehr von ihm. Erneute Annäherungen ziehen nur einen noch größeren Rückzug nach sich. Der WEIßE HAI schnappt zu. Das ElWEIß leidet. Und zwar Höllenqualen. Für das Leid gibt das ElWEIß, seinem Judas, seinem ElGELB, die Schuld.

Das ElGELB wiederum leidet stumm auf seine Art. Es fühlt sich von seinem ElWEIß ebenso verraten. Denn das ElWEIß zollt seinem ElGELB keinerlei Respekt. Es will sein ElGELB einfach nur besitzen und verändern.

Und so verraten sich die EGOns von ElGELB und ElWEIß immer wieder aufs Neue. Sie gehen ihren Kreuzweg durch den Verdauungstrakt des WEIßEN HAIs bis zur ihrer Kreuzigung.

**Phase 3:** Kreuzigung oder: wenn der Glaube an ein Happy End mit deinem ElGELB stirbt

Irgendwann vielleicht kommt dein EGOn an einen Punkt, an dem er bereit ist, zu sterben. Jesus war bereit, zu sterben. Er wusste um den Verrat im Vorfeld. Und er wusste, dass sein Tod viele andere Menschen retten konnte.

Wenn dein EGOn stirbt, dann kann er viele andere EGOns retten.

Dein „Tod“ wird Auferstehung für viele andere Menschen sein. In Phase 3 fühlst du dich ans Kreuz genagelt, weil du einerseits mit deinem EIGELB nicht zusammenkommen und dich andererseits nicht in einen anderen Menschen verlieben kannst.

Für das EIGELB fühlt es sich ähnlich an. Vielleicht KANN es seine Familie nicht verlassen, vielleicht kann es nicht über seinen Schatten springen, es hängt auf seine Art an seinem Kreuz fest. Und nur dann, wenn du dich ergibst, nur dann, wenn du bereit bist, dich deinem Leben hinzugeben, erst dann erreicht der Kreuzweg seinen Höhepunkt.

EGOn kämpft seinen allerletzten Kampf. EGOn stirbt und ruft: „SEELE (Vater) – warum hast du mich verlassen??“

In dieser Phase stellst du deinen Glauben an ein Happy End mit deinem EIGELB infrage. An dieser Stelle stellst du deinen Glauben generell infrage. Du fühlst dich verlassen. Von deinem EIGELB, von OCTOPUSSY, vom freien Willen. Du fühlst dich verlassen von all dem, an das du glaubst. Etwas in dir muss sterben. Und zwar jener Teil, der noch glaubt, dass er hier ist, um sich seine Wünsche zu erfüllen.

Nach 22 Jahren Erfahrung rund um das Thema Liebeskummer kann ich sagen: Die wenigsten EIWEIßE kommen an diesen Punkt. Denn welches EIWEIß, welcher EGOn will schon freiwillig sterben? Wer setzt sich bewusst dieser Ohnmacht aus? Ohne zu wissen, wie es hinterher weitergeht? Ohne zu wissen, ob es die Auferstehung wirklich gibt? Ob EGOn wirklich eine neue Software kriegt?

Und so bleiben die EIWEIßE der Nation lieber im Verdauungstrakt des WEIßEN HAIs am Kreuz hängen und leiden an Liebeskummer. Und das Spiel um die Liebe läuft ohne sie. Sie glauben weiter an das Happy End mit der Dualseele. Sie leiden, anstatt zu sterben und dann aufzuerstehen. Sie bleiben festgenagelt in der Hölle. Tagein, jahraus. Sie reden von Jesus (oder von einem anderen Erretter), aber sie GLAUBEN nicht an ihn.

Und so glauben sie auch nicht wirklich an das Happy End mit ihrem EIGELB. Deshalb gibt es auch keins – selbst, wenn es im Lebensplan geschrieben steht.

**Phase 4**: Auferstehung oder: EGOn kriegt eine neue Software. Der ein oder andere EIWEIß-EGOn jedoch macht sich auf den Kreuzweg. Auf den Weg DURCH die Ohnmacht hindurch. Er ist bereit zu sterben.

Die EIWEIßE, die sich nicht trauen, nähern sich am Schenkel des Kreuzes seinem Mittelpunkt (siehe Skizze), kriegen Angst (vor der Distanz, vor dem Rückzug des EIGELBs) und laufen wieder zurück. Genau wie das EIGELB. Es nähert sich an, kriegt Angst vor der Hölle (Nähe) und läuft auf seinem Weg wieder zurück. Manche EIWEIßE und EIGELBE machen das ein Leben lang. Hin und zurück. Hin und zurück. Sie scheuen den Mittelpunkt. Denn dort, im Mittelpunkt, wartet der sichere Tod für den Glauben. Der sichere Tod für den alten EGOn. EGOn MUSS sterben, wenn der Verdauungstrakt des WEIßEN HAIs passiert, der Liebeskummer beendet werden soll.

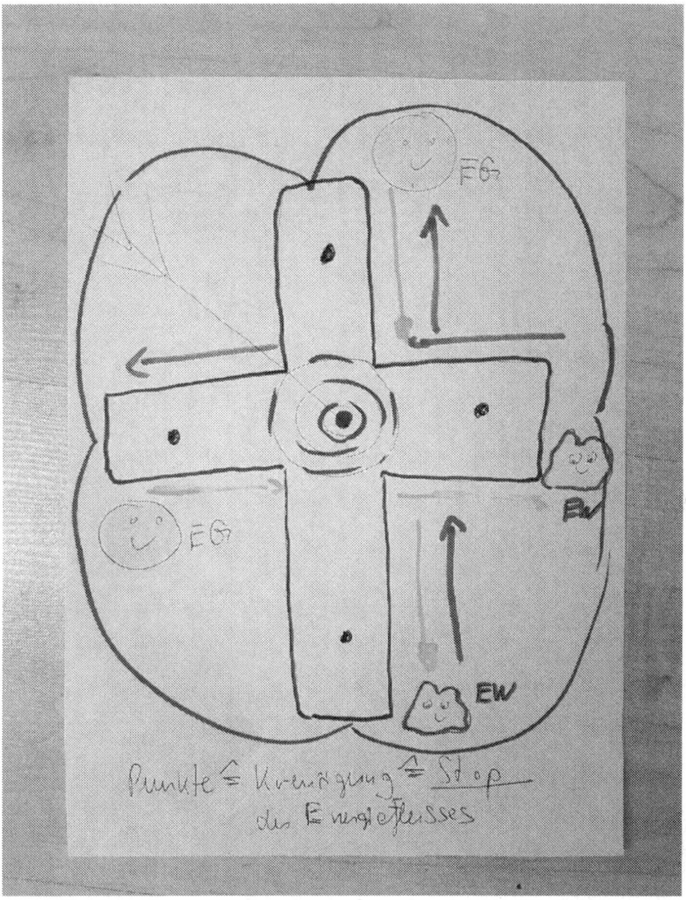


Das EIWEIß der Dualseelen muss über den Mittelpunkt des Kreuzes laufen.

Solange du den BRENNPUNKT scheust, solange bleibst du FESTGENAGELT am Kreuz hängen. Nichts geht weiter. Wenn du jedoch DURCH den Brennpunkt läufst, wenn du dich deiner OhnMACHT stellst, passiert Transformation. Das EIGELB wird zum EIWEIß. Beide Pole integrieren ihr Gegenteil, die Auferstehung von EGOn findet statt. Das Softwareupdate funzt. Die Phase des Kokons ist vorüber. Die Raupe ist zum Schmetterling geworden. EGOn hat nun Flügel.

**Über den Kreuzweg gehen und deinem Leben dienen – oder weiterhin dagegen kämpfen?** Das ist der freie Wille, den du hast. Triff deine Wahl.

Jesus ist für dich gestorben. Er hat dir gezeigt, dass nach dem Tod vom alten EGOn ein neuer EGOn mit einer modernen Software die Führung übernimmt. Ein EGOn, der mit OCTOPUSSY co-kreiert (von Co-Kreation), anstatt gegen ihren Spiel- und Lebensplan zu kämpfen.

## EIGELB & EIWEIß (Gefühlsklärer und Loslasser) unter der Lupe

Hier kommt eine Kurzzusammenfassung von EIGELB und EIWEIß, die ich im folgenden Kapitel näher erläutere. Wichtig scheint mir folgender Aspekt: EIGELB und EIWEIß verhalten sich in der Beziehung zueinander komplett anders als in Beziehungen zu anderen Partnern.

Merke: Du hast es IMMER dann mit einem EIGELB zu tun, wenn es sich nicht auf eine Beziehung einlässt. Das EIGELB handelt immer aus Angst vor dem (Er-)Leben dieser Liebe. Du bist ein EIWEIß, wenn du diese Beziehung willst oder brauchst. Das EIWEIß handelt immer aus Angst vor dem Sterben dieser Liebe.

## Das klassische DUALSEELEN-EIGELB (der Gefühlsklärer)

Das klassische EIGELB lebt in einer Beziehung. Es hat sich einen Partner oder eine Partnerin geangelt, die dem EIGELB emotional nicht gefährlich wird. Denn das EIGELB lernte von Mutter oder Vater EIGELB, dass die Liebe oft verletzt. Verletzen will das EIGELB seinen Partner jedoch nicht. Und so lebt das EIGELB nicht Romeo & Julia, sondern Robinson & Freitag. Der EIGELB-Partner wirkt in der Beziehung wie der beste Freund. Er ist zuverlässig. Er verpisst sich nicht. Herr EIGELB treibt mit Frau EIGELB Sport, vielleicht reisen beide um die Welt oder sie bauen sich ein gemeinsames Business auf. Sie kriegen Kinder und sind das perfekte Team, um den grauen Alltag kunterbunt zu meistern. Die Kinder haben bei Familie EIGELB echt zu lachen, denn diese Eltern sind einfach vorbildlich. Man hilft sich gegenseitig, erkennt sich an und ist äußerlich erstmal zufrieden. Ist das EIGELB männlich, dann hat es oft einen sicheren Job, der Geld einbringt. Meist hat Herr EIGELB auch einen Titel. Chef oder Doktor – denn damit kompensiert er die fehlende Anerkennung von Vater EIGELB. Das klassische EIGELB gibt nicht an. Denn trotz all seinem Erfolg fühlt es sich meist nicht meisterlich. Frau EIGELB fängt irgendwann in dieser Ehe oder Verbindung an, Herrn EIGELB zu kritisieren und imitiert damit meist den Vater des EIGELBs, dem es das EIGELB ja nie recht machen konnte. An diesem Punkt der Ehe bekommt das männliche EIGELB Sehnsucht nach einer neuen Form der Liebe und auch nach überirdischem Sex, was ihm Frau EIGELB nicht erfüllen kann.

Und meist kommt da das EIWEIß ins Spiel. Das EIWEIß, das das EI-GELB küsst und mit dem Virus der großen Liebe infiziert.

## Das PETER-PAN-EIGELB: Wenn sich das DU-ALSEELEN-EIGELB kontraphobisch verhält

Die zweite Gattung des EIGELBS benenne ich nach Peter Pan. Denn während die erste Gattung meist verheiratet oder in einer langen, stabilen Partnerschaft ihr Leben bestreitet, fliegt die zweite Gattung wie Peter Pan durchs Leben. Solch ein EIGELB vergnügt sich mit oft wechselnden oder vielen Gespielinnen oder Gespielen gleichzeitig.

Kurzer Schnitt und Blick ins Tierreich: Tiere reagieren mit unterschiedlichen Strategien auf ihre Angst bei einem Angriff. Sie hauen ab, stellen sich tot oder greifen an. Beim EIGELB beobachte ich ähnliche Verhaltensweisen. Während das klassische EIGELB mit Flucht auf den energetischen und tätlichen Übergriff seines EIWEIßES reagiert, greift das kontraphobische EIGELB an. Oft verbal, mit Kritik oder Beschuldigungen und dem Versuch, seinem EIWEIß ein schlechtes Gewissen einzureden. Dieses EIGELB wird dann vorschnell als toxisch oder narzisstisch abgestempelt. Denn: Es passt perfekt zu seinem oft auch kontraphobischen EIWEIß, dem Shrek-EIWEIß.

Äußerlich wirkt das Peter-Pan-EIGELB schillernd, oft drückt es sich künstlerisch aus, ist begabt und beliebt. Stetig ist es meistens nicht. Es lebt „Hans-Dampf-in-allen-Gassen". Es verwechselt Freiheit mit „Sich-Verpissen", denn es folgt dem guten Gefühl. Es flieht vor Tristesse, vor Traurigkeit und vor Langeweile. Ändern will es sich nicht.

Wenn es heiß wird, fliegt Peter Pan davon. Ins Nimmer-Land. Es träumt, singt und schreibt, doch wahr macht es diese Träume meistens nicht. Du erkennst es an dem Slogan: „VERLIEB DICH BLOß NICHT IN MICH!"

In der folgenden Tabelle kannst du die unterschiedlichen Verhaltensstrategien vom klassischen EIGELB und dem PP-EIGELB erkennen.

| **Klassisches EIGELB** | **Peter-Pan-EIGELB** |
|---|---|
| reagiert mit Flucht | reagiert mit Angriff |
| übernimmt Verantwortung | lehnt Verantwortung ab |
| kompensiert die Unberechenbarkeit des Lebens mit Rationalität | kompensiert fehlende Anerkennung mit übersteigertem Geltungsbedürfnis |
| ist in seinem Leben verwurzelt (Halt) | lebt wie ein Zigeuner |
| hat klar definierte Werte | ändert seine Werte wie die Unterwäsche |
| will niemanden verletzen | verletzt andere, um selbst nicht verletzt zu werden |

| | |
|---|---|
| ist der Realität verhaftet | lebt seine Illusion der Freiheit |

Das Peter-Pan-Eigelb hat Angst vor dem Sterben. Es hat Angst vor dem „Nichts-mehr-erleben-können".

Das Shrek-EIWEIß hat Angst vor dem Leben, weil Leben auch bedeutet, sich zu zeigen. Dieses EIWEIß hat Angst vor Sichtbarkeit.

Wie toxisch die Begegnung mit dem Peter-Pan-EIGELB auch erscheinen mag: Sie ist perfekt auf das Shrek-EIWEIß abgestimmt. Denn wenn das Shrek-EIWEIß die LIEBE leben möchte, muss es anfangen zu leben. Es muss anfangen, seinen Lebensraum zu erkunden, um zu erkennen, wie reich das Leben ist. EIGELB und EIWEIß benutzen im Umgang mit dieser besonderen Begegnung unterschiedliche Spielstrategien. Ich beschränke mich in meinen Erklärungen auf das klassische EIGELB und das klassische EIWEIß. Die kontraphobische Version der Dualseelen begegnet mir nur selten.

## Duale Spielstrategien zwischen DUALSEELEN-EIGELB & EIWEIß (Gefühlsklärer und Loslasser)

## FLUCHT & SUCHT

Bei Dualseelen begegnen sich zwei EGOns, die mit unterschiedlicher Strategie auf diese Begegnung reagieren:. Das EIGELB mit FLUCHT, das EIWEIß MIT SUCHT.

Das EIGELB flüchtet, weil es einerseits zwar unglaublich tiefe Emotionen für sein EIWEIß hat, andererseits aber in dieser Liebe keinen Respekt und keine Anerkennung erfährt. Es fühlt sich von seinem EIWEIß in seiner Lebensweise nicht respektiert. Oft hat das EIGELB Frau und Kinder, für die es sorgen möchte. Das EIGELB ist verantwortungsbewusst.

Wenn das EIGELB auf sein EIWEIß trifft, ist es besoffen ohne Alkohol und gibt sich für einen kurzen Rausch dieser Begegnung hin. Nach einem Höhenflug mit seinem EIWEIß auf Wolke Sieben ist das EIGELB wieder nüchtern. Es checkt sein Leben und plötzlich wird ihm klar: ICH KANN NICHT.

Ganz egal, ob Frau und Kinder oder Single: Es wird vom EIWEIß in seinem Sein nicht respektiert. Es wird nicht verstanden. Das EIWEIß fordert eine Beziehung – der Liebe wegen. Frei nach dem Motto: „Nur die Liebe zählt." Das EIWEIß frönt seiner Sucht nach diesem besonderen Gefühl. Und verwechselt ein Gefühl mit Liebe. So klopft es stets und ständig bei seinem EIGELB an. Per WhatsApp, per Facebook, per Instagram, per Postbote – wenn es wieder mal Geschenke schickt. Und natürlich per Gedanken. Wie eine Drohne kreist das EIWEIß energetisch um und über seinem EIGELB.

Wohin das EIGELB auch flüchten möchte, das EIWEIß ist schon da. Das EIWEIß ist süchtig nach seinem EIGELB und es versucht alles, um sich seine Droge wieder zu besorgen. Es braucht sein EIGELB und missbraucht es auch oft. Das EIGELB möchte nicht gebraucht, sondern geliebt werden. Doch Liebe ist in dieser Phase der Begegnung noch nicht möglich. Weder vom EIGELB noch vom EIWEIß.

EIGELB und EIWEIß lernen in der Vorschule gerade das Fach der Vorliebe. Umso mehr das EIWEIß sein EIGELB sucht, umso mehr es dieses braucht, umso mehr flüchtet das EIGELB in seine eigene Welt, errichtet Mauern aus Gedanken, warum es diese Liebe jetzt nicht leben kann. Und jetzt kann bei einem EIGELB ewig dauern. Das EIWEIß trägt eine Flagge, auf der „IM NAMEN DER LIEBE“ steht. Doch das, was das EIWEIß in dieser Phase fühlt, ist längst noch keine Liebe. Es ist Bedürftigkeit. Liebe wäre es, wenn es sein EIGELB respektieren könnte. Liebe wäre es, wenn das EIWEIß begreift, das Liebe nicht in einer Beziehung enden muss. Liebe wäre es, wenn das EIWEIß versteht, dass die Liebe jedes Gefühl, jedes Ereignis und jeden Umstand wählt, der sich gerade zeigt.

**Heilung fürs EIGELB:** Das EIGELB heilt, wenn es lernt, über Gefühle nachzudenken und endlich zu fühlen, anstatt zu flüchten.

**Heilung fürs EIWEIß:** Das EIWEIß heilt, wenn es seiner Droge entsagt, seine Abhängigkeit fühlt und einen Entzug wagt.

## VERANTWORTUNG & FREIER WILLE

Des EIGELBs Antwort auf das Leben heißt VerANTWORTung. Des EIWEIßes Antwort auf das Leben heißt freier Wille.

Ein Spielthema des EIGELBs ist Verantwortung. Es steht zur Verantwortung, die es bereits übernommen hat, und es lehnt neue Verantwortung entschieden ab. Das EIGELB übernimmt Verantwortung für sein bisheriges Leben. Für seine Familie, seinen Job, seine Tiere, seine Freunde, seine Art zu leben. Das EIGELB lebt traditionell. Es liebt feste Rituale.

Den Kuss, den es seinen Kindern am frühen Morgen auf die Stirne drückt, die Urlaubsplanung mit seiner Frau, das gemeinsame Weihnachtsessen, Geburtstagsfeiern. Es liebt emotionale Verlässlichkeit. Die Partner des EIGELBs sind emotional verlässlich. Sicher lebt das EIGELB keinen Rosamunde-Pilcher-Streifen. Meist ist es mit seiner Partnerin nicht extrem intim – dafür lebt es Freundschaft in seinem Team.

Das EIGELB will nicht so werden, wie sein Elternteil. Es will seine Sache besser machen. Vielleicht hat der Vater die Mutter verlassen, vielleicht hat er sie schlecht behandelt. Das EIGELB will ein besserer Mann, ein besserer Vater, ein besserer Mensch sein. Und auf seine Art ist er das auch. Sein EGOn hat Schlüsselsituationen im Elefantenhirn vom EIGELB abgespeichert. Diese laufen wie Werbefilmchen vorm inneren Auge ab. Meist haben sie die Überschrift: „Du weißt ja, was passiert, wenn ...“ Also wird das EIGELB versuchen, seinem Verantwortungsbewusstsein treu zu bleiben, nicht so zu werden wie Vater oder Mutter. Dafür gönnt es sich ab und an einen Seitensprung mit seinem EIWEIß.

Wenn das EIGELB Single ist, dann lehnt es neue Verantwortung ab. Es kann und will sich nicht emotional binden. Es geht hierbei nicht um Bindungsangst. Es geht darum, die Fehler zu vermeiden, die es bei Mutter und Vater beobachtet hat. Es reagiert mit einem NEIN zur Verantwortung für eine hochemotionale Gefühlskiste. Es weiß, dass es die Kiste der Pandora öffnen würde. Es fühlt, dass es dieses

Techtelmechtel nicht kontrollieren kann und lässt die Finger davon. Das EIGELB schätzt seine Fähigkeiten nüchtern ein. Das ist keine Angst. Das ist Rationalität.

Das Spielthema des EIWEIßes ist freier Wille. Oberflächlich betrachtet könnte man meinen, dass das EIWEIß auf Freiheit steht. Bei genauerer Forschung kam ich darauf, dass das EIWEIß auf den freien Willen steht. Denn das EIWEIß ist keineswegs so frei, wie es scheint.

Seine Lebensumstände und seine inneren Vorstellungen, wie das Leben SEIN KÖNNTE, halten es gefangen. Deshalb hat es sich angewöhnt, sich ein kleines Stückchen Freiheit zu bewahren. Es hat sich angewöhnt, seinen meist klugen Schädel durchzusetzen. Es hat gelernt, zu machen, was es will. Es ist gewohnt, dass die Dinge sich seinem „freien" Willen fügen. Beim EIGELB beißt es auf Granit. Oft lebt das EIWEIß selbst in einer Beziehung. Es hofft, das EIGELB möge es aus der komatösen Beziehungskiste retten. Doch ganz egal, ob das EIWEIß vergeben oder Single ist: Es glaubt, die Liebe findet immer einen Weg. Es hofft bis zum bitteren Ende, es könne sein EIGELB überzeugen, eine Beziehung mit ihm einzugehen. Der Spiel-Slogan des EIWEIßes lautet: ALLES IST MÖGLICH. WO EIN WILLE IST, IST AUCH EIN WEG.

**Heilung für das EIGELB:** Das EIGELB heilt, wenn es begreift, dass es Verantwortung für sich selber trägt: Für seine Art zu leben, für seine Bedürfnisse, für seine Emotionen, für sein privates Glück.

**Heilung für das EIWEIß:** Das EIWEIß heilt, wenn es versteht, dass den freien Willen nicht sein EGOn hat, sondern die Seele. Das EIWEIß heilt, wenn es vertraut.

# ANERKENNUNG & LIEBE

Das EIGELB fühlt sich von seinem EIWEIß nicht anerkannt. Es tut viel für diese Begegnung. Manchmal verschiebt es geschäftliche Termine. Es belügt seine Ehefrau und seine Kinder. Es nimmt in Kauf, dass sein EGOn schmilzt. Wie Vanilleeis in der Julisonne. Was sich für dich wie VERschmelzung anfühlt, erlebt dein EIGELB als Sterben. Denn es kann sich selbst nicht mehr fühlen. Das EIGELB ist LOST IN SPACE. In diesem Zustand kann es seine Arbeit nicht erledigen. In diesem Zustand kann es nicht klar denken. In diesem Zustand ist es OUT OF ORDER. Trotz seiner Angst, zu sterben, begibt es sich immer wieder in Gefahr. Für dich. Für SEIN EIWEIß. Immer wieder belügt und betrügt es seine Liebsten, falls es Familie hat. Immer wieder gibt es die Verantwortung für sich selber ab, wenn es Single ist. Immer wieder stirbt es einen neuen Tod, um DIR, SEINEM EIWEIß, nahe zu sein.

Dem EIWEIß reicht das nicht. Das EIWEIß will Beziehung. Es nagelt die Liebe an der Beziehung fest. Es geht ihm darum, EGONs Softwarefehler zu kaschieren. Es benutzt sein EIGELB als Make-Up. Deshalb kann das EIWEIß sein EIGELB in dieser Phase der Begegnung überhaupt nicht sehen. Es kann das EIGELB nicht schätzen und nicht anerkennen. Denn es geht dem EIWEIß um die BEZIEHUNG MIT DEM EIGELB, nicht um das EIGELB selbst.

Das EIWEIß fühlt sich von seinem EIGELB nicht geliebt. Das ist das Tragische. Denn das EIGELB liebt sein EIWEIß, wenn es sich um das Dualseelen-Syndrom handelt. Und diese Liebe hat das EIGELB auch verbal oder schriftlich deklariert. Was das EIGELB auch tut, sagt und beteuert: Es ist niemals genug. Das EIWEIß fordert einen Beweis für diese Liebe. Und dieser Beweis heißt Beziehung.

**Heilung für das EIGELB:** Das EIGELB heilt, wenn es erkennt, wie viel es für diese Begegnung tut, dass es bereit ist, zu sterben und zu wachsen. Denn dann sieht sich das EIGELB selbst. Es erkennt sich an.

**Heilung für das EIWEIß:** Das EIWEIß heilt, wenn es die Beziehung zu sich selber sucht, wenn es seinen EGOn lieben lernt und bereit ist, ohne Make-Up zu leben. Dann fängt das EIWEIß an zu lieben.

## STAND & HALT

Das EIGELB steht mit seinen beiden Beinen fest auf dem Boden der Realität. Das EIWEIß *hält* sich mit beiden Armen an seinem EIGELB und an seinen Illusionen fest.

Als ich vor zwei Wochen durch Saarbrücken fuhr, wurde ich auf eine Fassadenverkleidung vor einem zu renovierenden Gebäude aufmerksam. Ich nenne sie „DER KUSS ZWISCHEN ZWEI WELTEN." Das Bild auf der Verkleidung beschreibt haargenau die Dynamik zwischen EIGELB und EIWEIß. Ich könnte es nicht besser illustrieren.

Zwei sich Liebende, hoch über den Dächern anderer Häuser. Sie küssen sich aus den Fenstern zweier, sich gegenüberliegenden Wolkenkratzer. ER (das EIGELB) hält sich an der Brüstung fest. Und steht dabei mit beiden Beinen fest auf dem Boden seiner Realität. SIE (das EIWEIß) hält sich an IHM fest und macht sich Illusionen, dass er sie zu sich rüberziehen wird. In seine Welt. Beide lehnen sich weit aus dem Fenster.

Wie weit kann man sich für einen Kuss aus dem Fenster lehnen? Bevor man fällt?

Der siebte Himmel lockt, nah, blau und wolkenlos. Der Boden der Realität scheint weit entfernt. Nüchtern betrachtet ist der Boden viel näher und schneller erreicht. Wenn man denn fällt. Vielleicht wird sich der Fallende nicht nur Herz und Träume brechen. Ein Kuss zwischen zwei Welten mit zwei unterschiedlichen Strategien. Das EIWEIß setzt alles auf eine Karte und klammert sich an das EIGELB in der Illusion, das EIGELB wäre sein Retter. Es sucht Halt. Das EIGELB behält einen kühlen Kopf und setzt auf das Fundament seines Lebens. Es steht auf Realität. Es hat Stand. Wenn das EIGELB (er) sich vom Fenster in sein Reich zurückzieht, wird das EIWEIß (sie) fallen.

Wenn das EIWEIß versucht, sich in sein Reich zurückzuziehen, fällt es auch. Denn das EIWEIß hält sich am EIGELB und nicht am Leben fest. Ein aussichtsloser Kuss. Ein verhängnisvoller Kuss. Vielleicht wird dieser eine Kuss das Maß der Dinge sein. Vielleicht weckt dieser eine Kuss deine tiefste Sehnsucht auf eine Liebe, von der du noch nichts weißt. Die du zu begreifen suchst.

In deren Schule du deine ersten Schritte machst.

Du wirst fallen. Ja.

Du wirst brechen.

Du wirst heilen.

Du wirst schöner, tiefer und bewusster sein.

Ein Kuss, der dich fallen lässt, damit du zu den Sternen steigen kannst. Aus eigener Kraft. Ohne etwas zu brauchen. Dieser Kuss ist nicht Happy End, sondern Startschuss zu deiner Heldenreise. Du wurdest wachgeküsst. Lauf, teuerstes EIWEIß, dein Abenteuer und deine Sehnsucht warten.

**Heilung für das EIGELB:** Das EIGELB heilt, wenn es sein EIWEIß loslässt und den Schmerz von seinem EIWEIß fühlt. So kommt das EIGELB an seinen eigenen Schmerz.

**Heilung für das EIWEIß:** Das EIWEIß heilt, wenn es loslässt, fällt und feststellt, dass ihm Flügel wachsen.

## ETHIK & MORAL

Das EIGELB hat Ethik

Das EIWEIß hat Moral

„Wie kann er nur?" „Das tut man nicht!" „Das ist falsch!" Ethik und Moral sind ein Paar aus total verschiedenen Schuhen. Links Gummistiefel und rechts grazile Sandalette vielleicht? Das Dualseelen- EIWEIß schwingt oft die Fahne der Moral. „Wie kannst du mit deiner Frau schlafen, wenn du sagst, dass du mich liebst?" Vielleicht ist das EIWEIß außerhalb der Dualseelen-Pfanne gar nicht sonderlich moralisch. Doch wenn es um sein EIGELB geht, dann hat es eine Überdosis Moral im Blut. Gefährlich ist folgender Satz: „Weil du XY getan, betrogen, gelogen hast, kannst du mich gar nicht lieben."

Denn mit diesem Urteil stellt das EIWEIß die Gefühle seines EIGELBs in Frage. Es ist natürlich. Ich selbst habe das alles auch getan. An dieser Stelle zeigt sich deutlich, dass die Wege von EIWEIß und EIGELB sich trennen müssen. Denn erstens wird das EIGELB Leine ziehen, weil das EIWEIß es permanent infrage stellt. Zweitens haben EIGELB und EIWEIß unterschiedliche Werte. Während das EIGELB (in dieser Begegnung) zu seinen Werten steht, knickt das EIWEIß immer wieder ein.

Das EIWEIß holt sich Verstärkung und schwingt den Hammer der Moral. Es versucht, dem EIGELB ein schlechtes Gewissen einzureden. Und damit erinnert das EIWEIß sein EIGELB an Mutter oder Vater. Es ergreift die Flucht.

Das EIGELB sitzt wie eine Glucke auf seinen Werten. Es rückt nicht von ihnen ab. Es liebt sein EIWEIß UND es hat Sex mit seiner Frau. Oder es hat Sex mit anderen. Es kann Liebe und Sexualität gut trennen. Für das EIGELB können ganz unterschiedliche Werte nebeneinander existieren. Zum Beispiel eine emotional extrem tiefe und intensive Sexualität mit seinem EIWEIß auf der einen Seite. Spannender, emotional distanzierter Sex mit fremden Gespielinnen und Gespielen auf der anderen Seite. Das tut der Liebe zu seinem EIWEIß keinen Abbruch. Das EIGELB kommuniziert seine Werte auch. In dieser emotional-exklusiven Begegnung redet das EIGELB Tacheles. Weil das EIGELB seine eigenen Werte hat und zu ihnen steht, hat es eine Ethik. Es kümmert sich in dieser Hinsicht nicht darum, was in der Bibel steht. Es steht zu sich selbst. Damit zeigt es dem EIWEIß seine eigenen Werte-Lücken auf. Es zeigt dem EIWEIß, wo es der

Liebe wegen seine eigenen Werte verleugnet und das EIGELB dafür verantwortlich macht.

**Heilung für das EIGELB:** Das EIGELB heilt, wenn es die Werte seines EIWEIßES erkennt und die Beziehung aus Liebe zu ihm beendet. Denn damit ermöglicht es die Heilung des EIWEIßES.

**Heilung für das EIWEIß:** Das EIWEIß heilt, wenn es seine Werte über die BEZIEHUNG zu seinem EIGELB stellt und das EIGELB im selben Zuge respektiert und akzeptiert. Es lässt es SO SEIN.

## NICHT VERLETZEN & NICHT VERLETZT WERDEN

Das EIGELB will nicht verletzen.

Das EIWEIß will nicht verletzt werden.

Nach ein paar Wochen Dualseelen-Karussell ist dem EIGELB meistens klar: Es kann sein EIWEIß nicht glücklich machen. Es kann ihm nicht geben, was es braucht. Weil das EIWEIß andere Werte hat, weil das EIWEIß keine Grenzen setzt und sich deshalb immer wieder selbst verletzt, die Verletzung jedoch dem EIGELB in die Schuhe schiebt. Das EIGELB hat damit einen weiteren Grund, sich zurückzuziehen, denn sein Credo lautet: „Ich will NIEMANDEN verletzen". Als Mini-EIGELB hat es mitbekommen, wie der Vater die Mutter nicht wertschätzend behandelt, sie belogen oder betrogen hat oder umgekehrt. Das EIGELB hat sich geschworen: „Ich verletze niemanden, den ich liebe". Das EIGELB will weder seinen Partner noch seine Kinder verletzen und natürlich auch nicht sein EIWEIß.

Nach jeder Begegnung, nach jedem Rückzug, bekommt das ElGELB dieses untrügliche Gefühl: Es hat sein ElWEIß verletzt. Und so zieht es sich stillschweigend aus der Affäre. Es fühlt sich hilflos, ist durcheinander und denkt über sein ElWEIß und die große Liebe nach. Es kommt zum Schluss: Ich muss es beenden, denn ich werde mein ElWEIß sonst noch mehr verletzen. Natürlich fühlt das ElWEIß sich durch dieses Verhalten des ElGELBs nun erst recht verletzt.

Das ElWEIß will nicht verletzt werden: Deshalb ist es bereit, jeden faulen Kompromiss einzugehen. Deshalb ist es bereit, auf seinen eigenen Werten immer und immer wieder rumzutrampeln. Deshalb ist es bereit, sein Königreich zu verlassen, um vor dem Königreich des ElGELBs zu warten. Auf ein Almosen. Das ElWEIß hat nur eins im Sinn: Es will es seinem ElGELB recht machen. Denn es glaubt, wenn es alles duldet, wenn es alles erträgt, dann wird das ElGELB irgendwann eine Entscheidung treffen. Für sein ElWEIß. Dann wird es seine Meinung, seinen Glauben, sein Leben und sich selber ändern. Das ElWEIß scheut Schmerzen und negative Gefühle wie der Teufel das Weihwasser. Und aus diesem Grund verletzt sich das ElWEIß ständig selbst.

**Heilung für das ElGELB**: Wenn das ElGELB erkennt, dass es sein ElWEIß und einen anderen Menschen nicht verletzt, sondern dessen Verletzungen nur sichtbar macht, dann kann es heilen.

**Heilung für das ElWEIß**: Wenn das ElWEIß erkennt, dass sichtbare Verletzungen dem ElWEIß Reife geben, dann kann es lernen, Verletzungen und Schmerzen anzunehmen.

# REALITÄT & ILLUSION

Das EIWEIß lebt Illusion.

Das EIGELB lebt Realität.

Das EIGELB hat gelernt, sein Leben realistisch zu betrachten. Natürlich hat es auch ab und an Illusionen. In der Dualseelen-Pfanne jedoch bleibt es auf dem Boden der Realität. Es checkt sein Leben und seine Ziele ab. Wenn es Ziele hat, wird es diese Ziele durchziehen. Mit oder ohne EIWEIß. Es gibt seine Ziele nicht für einen Rosamunde-Pilcher-Streifen auf. Wenn es Kinder hat, dann liebt es diese Kinder, und zwar volle Kanne. Es kümmert sich um sie. Wenn es eine Frau an seiner Seite hat, dann wertschätzt es die. Sie ist vielleicht schon 10 oder 20 Jahre an seiner Seite. Ein System, das gut funktioniert, wirft das EIGELB nicht weg. Das EIGELB steht auf Systeme, die gut funktionieren. Das EIGELB war früher vielleicht einmal bei den Pfadfindern. Es ist darauf trainiert und abgerichtet, den besten Weg zu finden. Nicht den romantischsten. Es findet diesen Weg für alle die, die nach ihm kommen. Für seine Kinder, für seine Enkelkinder, für seine Urururenkelkinder. Für eine bessere Welt. Das EIGELB kennt Lieder wie das der Königskinder und es kennt Shakespeares „Romeo & Julia". Es weiß ja, wie die große Liebe endet.

Das EIGELB lebt lieber vor, was es seinen Nachkommen weitergeben will. Etwas anfangen und nicht fertigstellen? Wenn das EIGELB Schreiner ist und die Beine vom Tisch schon fertig hat, dann wird es den ganzen Tisch fertigstellen. Und zwar in Formvollendung. Schnell, schnell kennt das EIGELB nicht. Auch keine halben Sachen.

Es liefert fertig ab. Das ist sein Plan. Erst dann, wenn der Tisch fertig ist, nimmt sich das EIGELB wieder etwas Neues vor. Das heißt konkret: Es zieht sein Ding durch. Es sieht, was DA ist, und macht das Beste daraus. Dafür verbietet es sich die Erfüllung seiner geheimsten Träume. Wenn das EIGELB Single ist, dann ist es sich in seinem Wollen klar. Es hat einfach keine Lust auf Drama, es hat keine Lust, dass sein EIWEIß an ihm hängt. Es betrachtet sehr real, wie es sein Leben leben möchte. Und oft möchte das Single-EIGELB sein Leben noch mit verschiedenen Partnern teilen. Das ist sein Tisch, den es fertigstellen möchte. Erfahrungen sammeln. Es weiß, dass es dem Rührei aus EIGELB und EIWEIß (noch) nicht gewachsen ist. Es schätzt seine Fähigkeiten realistisch ein.

Das EIWEIß erlebt in der Dualseelen-Pfanne eine Illusion. Es träumt von einem Happy End am Strand, Hand in Hand, heiße Küsse auf weißem Sand. Was das EIWEIß nicht erkennt: Der WEIßE HAI lauert im seichten Wasser und schnappt beizeiten zu. Die Illusion vom EIWEIß lautet: DIESE TIEFE SEELENVERBINDUNG MUSS DOCH IN EINE BEZIEHUNG FÜHREN. Und da haben wir wieder das böse Wort: DUALSEELEN-BEZIEHUNG. Dafür gibt das EIWEIß die Beziehung zu sich selber auf. Es lauert, es hofft, es malt sich neue Träume auf die Leinwand von EGOn. Das EIWEIß hofft manchmal jahrelang. Es klammert sich an die Hoffnung einer Beziehung wie ein Baby an seinen Schnuller. Doch solange das EIWEIß im Varieté seiner Illusionen sitzt, geht es in seinem Prozess nicht weiter. Es verträumt die Zeit. Selbst wenn im Spielplan ein Happy End mit seinem EIGELB vorgesehen wäre, wird es so nicht passieren. Denn das EIWEIß würfelt nicht. Es bleibt auf seinem Spielfeld stehen und träumt.

**Heilung für das EIGELB**: Das EIGELB heilt, wenn es sich klar darüber wird, was an seinem Tisch am wichtigsten ist: Sind es die vier Beine? Es gibt Tische, die stehen auf einem Bein. So kann das EIGELB mit beiden Beinen fest auf dem Boden stehen UND seine Träume leben.

**Heilung für das EIWEIß**: Das EIWEIß heilt, wenn es seine heilige Hoffnung und jede Illusion auf den Altar von OCTOPUSSY legt. Es heilt, wenn es sich mit der Möglichkeit konfrontiert, NIEMALS eine Beziehung mit seinem EIGELB zu haben. Es heilt durch folgendes Mantra: Ich suchte dich und fand mich.

## LEBEN & STERBEN

Ich sagte mal: Ich habe keine Angst vor dem Tod. Dem stimme ich immer noch zu. Doch heute habe ich begriffen, ich habe noch immer Angst vor dem Sterben. Ich habe Angst vor dem Sterben der Liebe. Ich habe Angst, wenn die Liebe ihre Form verändert. Ich bin ein EIWEIß.

Im Moment stirbt meine Jacky, eine Parson Russell-Hündin. Tumore wachsen auf ihrem kleinen Körper. Einer nach dem anderen. Sie sehen aus wie die kleinen Bälle, mit denen Jacky so gerne spielt. Jacky fängt an, ihre Form zu verändern und ich kenne den Ausgang. Meine Jacky wird sterben. Es macht mich unsagbar traurig, denn sie lehrte mich die Liebe, wie ich sie vorher nie kennenlernte. Und nun vollendet sie ihre Lektion. Auf eindrückliche, sanfte, beispiellose Art. Während sie mich fast unentwegt ansieht, wenn sie wach ist. Bis ich ihren Blick erwidere. Bis ich fühle. Sie bringt mich dazu, hinzusehen, wie sie langsam vor meinen Augen stirbt. Sie lehrt mich das Sterben, sie lehrt mich eine Form der Liebe. Denn Liebe ist Emotion in Veränderung. Und Liebe ist Form in Veränderung. Liebe ist, sich selbst und andere in einer Form zu fühlen, um sich zu erfahren. Liebe ist, diese Form wieder loszulassen. Was mein EIGELB nicht vollenden konnte, vollendet Jacky.

Das EIGELB hat Angst vor dem Leben. Vor dem Erleben der Liebe.

Das EIWEIß hat Angst vor dem Sterben. Vor dem Sterben der Liebe.

Das EIGELB hat sich – vor der Begegnung mit seinem EIWEIß – noch nie vollkommen in Liebe erlebt. Es kommt durch diese Begegnung ins Leben, es wird lebendig. Es wird vom EIWEIß wachgeküsst. Wach zu sein macht dem EIGELB Angst. Denn das EIGELB bemerkt nun, dass das Schloss und seine Bewohner noch immer schlafen. Dornröschen ist jedoch wach.

Auch wenn die meisten EIGELBe jedoch männlich sind und Dornröschen weiblich ist – mir fällt gerade kein besseres Bild ein. Das EIGELB erwacht durch diesen Kuss. Doch die Welt um ihn herum schläft noch immer. Des EIGELBS Aufgabe ist es nun, SEINE WELT mit Leben zu erfüllen. Seine Welt aufzuwecken. Denn was macht ein Wacher unter Schlafenden? Das EIGELB muss LEBEN lernen, damit es die Liebe in sein Leben integriert. Und das macht Angst. Wie soll das EIGELB LEBEN lernen, wenn es bisher eher funktioniert als gelebt hat? Wie soll das EIGELB plötzlich SEIN LEBEN über das der anderen stellen?

Das EIWEIß hat meist exzessiv gelebt. Es hat sich ausgedrückt, durch Tanz, Musik, Kunst und Gefühl. Das EIWEISS lebte Drama. Es rutschte die Sinuskurve der Emotionen rauf und runter. Manchmal fühlte es. Oft kämpfte es gegen die Gefühle. Dabei hatte es jede Menge Spaß. Es packte viel Pausenbrot an Leben in seinen Rucksack ein. Das EIWEIß hinterlässt oft und gerne Spuren. Man erinnert sich ans EIWEIß, wenn man es einmal traf. Weil es Emotionen schürt. Weil es Sehnsucht weckt. Weil es so viel pures Leben in sich trägt. Das EIWEIß liebt die Form, in der sein Leben sich gerade zum Ausdruck bringt. Es versucht, diese Form zu erhalten. Es hat Angst, dass sich die Form der Liebe verändern könnte. Es hat Angst vor dem Sterben. Vor dem Sterben der Liebe.

**Heilung für das EIGELB:** Das EIGELB lernt, sich abzunabeln, neugierig von seinem Lebenselixier zu kosten, dem Lebenselixier, das Liebe heißt. Das EIGELB heilt, wenn es begreift, dass es ein Recht auf Leben und auf Freude hat.

**Heilung für das EIWEIß:** Das EIWEIß heilt, wenn es erkennt, dass nicht die Form die Liebe ist, sondern der Inhalt. Das Eiweiß heilt, wenn es die Veränderung der Form akzeptiert.

## SELBSTLIEBE & SELBSTWERT

Das EIGELB darf sich in Selbstliebe üben.

Das EIWEIß darf seinen Selbstwert erkennen.

Selbstliebe ist der Sanftmut, sich selbst in jedem Umstand, mit jedem Gefühl, mit jeder Verhaltensweise zu akzeptieren. Selbstliebe lässt sich selbst SO SEIN, wie man gerade ist. Ob schwach, ob stark, ob wütend, ob ausgelassen, ob erregt oder ohnmächtig, ob traurig, ob arrogant. Selbstliebe bringt sich selbst authentisch zum Ausdruck.

Selbstliebe sagt JA zur momentanen Position auf dem Spielfeld.

Selbstliebe sagt JA zur momentanen Rolle im Spiel.

Das EIGELB hat gelernt, dass es zu funktionieren hat. Es liest die Spielregeln, es überprüft seine Fähigkeiten, es unterstützt andere, ins Spiel zu kommen. Doch selbst spielt es noch nicht. Es steht am Rand. Es wartet. Weil es sich selbst nicht für liebenswert befindet, weil es sich selbst nicht als vollkommen empfindet, weil es gelernt hat, dass es immer noch etwas besser geht. Weil es weiß, dass es sein EIWEIß nicht glücklich machen kann.

Das EIGELB kennt die Verzückung der Liebe nicht, meist sind die Schmetterlinge in seinem Bauch längst ausgestorben. Es sieht sich im Spiegel an und es erkennt und liebt sich nicht. Es findet sich nicht liebenswert. Doch wenn es zum ersten Mal auf sein EIWEIß trifft, schaut es durch seine Augen in einen magischen Spiegel. Das EI-GELB erkennt sich durch sein EIWEIß selbst. Es liebt sich durch sein EIWEIß selbst. Es fühlt sich eingebettet und geliebt.

Natürlich hat auch das EIWEIß Defizite in Sachen Selbstliebe. Doch der eigentliche Mangel in dieser Begegnung ist Selbstwert. Oft ist das EIWEIß in einer Familie groß geworden, die Anerkennung wie die Bananen im Osten streng rationierte. Das EIWEIß wurde nur dann gesehen, wenn es etwas geleistet hatte. Und meist war diese Leistung nicht gut genug. „Ich bin niemals gut genug, was ich auch tue“ wurde zum Mantra des EIWEIßes. Und so lief es der Anerkennung hinterher, damit es sich wertvoll fühlen kann. Erst in der Begegnung mit seinem EIGELB erkennt es seinen vollen Wert. Es macht - einfach durch sein SEIN - einen anderen Menschen vollkommen. Und fühlt sich endlich wertvoll. Und so fängt das EIWEIß an, sich über sein EIGELB zu definieren. Es lechzt nach weiteren Treffen und ist dafür bereit, den letzten Rest an Selbstwert aufzugeben. Es macht sich zum Opfer. Es verschleudert sich, so als wäre es nichts wert.

**Heilung für das EIGELB:** Das EIGELB heilt, wenn es durch Beobachtung lernt, was es gerade gerne hat, was es ablehnt, was es fröhlich oder traurig macht und wenn es diese Beobachtung mit einem anderen Menschen teilt. So lernt das EIGELB, sich auszudrücken. So lernt es, sich in jeder Form der Liebe zu erfahren. Es begreift, dass jede Laune der Natur letztlich Liebe ist, die sich zum Ausdruck bringt.

**Heilung für das EIWEIß:** Das EIWEIß heilt, wenn es tief in sich forscht, wie es eine Beziehung leben möchte, welche Werte in diese Beziehung eingebettet sind. Es heilt, wenn es diese Werte schützt, verteidigt und Grenzüberschreitungen konsequent ahndet. Beispiel: Wenn auf der Warteliste tägliche Kommunikation ganz oben steht und das EIGELB nicht kommuniziert, dann fliegt es als Beziehungspartner von der Liste. Treffen werden gestrichen, das EIWEIß verkauft sich nicht mehr unter WERT.

# GEDANKEN & GEFÜHLE

Das EIGELB macht sich viele Gedanken.

Das EIWEIß hat viel Gefühl.

Beide, EIGELB und EIWEIß, denken, beide fühlen. Doch das EIGELB verbringt die meiste Zeit mit und in seinen Gedanken. Das EIGELB will verstehen. Dem EIGELB reicht es nicht, die Verbindung zu seinem EIWEIß zu fühlen. Es muss wissen, was da vor sich geht. Am liebsten würde es diese Liaison in ein Reagenzglas packen oder unter ein Mikroskop. Um sie dann chemisch oder physikalisch zu analysieren. Wenn EIGELB-EINSTEIN wüsste, womit man es zu tun hat, könnte es ein Gegenmittel finden. Ein Medikament, einen Neutralisator. Dabei denkt das EIGELB gar nicht so sehr an sich. Es denkt darüber nach, wie es dem EIWEIß helfen könnte, Plan und Leben auf die Reihe zu bekommen. Ohne EIGELB selbstverständlich. Es wünscht sich nämlich, dass sein EIWEIß glücklich ist. Das EIGELB ist zufrieden, zumindest denkt es das. Über Glück denkt es am Anfang des Liebeskummer-Spiels noch wenig nach. Es fühlt die Glücksmomente in der EIGELB-EIWEIß-Pfanne, so gut es ihm eben gelingt. Während das EIGELB nämlich glaubt, dass es gerade fühlt, denkt es in Wahrheit die meiste Zeit über die Gefühle nach. Die Gedanken des EIGELBS verkleiden sich oft als Gefühle. Und so bleibt das EIGELB auch beim Fühlen ziemlich rational. Das EIGELB fühlt oft nicht, auch wenn es zu fühlen glaubt. Es denkt, dass es fühlt.

„*Hätte, hätte*, Fahrradkette“ kann es gut. Es durchdenkt sein Leben. In Zentimetern.

Eine Klientin schrieb mir hierzu: „Liebe Margret, dein Spruch hat mich heute echt getroffen. Das Eigelb durchdenkt sein Leben in Zentimetern. Das stimmt so haargenau, und weißt du was? Vor gut einem Jahr, nach der Trennung, letzte Paartherapie: Er sollte sich und mich aufstellen (einen Stuhl und ein Symbol für jeden von uns im Raum): Er wählte für sich ein Lineal."

Das EIGELB hat außerdem ein Elefantenhirn. Es durchdenkt seine Ehe, falls es eine führt. Es rechnet die Zeit aus, bis seine Kinder erwachsen sind, bis das Haus abbezahlt und das Geschäft solvent. Es berechnet, wie lange der Hund noch lebt und wieviel Kohle es hat, wenn es in Rente geht. Abzüglich der 50 % für die Frau und den Kosten für den Anwalt. Das EIGELB hat Kalkül. Es stürzt sich nicht einfach in ein neues Leben. Es zieht den Plan durch, den es sich ausgedacht hat. Es lässt sich nicht von seinen Emotionen treiben. Es behält die meiste Zeit eine klare Birne. Das EIGELB denkt über seine Wunden nach, es analysiert seine Kindheit, seine Partnerschaften und die Beziehung seiner Eltern. Es weiß noch, WANN es WO mit WEM einen Orgasmus hatte. Es erinnert sich an die Stellung und ob sein Partner Lust empfunden hat oder nur so tat. Der Aktenschrank im Hirn des EIGELBs ist immens. Was wichtig war, bleibt für alle Zeit gespeichert. Keine Alzheimer kann diese Daten löschen.

Des EIGELBs Dilemma ist, dass es sich nie sicher ist, was es WIRKLICH fühlt.

Das EIWEIß hat ganz andere, gewichtige Probleme. Seit dem Tag, an dem es sein EIGELB zum ersten Mal getroffen hat, lebt es im Drama. Wer waren schon Romeo und Julia? Und Shakespeare? Das EIWEIß kennt eine viel atemberaubendere, herzzerreißendere Geschichte. Und die erzählt das EIWEIß oft und gerne. Ungefragt. EGOn EIWEIß holt sich bei dieser Geschichte gerne einen runter. Denn Drama-EIWEIß weiß, dass diese EIGELB-EIWEIß-Liebe eine Chance haben muss. Denn das Drama-EIWEIß lebt einzig und allein für die Gefühle, einzig und allein für die POSITIVEN Gefühle. Und hier ist der Haken, warum diese Beziehung gar keine Chance haben kann: Das EIWEIß glaubt an Märchen. Es will „... und wenn sie nicht gestorben sind, verschmelzen sie noch immer". Es will Trauer, Schmerz, Ohnmacht, Angst, Ablehnung und negative Trigger radikal und ein für alle Mal von seinem Spielfeld verbannen. Es will Liebe pur und dann will es mit Liebe die Welt von Schmerz und Leid erretten. Das EIWEIß war schon immer so. Romantisch, grenzüberschreitend-optimistisch – will es die ganze Welt mit Zuckerguss glasieren. Und natürlich auch das EIGELB. Es stellt das Herz über den Verstand, die Gefühle über realistische Gedanken, es badet in der Seifenblase einer Liebe, die platzen muss. Es hört nicht hin, wenn das EIGELB Gedanken äußert, die ein Happy End infrage stellen. Das EIWEIß interessiert einzig und allein eine Frage: LIEBT MICH DAS EIGELB?

Und wenn das EIGELB liebt, dann ist das für das EIWEIß eine erteilte Absolution, ins Geschehen einzugreifen. Es hat sich damit die Absolution erteilt, das EIGELB zu coachen, zu überzeugen und ihm immer wieder auf den Geist zu gehen, denn ICH LIEBE DICH bedeutet für EGOn-EIWEIß: ICH WILL MIT DIR LEBEN. Und so hört es bei allem, was sein EIGELB als Gegenargument für eine Beziehung äußert, weg oder es kommentiert mit: „Du machst dir etwas vor. Du belügst dich selbst."

**Heilung für das EIGELB**: Das EIGELB heilt, wenn es die Verantwortung für die Gefühle eines anderen aus den Händen legt.

Dann kann es sich mehr und mehr für Gefühle und für Lebensfreude öffnen, kann sich von Emotionen übermannen lassen, weil es erfährt, dass es trotzdem bei sich bleiben kann.

**Heilung für das EIWEIß**: Das EIWEIß heilt, wenn es den Gedankengängen eines anderen wirklich folgt. Wenn es bereit ist, die Welt der Gefühle ab und an zu verlassen, um sein EIGELB und einen anderen Menschen zu verstehen. Das EIWEIß heilt, wenn es die Welt der Emotionen ab und an infrage stellt.

## ERNST DES LEBENS & LEBENSLUST

Das EIGELB kennt den Ernst des Lebens.

Das EIWEIß kennt die Lebenslust.

Das EIGELB hat früh gelernt, nach Erfolg zu streben, damit es Anerkennung kriegt. Es hat gelernt, dass man sich Freude dafür oft verbieten muss. Frei nach dem Motto: „Nur die Harten kommen in den Garten". EIGELB-Vater und EIGELB-Mutter lebten mit großer Wahrscheinlichkeit keine romantisch-kitschige Beziehung. Einer von beiden litt sicher unter den Eskapaden des anderen. Und mit dem leidenden Elternteil hat Klein-EIGELB mitgelitten. Durch permanentes Üben wurde EIGELB-EGOn bereitgemacht, Schmerz und Leid gut wegzustecken.

EIGELBE sind richtige Iron-Men (oder Women). Und den bezwingen sie. Ob Triathlon auf Hawaii oder anderswo. Das EIGELB ist Höchstleistungen nicht nur im Sport gewohnt. Es fühlt sich besser, wenn der ganze Körper schmerzt. Außerdem denkt es bei Schmerzen weniger, dafür fühlt es sich mehr. Aus diesem Grund kann das EIGELB hervorragend mit Ernst und Druck umgehen. Es hat Disziplin und eine immense Geduld. So geht es dem EIGELB bei Schmerz, Druck und Strapazen noch ganz passabel, während das EIWEIß längst schon auf dem Zahnfleisch kriecht.

Als Stimulus setzt das EIGELB sich ein lohnenswertes Ziel. So eine Art Adventskalender für 2035. Dort stecken Träume und Visionen drin, der ein oder andere Schokoladenweihnachtsmann, ein Ticket nach Las Vegas und vielleicht auch ein Happy End mit seinem EIWEIß. Das EIGELB ist ganz zuversichtlich. Mit dem ersten Auto hat es ja schließlich auch geklappt. Man muss nur planen und geduldig sein. Alles hat schließlich seine Zeit. Das EIGELB freut sich drauf. Wie ein kleiner Junge. Spätes Glück schmeckt gut. Dafür lohnt es sich, die Zähne zusammenzubeißen und durchzuhalten. Besonders in harten Zeiten. Denn wenn es hart auf hart kommt, geht es dem EIGELB meist besser. Denn es erkennt sich für das Meistern der Strapazen selber an. Es würdigt sich für jede Entbehrung, die es in Kauf genommen hat.

Ein EIGELB gibt seinen Plan vom Glück nur auf, wenn es ins Gras gebissen hat. Wenn es viel gemeistert hat, dann gönnt es sich ein heißes Schäferstündchen mit seinem EIWEIß. Im Kopfkino selbstverständlich, denn ein reales Treffen mit dem EIWEIß birgt ein zu großes Risiko.

Das EIWEIß kennt den Ernst des Lebens auch. Es ist im Kugelhagel großgeworden. Doch anders als das EIGELB begegnet es den Scharfschützen des Lebens mit einer eigenen Strategie. Mit einem anderen kugelsicheren Kostüm. Wer im Zick-Zack durch den Kugelhagel springen muss, der braucht  Leichtigkeit. Selbstironie und schwarzer Humor können auch nicht schaden. Gestern schrieb ein Eiweiß unter meinen Blog:

**„Sibylle und der Reitstall – Comedy vom anderen Stern**: Kam eine neu, ich hab die gar nicht so recht bemerkt, war im Sibyllenuniversum unterwegs.

Spricht mich an: „Ich bin die Bla und möchte dir schon mal nur so vorsichtshalber drohen: Wenn Du ein Problem mit mir hast, sprich mit mir drüber, nicht mit anderen.“ „Ok, mach ich. Und wenn Du ein Problem mit mir hast, bitte sprich mit jedem drüber, nur bitte nicht mit mir. Manchmal bin ich echt so seltsam?“

Das ist EIWEIß-Comedy in gereiftem Zustand. Natürlich hat nicht jedes EIWEIß eine große Klappe, aber solche Gedanken hat es schon. Das klassische EIWEIß denkt nicht lange über die missliche Lage nach. Es macht die Misere in Gedanken einfach schöner. Ein paar Blumen hier, ein paar Schmetterlinge da, eine blaue Lagune und eine Hängematte. Und das EIGELB in der Hängematte drin. Das EIWEIß knallt sich einfach weg. Mit einem Cocktail aus Träumerei.

Manch EIWEIß kann oft ins Drama gehen, doch meist zieht es sich da schnell wieder raus. Ob schwierige Kindheit, Pleiten, Pech und Pannen – scheiß egal. Die EIWEIß-Parole lautet: „Jetzt erst recht“. Das EIWEIß entwickelt sich, wenn es ums EIGELB geht, zum unverbesserlichen Optimist. Oft mutet es leicht manisch an. Es steht halt auf große Emotionen und die kann es auch selbst produzieren. Im Kopfkino, wenn es draußen mal wieder Grau in Grau zur Sache geht. Dort gibt es ein großes Repertoire verschiedenster Streifen. Von romantisch bis wild. Im Kopfkino des EIWEIßes ist es meistens kunterbunt. Auf Schwarz-Weiß steht das EIWEIß nicht. Höchstens beim Selfie, weil es dann so klassisch wirkt.

Das EIWEIß malt sich seine Welt, wie es ihm gefällt. Und so versucht es, auch das EIGELB knallbunt anzumalen. Es malt beim Stelldichein einen Regenbogen in EIGELBs Gedanken, einen Schwarm Schmetterlinge in seinen Bauch und ein paar Blumen auf seine Haut. Und eine große Wolke Sieben. Das EIGELB kennt sich bei all den Requisiten dann nicht mehr aus. Und ist besoffen ohne Alkohol. Nach dem Kater am anderen Morgen haut das EIGELB wieder ab. Es braucht die Höhle, um den Ernst der Lage zu checken und das EIWEIß stürzt aus Wolke 7 ab.

**Heilung für das EIGELB**: Das EIGELB heilt, wenn es aufhört, sich für seine Höhenflüge zu bestrafen. Wenn es sich zugesteht, dass es Verantwortung für Lebensfreude trägt.

**Heilung für das EIWEIß:** Das EIWEIß heilt, wenn es das Kopfkino nur noch ab und an besucht. Wenn es sich vom Film der Realität berauschen lässt und endlich Grau in Grau als Farbe und als Gefühl willkommen heißt.

# INNERE TRANSFORMATION & ÄUßERER WANDEL

Das EIGELB durchläuft zuerst eine unsichtbare Metamorphose.

Das EIWEIß verändert seine sichtbare Welt.

Zur Erinnerung: Wenn es sich um Dualseelen-EIGELB und -EIWEIß handelt, dann laufen die Prozesse immer Hand in Hand, in DUALER Manier. In getrennter Zweiheit. **Beispiel 1**: Wenn Dualseelen ungebackene Brötchen wären, dann würde sich das eine Brötchen von der Mitte nach außen backen. Das wäre das EIGELB. Das andere Brötchen würde sich von außen nach innen backen. Das wäre das EIWEIß.

Eine Klientin rief mich neulich an: „Margret, mein EIGELB bewegt sich überhaupt nicht vom Fleck. Es hat noch immer den gleichen Job als stellvertretender Chef, die gleiche dunkelbraune Aktenmappe, bei der an manchen Stellen schon die Lederfarbe fehlt, die gleiche blonde Ehefrau und dieselben Kinder. Und es fährt noch immer mit dem dunkelroten Wohnmobil in das kleine Kaff in Italien in den Urlaub. Er trägt seine Haare wie eh und je und hat dieselbe Montagskrawatte. Dunkelblau. Mit diagonalem, hellblau-gelbem Streifenmuster. Das EIGELB verändert sich einfach nicht."

Äußerlich betrachtet hat Klientin EIWEIß recht. Des EIGELBs Fassade bleibt gleich. Warum soll sich äußerlich was ändern, wenn die Tradition gut funktioniert? Das EIGELB entwickelt sich von innen nach außen. Vom Kern zur Haut. Die äußere Veränderung wird erst ganz zum Schluss des Kreuzwegs sichtbar.

**Beispiel 2**: Denke an einen Laubbaum. Ein Ahorn zum Beispiel. Im Herbst, vielleicht am 05. November hat er sein letztes Blatt verloren. Jetzt ist er kahl. Und er bleibt es auch. Bis März. Der Baum ist vier Monate ohne Blätter und sieht aus wie tot. Doch bleibt der Baum die ganze Zeit tatsächlich gleich? Passiert in seinem Inneren nichts? Nach dem der Baum einige Wochen Winterschlaf hielt, ist tief im Stamm und in den Zweigen des Baumes nun der Bär los. Dort sprudeln Säfte. Der Baum nimmt Wasser auf und er bereitet sich darauf vor, wieder auszutreiben. Er bereitet sich darauf vor, die innere Transformation nun außen sichtbar zu machen. Der Baum bereitet sich auf frische, kleine, grüne Blätter vor. Er bereitet sich darauf vor, auszuschlagen. Das EIGELB ist kein Baum. Und wenn es einer wäre, dann wäre es ein Baum mit jahrelangem Winterschlaf. Bis der Prozess des EIGELBs sichtbar wird, ist meist extrem viel Zeit vergangen. Bis dahin hast du das Gefühl, dass sich beim EIGELB nichts verändert.

Ganz anders als beim EIWEIß. Beim EIWEIß schlägt der Prozess ein wie eine Bombe. Dafür schlägt das EIWEIß aus. Mit Worten und mit Taten. Äußerlich oft voll im Drama wegen seines EIGELBs macht das EIWEIß sich bei Freunden und Familie unbeliebt. Irgendwann zumindest. Denn wer hat schon Lust auf das Dualseelen-Märchen in Dauerschleife? Das EIWEIß ist geschäftig. Es googelt im Internet, kauft Dualseelen-Bücher am Meter bei Amazon. Es meldet sich bei Kursen über Telepathie und Channeling an. Vielleicht hat es einen Guru oder eine Hexe, zu der es fährt. Es überprüft das FB- und Instagram-Profil des EIGELBs und das von Frau EIGELB (falls es die gibt), es sammelt alle Informationen über seinen Schatz, die es kriegen kann. Das EIWEIß hat Programm. Zumindest, seitdem es ein EIGELB hat. Zeit für seine Freunde hat es kaum, außer die hören geduldig dem Dualseelen-Märchen zu.

Das EIWEIß hat von seinen Lernaufgaben gehört. Und wenn es ein klassisches EIWEIß ist, macht es sich sogleich auf die Socken, sie zu erfüllen. Es trennt sich vom Partner, falls es einen hatte. Es fordert eine Lohnerhöhung oder es kündigt seinen Job. Es bildet sich aus und weiter. Vielleicht treibt es nun (mehr) Sport nimmt ab, mistet die Wohnung aus. Es kauft sich was, belegt einen Selbstliebekurs und stellt die Ernährung um. Vegan ist angesagt. Das EIWEIß tut so, als gäbe es ein Formel-1-Rennen zu gewinnen. Die Ungeduld auf ein Happy End lässt das EIWEIß wie einen Hasen rennen – wie jenen aus der Fabel vom Hasen und vom Igel. So kommt das EIWEIß weg vom inneren Prozess. Dabei hält sich das EIWEIß meist für tiefgründiger, für spiritueller als sein EIGELB. Das ist meist nicht der Fall. Die Ausnahme gibt es, hier sind die Rollen vertauscht, siehe Shrek-EIWEIß und Peter Pan-EIGELB). Das EIWEIß kann den Kreuzweg erst dann beschreiten, wenn es das EIGELB abgehakt hat, wenn seine Wut verraucht ist, wenn es versteht, dass es nicht um ein Ziel im AUßEN, sondern um ein Ziel in seinem Inneren geht.

**Heilung für das EIGELB:** Das EIGELB heilt, wenn es mutiger wird, auch äußere Veränderungen anzustreben und sie zu genießen. Ein neues Ritual, ein neues Urlaubsziel, eine neue Krawatte, eine andere Farbe fürs Auto. Eine andere Verhaltensweise bei Stress.

**Heilung für das EIWEIß:** Das EIWEIß heilt, indem es den Fokus von der Sichtbarkeit aufs Unsichtbare lenkt. Weg vom EIGELB, veg von der äußeren Erscheinung, hin zum großen Nichts. Es heilt, wenn es Schritt für Schritt tiefer zu sich selber findet, zum Kopf von OC-TOPUSSY, an den Punkt, an dem sich alle Tentakel vereinen.

## SEX & LIEBE

Das EIGELB erlebt den SEX seines Lebens.

Das EIWEIß erlebt die LIEBE seines Lebens.

Das typische EIGELB kennt natürlich Sex. Sicher hatte es auch genügend SEXPERIMENTE. Doch bis zu dem Zeitpunkt, da das EIGELB im wahrsten Sinne des Wortes auf sein EIWEIß stößt, sind Sex und Liebe wie zwei Paar Schuhe. Meist lebt das EIGELB in einer quadratisch-praktischen Beziehung. Und ja, in dieser Beziehung gibt es auch Sex. Auch quadratisch-praktisch. Sex zur Arterhaltung. Sex zur Lustbefriedigung. Sex für ein besseres Gefühl. Sex – streng nach Plan.

Das EIGELB praktiziert Sex, um Anerkennung zu erhaschen, um sich begehrt zu fühlen UND um etwas zu lernen. Das EIGELB ist neugierig und auch dem Kamasutra meist nicht abgeneigt. Wenn es einen Partner hat, der mit ihm übt. Das EIGELB kann Sex wie Kochen üben. Analytisch, bemessen und von Stufe 1 - 10. Geschwindigkeits- oder Stärkestufen, die es auf dem Handmixer gibt. Das EIGELB nimmt seinen Kopf stets mit ins Bett. Ja, meist kann es gut lecken, aber das meine ich nicht. Es DENKT beim Sex. Es vergleicht diesen Sex mit all den anderen. Es vergibt in seinem Verstand heimlich Punkte. Von sexzellent bis durchgefallen. Über Letzteres sprechen würde das EIGELB nicht. Es hat Anstand und meist gute Manieren. Das EIGELB steht nicht auf einen Fake-Orgasmus. Lieber hört es die Worte: „Schatz, ich kann heute nicht kommen, ich muss gerade an die Steuererklärung denken.“ Das EIGELB hat eine lange Sex-Statistik in seinem Elefantenhirn. Es vergisst keine Nummer. Keinen Quickie, keine Nacht. Nicht mal die grottenschlechten. Es erinnert sich an jede Träne, an jedes Wort, an jede Perle echten Schweißes. An Lust und Frust – im Bett, auf dem Boden, im Fahrstuhl, auf der Waschmaschine und im Kornfeld, bei 150 Sachen auf der Autobahn.

Das alles war VOR dem EIWEIß. Das EIWEIß macht dem EIGELB einen ordentlichen Strich durch seine Rechnung. Es macht auch einen Strich durch seine Gedanken. Es macht einen Strich durch das EIGELBsche Konzept von Sex. Denn das EIWEIß führt Liebe im Schilde, wenn es mit dem EIGELB schläft. Und so wird aus Sex erstmalig Verschmelzung. Aus Nächten wird DIE NACHT DER NÄCHTE und aus Orgasmen wird ein echter Gipfelpunkt geboren. Aus Marterpfahl wird Matterhorn. Aus Latte wird Latte Imperial. Das EIGELB kann beim Sex nun plötzlich nicht mehr denken. Es FÜHLT. Es fühlt vielleicht zum ersten Mal, was es alles zu fühlen gibt. Es taucht tief. Nicht nur in das EIWEIß, sondern in den Tiefen seiner Emotionen, im Ozean seiner geheimen Wünsche, im Marianengraben der Erinnerung. Das EIGELB findet beim Sex mit seinem EIWEIß die Erinnerung an sich selbst. Es fühlt sich heil. Beim Sex mit seinem EIWEIß gibt es keine Fragen. Es gibt auch keine Erwartungen, die das EIWEIß an sein EIGELB stellt. Das EIWEIß erfüllt die geheimsten Wünsche seines EIGELBS, ohne zu wissen, wie es das macht. Denn es bringt Liebe mit. Das EIWEIß will nichts, es lässt geschehen.

Diese Vereinigung ist für das EIGELB magisch. Deshalb sucht es Sex mit seinem EIWEIß immer wieder. Weil das Rührei aus Sex und Liebe süchtig macht. Das EIGELB sucht den Sex seines Lebens und benutzt dafür, ohne es zu wissen, die Liebe. In den Armen seines EIWEIß kann das EIGELB die Liebe nicht mehr benutzen. Sie passiert. Das EIGELB fühlt sich von seinem EIWEIß angenommen, animiert, von Höhepunkt zu Höhepunkt getrieben, und in den Armen seines EIWEIß zu sich selbst zurückgeführt. Es geht dem EIGELB nicht um den Sex. Es geht um das Spüren von OCTOPUSSY durch das Spiel der beiden Körper. Das EIGELB lechzt nach Hingabe an die Liebe, die es vor seinem EIWEIß noch nicht kannte.

**Merke:** Ein Dualseelen-EIGELB kommt nie des Sexes wegen zu seinem EIWEIß. Es kommt wegen dem Rührei, wegen der Verschmelzung von WEIß und GELB, die es bisher für unmöglich hielt. Im gleichen Atemzug jedoch entwickelt das EIGELB eine Rührei-Phobie. Süchtig nach dieser Delikatesse – blickt es gleichzeitig der größten Angst ins Auge: sich selbst zu verlieren und am Angelhaken des EIWEIßes zu verrecken. Es hat Angst, sein EIWEIß könnte es mit Haut und Haaren verschlingen und sein kostbares Blut bis auf den letzten Tropfen trinken. Also zieht das EIGELB sich zurück in seine Höhle und denkt nach. Es vergleicht dieses Erlebnis mit der Statistik. Es versucht, das Endergebnis zu bemessen, doch das kann es nicht. Denn die Statistik spuckt kein ähnliches Erlebnis aus. Und so pendelt das EIGELB zwischen seiner Höhle und der EIWEIß-Pfanne hin und her. Ist die Sehn-Sucht und das Verlangen groß, dann riskiert es für eine Nacht sein Leben. Wenn es dann wieder mal ein Rührei war, spürt es die Angst und nimmt Reißaus. Jedes Rührei-Treffen mit seinem EIWEIß ist dem EIGELB heilig. Dafür lügt es sogar seine Freunde und die Familie an.

Das EIWEIß erlebt in den Armen des EIGELBs die Liebe seines Lebens. Sexuell hat sich das EIWEIß meist schon ordentlich ausgetobt. Es hatte Höhenflüge, es kennt die Verschmelzung, es zelebrierte meist ausgiebigen, guten Sex. Es steht auf Partner, die dem EIWEIß in die Augen sehen und die es immer wieder stimulieren. Nicht nur im Bett. Auch im Hirn. Das EIWEIß sucht die große Liebe und benutzt dafür, ohne es zu wissen, den Sex als Werkzeug. Mit seinem EIGELB kann das EIWEIß Sex nicht mehr benutzen. Er passiert. Er geschieht. Dieses Erlebnis ist für beide nagelneu. Weil hier niemand etwas macht, weil es einfach nur geschieht, fühlt das EIWEIß sich auf eine Art geliebt, die es nicht kennt.

Sex zwischen EIGELB & EIWEIß fängt nicht mit zwei nackten Körpern an. Jeder Augenblick zwischen beiden ist Sex. Intimität, die nicht zu beschreiben ist. Ich habe dafür ein neues Wort erfunden: LEX – die Krönung aus Liebe und Sex.

Ich erinnere mich an eine Szene, als ich das EIGELB traf. Wir waren am Eingang des Hotels Krone verabredet, doch er holte mich, was ich nicht wusste, bereits vom Parkhaus ab. Es regnete leicht und ich war sowieso schon aufgeregt. Konnte kaum klar denken. Als ich die Treppe des Parkhauses erklommen hatte, stand er plötzlich da. Er hatte das Gleiche an wie ich. Nur in seiner Größe eben. Dann setzte mein Bewusstsein aus. Mir fielen meine Taschen aus der Hand. Sie polterten zu Boden. Wenn ich diese Szene heute in einem Film sehen müsste, würde ich denken: Reichlich übertrieben. Das nennt man wohl Kontrollverlust.

Wie wir zum Hotel gekommen sind, weiß ich nicht mehr. Was danach passierte, das weiß ich haargenau, auch wenn ich es nicht in Worte fassen kann. Der Mix an Emotionen lässt sich beim besten Willen nicht beschreiben. Verschmelzung ergo Auflösung fand immer dann statt, wenn wir uns in die Augen sahen. Bei intensivem Blickkontakt fühlte es sich für mich so an, als würde OCTOPUSSY aus zwei Tentakeln mal eben eines machen. Die körperliche Koalition konnte ich nicht steuern. Sie passierte nach einem eigenen Automatismus und hatte etwas Ekstatisches.

Bis zu dem Zeitpunkt, da das EIWEIß auf sein EIGELB trifft, kennt es LEX noch nicht. Es kennt außergewöhnlichen Sex, es kennt die Liebe und hatte sicherlich auch schon eine große. Doch LEX sprengt jedes Konzept, dass das EIWEIß jemals hatte. Es will mehr davon. Es genießt den Umstand, dass es seinem EIGELB im Zusammensein nichts erklären muss, dass jede Frage, jede Antwort, jeder Handgriff wie bei einem guten Drehbuch sitzen. EGOn verliert dabei die Kontrolle. Denn durch die Ekstase fällt EGOn in ein himmlisches Koma. Er vereinigt sich mit OCTOPUSSY und findet sich im Hotel und Heim seiner tiefsten Sehnsucht wieder.

Aus diesem Grund sucht das EIWEIß immer wieder nach diesem Erlebnis. EGOn ist süchtig nach dieser Art von Seitensprung. EGOn ist süchtig nach dieser Art von Gefühl.

**Merke:** So wundervoll LEX auch erscheinen mag: Die hier beschriebene Art von Begegnung findet im unreifen Zustand von EIGELB und EIWEIß statt. Keiner der beiden bleibt bei sich. Keiner ist wirklich beim anderen. Beide sind irgendwo. Aufgelöst. Verloren. Die Kunst besteht darin, LEX zu genießen UND sich selbst dabei zu spüren.

Zusammenfassend möchte ich zu LEX Folgendes anmerken:

Die Polarität im Cocktail von Sex und Liebe wirkt als das Bindemittel. Sie ist der Kleber, sie ist die Droge, die beide süchtig nacheinander macht. Sie ist das „Heile-Welt-Syndrom". Es ist die LEXuelle Anziehungskraft, die die Sucht zur Sucht der Süchte macht. Es ist das bisher Unbekannte, Unerreichte, was EGOn immer wieder in die EIGELB-EIWEIß-Pfanne treibt. Um LEX zu konsumieren. Der Gedanke an LEX macht den EGOn des EIWEIßes besoffen ohne Alkohol. Und den EGOn des EIGELBs auch. LEX bringt EGOns um den Verstand. LEX schafft es, das EGOn bereit ist, all das Schmerzhafte, all die Ablehnung, all das Hoffnungslose immer wieder auszublenden. In Vorfreude auf LEX schafft es EGOn, noch eine Runde im Dualseelen-Karussell zu drehen. Bis EGOn die Vernunft für sich entdeckt. Die Vernunft, die das EIWEIß so sehr hasst, weil sie der Romantik im Weg zu stehen scheint. Doch wirkliche Romantik hält dem Realitätscheck stand.

Beide – EIGELB und EIWEIß – denken auf ihre Art, dass sie diesen Gipfel mit einem anderen Partner nicht erklimmen können. Beide glauben, dass der andere etwas hat, was ihm selbst fehlt. Das

EIGELB sucht SEX, obwohl es aus purem SEX besteht. Das EIWEIß sucht LIEBE, obwohl es LIEBE ist. *Beide suchen sich selbst im anderen, weil sie sich verloren haben.* Sie suchen die verlorenen Anteile der Anima (innere Frau) und die verlorenen Anteile des Animus (innerer Mann) im anderen.

Das männliche Prinzip, der Animus, symbolisiert immer den Sex, es dringt ein, es befruchtet und sucht nach mehr Sex. Das weibliche Prinzip, die Anima, symbolisiert die Liebe, es öffnet sich, gibt sich hin, lässt sich befruchten und sucht nach mehr Liebe. Irgendwie scheint es nie genug Liebe oder Sex zu geben. Weil keiner von beiden, weder EIGELB noch EIWEIß, sich bereits vollständig als Sex oder als Liebe erfahren haben. Sie erleben es nur im Beisammensein mit dem anderen Teil. Doch sie erfahren sich noch nicht als SEX und als LIEBE. Sie erfahren sich noch nicht als LEX.

Im Liebeskummer-Spiel spielt das Geschlecht von EIGELB und EIWEIß keine Rolle. Ganz egal, ob das EIGELB weiblich oder männlich ist – es repräsentiert das männliche Prinzip. Es dringt in den Raum, in die LIEBE des EIWEIßes ein, befruchtet es mit der gemeinsamen Sucht, damit das Liebeskummer-Spiel seinen Anfang findet. Das EIGELB durchstößt die Dornenhecke, das Jungfernhäutchen des EIWEIßes. Es ist das EIGELB, das den Anfang macht. Mit einem Blick, einer Geste, einem Spruch.

Das weibliche oder männliche EIWEIß symbolisiert das weibliche Prinzip. Es lässt das Eindringen des EIGELBes in Liebe zu, es öffnet sich und lässt sich mit der Sucht anstecken, befruchten. Es ergibt sich dem LEX. Und es erwidert Geste, Blick oder Spruch und willigt in das Spiel ein. Durch LEX wird das Spiel am Laufen gehalten, bis das EIWEIß sich der Sucht entzieht.

Um die Sucht nach LEX zu beenden, muss EGOn sich an die noch folgende Spielregel 16 halten und sein EGOn-Yoga absolvieren. Wenn EGOn regelmäßig Yoga macht, dann schreitet der Prozess voran. EGOn lässt negative Emotionen endlich zu, entsagt dem Wollen und dient dem großen Ganzen. Er dient OCTOPUSSY und erinnert sich Schritt für Schritt daran, dass er selbst OCTOPUSSY = Seele ist.

**Heilung für das EIGELB:** Das EIGELB heilt, wenn es ehrlich ausspricht, was es beim Sex empfunden hat. Mit welchem Partner es auch gerade sein Bettchen teilt. Es heilt, wenn es aufhört, die Verantwortung für das Erlebte zu übernehmen. Es heilt, wenn es sich selbst als puren Sex erkennt.

**Heilung für das EIWEIß:** Das EIWEIß heilt, wenn es ausspricht, welche Sehnsucht es nach gelebter Liebe hat. Und wenn es jene Partner aussortiert, die nicht zu dieser Sehnsucht passen. Das EIWEIß heilt, wenn es aufhört, sich in einer Fata Morgana zu verlieren. Es heilt, wenn es die Freundschaft plus mit sich selbst endlich zu Liebe wandelt. Weil es mehr und mehr erkennt, dass es pure Liebe ist.

## NÄHE & DISTANZ

Das EIGELB darf lernen, in der Nähe von anderen bei sich zu bleiben.

Das EIWEIß darf lernen, in der Distanz zu anderen bei sich zu bleiben.

Das EIGELB kennt die Bedürfnisse der anderen Menschen gut. Man könnte sagen, es riecht sie 100 km gegen den Wind. Es wurde zur Bedürfniserfüllungsmaschine abgerichtet. Vielleicht als ältestes Geschwisterkind oder als Handlanger oder Ersatz eines Elternteils. So hat das EIGELB früh gelernt, die Bedürfnisse anderer Menschen zu erraten, bevor sie ausgesprochen wurden, ja sogar BEVOR das Gegenüber selbst etwas von seinen Bedürfnissen ahnte. Man könnte denken, dass das EIGELB uneigennützig in seinem Dienst an den anderen sei. Doch so ist es keinesfalls, denn es bekam und bekommt Anerkennung und NÄHE der anderen, wenn es die Bedürfnisse seiner Mitmenschen errät und sie erfüllt. Das EIGELB wird für sein Talent bewundert. Auf irgendeine Art geht die Rechnung für das EIGELB auf. Dieser Umstand ist dem EIGELB meist nicht bewusst. Es wirkt fast bescheiden. Und so tappt es im Dunkeln einer Mutter-Theresa-Existenz, BIS IHM DAS EIWEIß BEGEGNET. Sein ganzes, bisheriges Leben war das EIGELB immer bereit. Ob Chef, ob Frau, ob Kinder. Das EIGELB ist überall sofort zur Stelle und macht seinen Job als Bedürfnis-Experte so richtig gut. Nur ein Bedürfnis kennt das EIGELB nicht: sein eigenes. In der Nähe seiner Liebsten kann das EIGELB seine Bedürfnisse nämlich nicht spüren. Es spürt, was andere von ihm wollen, doch seine eigenen Bedürfnisse spürt das EIGELB in Anwesenheit der anderen nicht.

Manchmal denkt das EIGELB, dass es gar keine Bedürfnisse hat.

Denn schließlich ist immer jemand da, der nach dem EIGELB ruft.

DAS EIGELB BEGEGNET SEINEN EIGENEN BEDÜRFNISSEN ZUM ERSTEN MAL IN DER BEGEGNUNG MIT DEM EIWEIß.

Nun wird der Spieß herumgedreht und das EIWEIß übernimmt den Job des Bedürfnis-(S)Experten. Es befriedigt jedes geheime Bedürfnis des EIGELBS und das ist dem EIGELB neu. Es fühlt sich gut dabei.

In der Begegnung mit seinem EIWEIß wird dem EIGELB bittersüß bewusst, welche Bedürfnisse es hat, und dass es in seinem Leben keinen Platz für deren Erfüllung gibt. Es erkennt, WIE SEHR ES SICH NACH ECHTER NÄHE SEHNT, OHNE ETWAS DAFÜR TUN ZU MÜSSEN. Das EIWEIß erfüllt ihm diesen Wunsch, das EIGELB muss (vorerst) NICHTS dafür tun.

Doch irgendwo liegt der Hase schon im Pfeffer. Denn das EIWEIß fängt an, vom EIGELB eine Beziehung einzufordern oder mehr Zeit, mehr Verbindlichkeit, mehr Nähe. Das EIGELB gibt just und meist unbewusst in dem Moment Fersengeld, indem es etwas für die Bedürfniserfüllung tun soll. Es spürt plötzlich die altbekannte BEDÜRFTIGKEIT. Seine EIGENE. Die seines EIWEIßES.

Das EIGELB versteht, dass es diesen Deal nicht akzeptieren kann. Es versteht, dass es darum geht, sein Leben Schritt für Schritt zu verändern. Würde es den EIWEIß-Wunsch nach Beziehung erfüllen, würde das EIGELB die Erfahrungen seines Lebens wiederholen. Dieses Preisgeld ist dem EIGELB viel zu hoch. Denn es kapiert, dass es seinem EIWEIß damit nicht dient. Das EIGELB liebt sein EIWEIß und zieht sich lieber aus der Affäre.

Das EIWEIß hatte als Kind auch oft Verantwortung zu übernehmen. Es ging ihm dabei nicht unbedingt besser als seinem EIGELB. Wenn das EIWEIß tat, was von ihm verlangt wurde, dann bekam es dafür Lob und Anerkennung und Liebe. Während das EIGELB aber zusätzlich darauf getrimmt wurde, Gefühle zu unterdrücken und stark zu sein, brachte das EIWEIß seine Gefühle nach außen, wenn es traurig war, wenn die Harmonie zerstört, wenn es gerade keine Nähe zu seinen Lieblingsmenschen hatte. Es drückte Gefühle und Enttäuschung meistens aus. Manches EIWEIß bettelte, manches EIWEIß ging ins Drama. Es beobachtete dabei genau, ob der Ausdruck seiner Emotionen beim Gegenüber etwas bewirkte. Wenn nicht, passte das EIWEIß seine Emotionen an, bis es dachte, dass es sie TATSÄCHLICH fühlen würde. Manches EIWEIß wurde im schnellen Ausdruck der Emotionen geradezu virtuos, wie ein Chamäleon, wie ein Schauspieler, ohne zu bemerken, dass es nicht fühlt, sondern die Gefühle spielt. Während das EIGELB lernte, Distanz auszuhalten, übte das EIWEIß sich in der Disziplin, sich Nähe zu verdienen. Es lehnte Disharmonie und Trennung ab. Und so kommt das EIWEIß bis heute mit Konfliktsituationen meist überhaupt nicht klar. Es WILL Harmonie. Es WILL FRIEDEN. Es WILL zurück in seine Oase.

Während das heranwachsende EIGELB seine Bedürfnisse mehr und mehr vergaß, wurden die Bedürfnisse des pubertierenden EIWEIß immer lauter. Das EIWEIß suchte verstärkt nach Situationen, in denen es sich in den Mittelpunkt stellen konnte. Es suchte mehr und mehr nach Momenten, in denen sein Bedürfnis nach Anerkennung gestillt wurde.

Als das EIWEIß zum ersten Mal auf sein EIGELB traf, erfüllte es die Bedürfnisse des EIGELBs völlig bedingungslos. Denn das EIGELB erfüllte die Bedürfnisse des EIWEIßes bedingungslos. Doch bereits nach einer kurzen Phase des Glücks begann das EIGELB damit, DISTANZ zu seinem EIWEIß aufzubauen. DISTANZ, die für EIWEIß-EGOn Trennung und Disharmonie bedeuteten. Und wieder mal zeigte sich Softwarefehler 404, die Sirene heulte und das EIWEIß tappte in die Falle der Bedürftigkeit. Von diesem Zeitpunkt an handelte das EIWEIß nicht mehr echt. Es versuchte mit aller Kraft, sein EIGELB zu manipulieren, so, wie es das in seinem bisherigen Leben immer mit anderen Menschen getan hatte. EIWEIß-EGOn WOLLTE Nähe. Doch diese Nähe würde er vom EIGELB-EGOn nicht kriegen. Nicht, solange EIWEIß-EGOn diese Nähe braucht.

**Heilung für das EIGELB:** Das EIGELB muss lernen, seine Bedürfnisse über die Bedürfnisse eines anderen zu stellen, um sich in der *Nähe* eines anderen selbst fühlen zu können. Das EIGELB muss sich und seine Bedürfnisse WICHTIG nehmen. Zum Beispiel könnte es damit anfangen, körperliche Bedürfnisse zu fühlen. Habe ich Hunger, Durst? Muss ich aufs Klo? Habe ich gerade Lust auf Sex? Will ich schlafen?

**Heilung für das EIWEIß:** Das EIWEIß muss lernen, die Bedürfnisse eines anderen zu respektieren und wichtig zu nehmen, um bei Distanz und Disharmonie, also *in Abwesenheit eines anderen* bei sich selbst bleiben zu können. Das EIWEIß könnte sich fragen: Welche Bedürfnisse versucht sich mein EIGELB zu erfüllen, wenn es sich vor mir zurückzieht?

# EINMISCHUNG & NEUTRALITÄT

Das EIGELB verhält sich neutral.

Das EIWEIß mischt sich ein.

Wenn EIGELB und EIWEIß sich begegnen, beschäftigen sie sich zuallererst mit sich selbst. Sie befinden sich auf ihrer ganz eigenen Insel, die sich früher oder später als Illusion entpuppt.

Auf PARADISE EI-LAND tun Robinson (EIGELB) und Freitag (EIWEIß) so, als gäbe es nichts anderes als das begehrte Gegenstück. Sie spielen Rührei miteinander und vergessen Hahn und Henne, ihr Nest und den Sprung, den ihre Schale hat. Aktuelle Beziehungspartner zählen nicht. Weder der eigene noch der des anderen, falls es den gibt. Kinder, Haustiere, Lebensweisen, Hobbys, Konsumverhalten des anderen: alles egal. Alles, was zählt, ist JETZT.

Doch irgendwann legt das Traumschiff wieder ab. PARADISE-EI-LAND träumt verwaist im Ozean. Das Rührei trennt sich in seine Bestandteile. Jeder fährt heim. Der Alltagsasphalt grüßt unsanft und grau. Das EIGELB zieht sich in den Rest seiner Schale zurück. Das EIWEIß ist am Boden zerstört.

Es verliert sich immer mehr und klagt dem EIGELB – oft vorwurfsvoll – sein Leid. Per E-Mail, Sprachnachricht oder SMS. Denn meist ist das EIGELB für ein Telefongespräch nicht zu haben. Stimme ist viel zu intim. So hält es sich – per Intim-Diät – vom Ozean der Gefühle fern. Inferno kann es gerade gar nicht brauchen. Es bleibt in Sicherheit, auf neutralem Grund, und überlässt das EIWEIß seinem ungeteilten Elend. Dabei ist ihm das EIWEIß keineswegs egal. Das EIGELB kommt jedoch mit der eiweiß'schen Art des Leidens nicht zurecht. Erstens ist das EIGELB oft ein IRONman und kann Schmerz gut kompensieren. Zweitens braucht es die Ruhe nach dem Sturm der Emotionen. Und so weist das EIGELB sein EIWEIß meist stumm oder wortkarg ab.

Das EIGELB hat schon früh gelernt, sich rauszuhalten. Es hat mit sich selbst genug zu tun. Denn weil das EIGELB sich oft nicht richtig spüren kann, muss es seine eigenen Angelegenheiten auf die Reihe bringen. Mehr Verantwortung, als es gerade hat, geht leider nicht. Wenn das EIWEIß sein EIGELB um Rat und Hilfe bittet und EIGELB gerade bei sich ist, dann hilft es – aus einer recht neutralen Position heraus. Das EIGELB hält Sicherheitsabstand zum Problem. Alles, was es in die Nähe zu seinem EIWEIß bringt, ist ihm zu heiß. Deshalb glaubt das EIWEIß, dass es seinem EIGELB überhaupt nicht wichtig ist. Doch das stimmt so nicht. Das EIGELB ist mit sich beschäftigt. Es hat mit seinem Prozess alle Hände voll zu tun. Es sucht nach Lösungen, die es nicht finden kann. Es sucht nach Antworten. Es sucht nach sich selbst. Das EIGELB *braucht* den Abstand zum Problem, es braucht neutralen Boden.

Das EIWEIß mischt sich dafür ständig ein. Anstatt seine eigenen Baustellen zu erkennen, seine Lecks zu schließen, kümmert sich das EIWEIß um den Rest der Welt. Es mischt sich ein, um sich gekonnt von sich selbst abzulenken. Das tut es in seinem Job, in der Familie, bei Freunden sowieso. Was bei DREI noch nicht auf der Palme ist, wird zwangstherapiert. Doch beim EIGELB treibt es die Einmischung auf die Spitze. Es sucht bei Tante Google nach

Erfahrungsberichten über Scheidungskinder, die heute glücklicher sind als Kinder von verheirateten Eltern. Es zaubert Statistiken aus dem Hut, dass man bei großer Liebe 20-30 Jahre länger lebt. Es ermahnt das EIGELB, dass Partnerwechsel dauerhaft die Libido schwächen kann. Es schwenkt die Flagge des freien Willens. Es coacht sein EIGELB, wo es kann. Ungefragt, wohlgemerkt.

Das EIWEß sammelt kluge Sprüche: „Folge dem Herzen, bevor die Herzkranzgefäße total verstopfen." Oder: „Irgendwann ist es zu spät für eine heiße Nummer." Das EIWEIß gibt keine Ruhe. Das tut es nicht nur bei seinem EIGELB. Es hat für jedermann ein Tool auf Lager. Es hat für jeden eine Technik, wie man glücklicher und freier wird. Nur bei sich selber fängt das EIWEIß überhaupt nicht an. Es glaubt nur, dass es sich entwickelt. Es mischt sich in andere Angelegenheiten ein und verwickelt sich immer mehr in einem fremden Spiel. Das EIWEIß kennt einfach seine Grenzen nicht. Weil es keine hat, wird es übergriffig. Mit seiner Meinung, mit seiner Liebe, mit seinem ganzen Wesen.

Es muss lernen, *sein* Spiel vom Spiel eines anderen zu unterscheiden (noch folgende Regel 7). Es muss lernen, sich in *sein eigenes* Leben einzumischen, wenn es das Liebeskummer-Spiel meistern möchte. Das macht das EIWEIß, indem es nur dann seine Meinung weitergibt, wenn es um eine Meinung oder einen Rat *gebeten* wird. Wenn das EIWEIß mal wieder einen Treffer eines Schützen (siehe Spielfiguren) spürt, kann es fühlen, welche Wunde dieser Pfeil berührt.

**Heilung für das EIGELB:** Das EIGELB heilt, wenn es in Menschengruppen auf seinen klaren Verstand vertraut. Es wächst, wenn es lernt, sich mit Fragen für das Spiel eines anderen zu interessieren. Damit mischt es sich nicht ein. Es bekundet Interesse und kann lernen, SEINE Farbe zu bekennen.

**Heilung für das EIWEIß:** Das EIWEIß heilt, wenn es lernt, sich aus fremden Angelegenheiten rauszuhalten, bei sich selbst zu bleiben und nur einen Ratschlag zu erteilen, wenn er gefragt und willkommen ist. Das EIWEIß wächst, wenn es aufhört, sich zu solidarisieren, und stattdessen lernt, bei eigener Meinung neutral zu bleiben.

Im Folgenden mache ich dich mit anderen Attraktionen im Liebeskummer-Spiel bekannt.

## Liebeskummer in Raten – oder: Wenn dir der Kellner statt Spaghetti die Pizzareste bringt

Hier geht es um jene Form von Liebeskummer, bei der du dich wie das fünfte Rad am Wagen fühlst. Dein Herzkönig hat vielleicht Frau und Kinder. Vielleicht auch „nur" eine Dauerfreundin. Vielleicht steht er auch auf Frischfleisch – ab und an. Will oder kann sich gerade nicht binden. Nicht binden an dich. Du hoffst, schwelgst in Visionen und kommst nicht los. Hängst am Tropf der Sucht und des Dauerliebeskummers. Jedes Tröpfchen seiner Aufmerksamkeit wird von EGOn gierig aufgesaugt und absorbiert – und reicht doch nie.

Ich möchte dir ein Bild anbieten: Stell dir vor, du kommst in ein Restaurant. Du möchtest gern am Fenster sitzen, doch die Fensterplätze sind alle weg. Da du Hunger hast, gibst du dich mit dem kleinen Tisch zufrieden. Da hinten in der Ecke, gleich neben dem Klo. Der Kellner bringt die Speisekarte, lächelt dich an, es scheint, als hätte er nur Augen für dich. Fühlt sich so gut an. Und dieses Lächeln. Du bist hin und weg, bestellst. Spaghetti Napoli. Dann ist der Kellner wieder weg. Er kommt auch nicht zurück. Nach einer Weile rufst du ihn, du winkst nach ihm, versuchst ihm klarzumachen, dass du nach vielen Stunden noch immer kein Essen hast. Doch er kommt nicht. Er bedient die anderen, die lächelnd in ihre Pizza beißen. Nur du kommst nicht dran.

Da, endlich kommt der Kellner. Er strahlt dich an und du vergibst ihm. Bei diesem, Lächeln. Er stellt den Teller ab und entschwindet. Er hat dir keine Spaghetti Napoli gebracht. Es sind die Pizzareste der Gäste des Nachbartischs. Die harten Ränder, die übrig geblieben sind.

Du magst keine Pizza. Erst recht magst du keine Pizzaränder. Doch du isst. Des Lächelns wegen, das der Kellner für dich übrig hatte. Das wäre nicht weiter dramatisch. Doch du kehrst täglich in dieses Restaurant zurück. Immer noch bekommst du keinen Fensterplatz. Immer noch sitzt du in der kleinen dunklen Ecke neben dem Klo. Immer noch bekommst du Pizzakanten. Immer noch bist du hungrig. Immer noch gibst du dich zufrieden. Mit Resten, die sonst niemand will.

**Warum?**

Warum gibst du dich zufrieden – mit ein paar Kanten Pizza, serviert mit einem flüchtigen Lächeln und einem tiefen Blick? Warum betäubst du deinen Hunger und deine Träume mit einem Grappa, den der Kellner dir mit einem „Sorry“ spendiert? Warum bleibst du in der dunklen Ecke sitzen, bis alle Stühle hochgestellt und die Musik verklungen ist? Warum um alles in der Welt gibst du dich mit weniger als nichts zufrieden? Warum stellst du dein königliches Licht unter einen Scheffel? Warum glaubst du noch immer, dass das die große Liebe ist?

**Gibt es eine Möglichkeit, das Blatt zu wenden? Gibt es eine Möglichkeit, die Pizzareste gegen Spaghetti einzutauschen?**

Manchmal gibt es die. Wenn du durch die Hölle gehst. Wenn du bereit bist, durch die Hölle deiner Angst zu gehen. Wenn du bereit bist, deinen Frust herauszulassen und damit Hausverbot in deinem Lieblingsrestaurant zu riskieren. Wenn du bereit bist auszusprechen, WAS DU WIRKLICH FÜHLST. Bist du dazu bereit? Dann tue Folgendes:

1. Bitte um ein Gespräch mit dem Kellner.

2. Sprich alles aus, was das Verhalten des Kellners, also deines Herzallerliebsten, mit dir macht.

3. Sprich hemmungslos und offen über deine Gefühle.

4. Übernimm die Verantwortung für deine Gefühle, für deine Grenzen und für dein Verhalten, diese Grenzen nicht geschützt zu haben.

5. Sag dem Kellner, was du brauchst, was deinen Hunger stillt und dass du darauf bestehst.

6. Wenn er nicht bereit ist, dir zu geben, was du brauchst, dann verlasse das Restaurant. Verlasse die Beziehung, die für dich keine ist.

7. Stehe unbedingt zu dir. Sonst bleibst du in der Dauerschleife der Pizzareste hängen.

Manchmal braucht es Zeit, bis ein Kellner zur Besinnung kommt. Bis er sich über seine Gefühle klargeworden ist und drüber, OB ER DIESE GEFÜHLE IN EINER BEZIEHUNG MIT DIR LEBEN MÖCHTE. Manchmal nützt alle Zeit der Welt einfach nichts. Finde es heraus.

Wenn du in der Dauerschleife der Pizzareste hängenbleibst, dann kämpfst du gegen den Lebensplan. Dann kämpfst du gegen ein Abenteuer deiner Heldenreise. Du kämpfst dagegen an, dass es keine Hoffnung auf eine Beziehung mit dem Kellner gibt. Meisterst du das Abenteuer nicht, wird es in deinem Lebensplan nicht weitergehen. Die Szene deines Filmes wird sich wiederholen.

Regisseur OCTOPUSSY besteht darauf, dass du die Szene spielst, bis sie sitzt. Denn OCTOPUSSY ist in deinem Körper inkarniert, um zu fühlen. UM ALLES ZU FÜHLEN. Sie hat dich für diesen Film gecastet und du hast zugestimmt. OCTOPUSSY schmeißt dich auch bei schlechter Schauspielleistung nicht aus der Verfilmung raus, so etwas tut sie nicht. Doch sie besteht darauf, dass du DEINE ROLLE spielst, als wolltest du einen Oscar dafür gewinnen. Als ginge es um dein Leben. Sie will, dass du durch die Hölle gehst, wenn es im Drehbuch steht, weil OCTOPUSSY nur durch dich – in Form von EGOn – die Hölle fühlen kann. Und solange du das nicht tust, wird sie dich immer wieder durch die gleiche Szene schicken. EGOn muss den

Kreuzweg gehen. Er muss fühlen, was er nicht fühlen will. Eines Tages muss er Error 404 überwinden.

## Seelenpartner @work

Hier bist du echt herausgefordert. Was tust du, wenn dir dein Herzkönig täglich während der Arbeit begegnet? Was hat sich OCTOPUSSY hier nur ausgedacht?

Ich schreibe von der Affäre, die nicht oder sehr selten in eine Beziehung führt. Und dennoch: Du hast das Objekt deiner Begierde an jedem Arbeitstag vor der Nase. Vielleicht ist es ein Kollege. Vielleicht dein Chef. Mal wirst du angelächelt. Mal wirst du kaltgestellt. Mal wirst du hofiert, mal lehnt er dich mit Worten oder Gesten ab. Tagtäglich erlebst du ein Wechselbad der Gefühle. Ganz egal, ob dein Herzkönig frei oder gebunden ist, dieser Seelenpartner triggert dich.

Klingelt es? *Das* ist der Grund, warum OCTOPUSSY sich diese Szene ausgedacht hat. Rauf und runter – auf der Achterbahn der Emotionen. Das Hoch der Hoffnung, dann wieder das tiefe Tal der Ohnmacht. Die Seele jauchzt vor Freude. Zwei EGOns drücken sich die Knöpfe und produzieren dabei hoffentlich VIEL Gefühl. Das kann eine ganze Zeit lang so weitergehen. Wie gehst du damit um?

Kommt ganz darauf an, wie lange du mit deinem Schwarm schon in der Pfanne liegst. Ist es ganz frisch? Dann lass dich zuallererst darauf ein, wenn dir danach ist. Unterdrücke deine Impulse nicht. Beobachte deine Erwartungen und das, was du von deinem Herzkönig bekommst. Koste die Höhen UND die Tiefen aus. Denn darum geht es. OCTOPUSSY will ALLES fühlen. Um sich zu erfahren.

Frage deinen Schwarm, was er von dir will. Sprich aus, was du von ihm willst. Packe alles auf den Tisch. Klarheit – wenn du sie kriegst – bringt dich auf alle Fälle weiter.

Steckst du schon seit Monaten oder Jahren in der Affäre mittendrin? Dann wird es für einen Realitätscheck höchste Zeit. Wenn du eine Beziehung willst, dann werde dir klar, WAS FÜR EINE Beziehung du dir in deinem Leben wünschst.

## Der Realitäts-Check deiner Beziehung

Mach's wie beim Backen. Wenn du einen Hefe-Apfel-Streusel-Kuchen backen möchtest, dann brauchst du Äpfel, Mehl, Hefe, Wasser, Zucker, Butter.

Die Sorte deines Kuchens bestimmt die Zutaten.

1. Notiere die Beziehungs-Sorte, die du dir wünschst: Affäre? Lebensgemeinschaft? Freundschaft Plus? Liaison mit Bewusstseinshefe – all emotions included?

2. Welche Zutaten brauchst du konkret für deine Beziehung? Notiere gewünschte gemeinsame Aktivitäten, Form und Häufigkeit der Kommunikation, Qualität und Quantität von Sex, angestrebte Zukunftspläne, gemeinsamer und/oder getrennter Freundeskreis?

3. Überprüfe, ob du alle Zutaten hast, um dir diese Beziehung zu backen, die du haben willst. Wenn nicht, dann schreib ehrlich auf, an welchen Zutaten es gerade fehlt. Sind es nur die Äpfel? Oder fehlen sogar Mehl, Butter, Zucker?

4. Wenn du weißt, was dir an Zutaten fehlt, dann überprüfe, ob dein Herzkönig @work diese Zutaten beisteuern will. Wenn nicht, dann akzeptiere. Akzeptiere, dass dies niemals jener Beziehungskuchen wird, auf den du Appetit hast.

5. Fühle, was dieser Umstand mit dir macht. Fühle die Illusion, in der du lebst. Fühle die Ohnmacht, dass du mit diesem Herzkönig nicht backen kannst, was dir schmeckt. Fühle immer wieder, OHNE dabei zu bewerten. Nimm es an, wie es gerade ist.

Checke ab sofort an jedem Tag dein Beziehungsrezept, wenn du das Objekt deiner Begierde siehst. Das bringt dich mehr und mehr in das Bewusstsein, das du brauchst, um deinen nächsten Schritt zu gehen.

**Behindert ein Herzkönig@work den Kreuzweg von EGOn?**

Wenn du seit Jahren mit diesem Menschen zusammenarbeitest und es nicht schaffst, dich aus dieser Affäre oder von der Illusion an ein Happy End zu lösen, dann fragst du dich vielleicht:

MUSS ICH MEINEN JOB KÜNDIGEN?

MUSS ICH MICH RÄUMLICH VON MEINEM SCHWARM LÖSEN?

Pauschal ist das nicht zu sagen. Ich stelle dir hierzu zwei Herzkönig@work-Fragen:

- Gefällt dir der Job, den du machst, so richtig?
- Würdest du dort bleiben, wenn dein Schwarm die Arbeitsstelle wechseln würde?

Wenn die Antwort auf beide Fragen ein klares **JA** ist, dann ist der Arbeitsplatz für dich der richtige. Dann wirst du IN ANWESENHEIT deines Herzkönigs durch das Liebeskummer-Spiel geführt. Es ist nicht der Herzkönig, der dich auf dem Kreuzweg behindert. Es ist die Hoffnung, die EGOn wie eine Flagge in den Himmel hält. Die Hoffnung auf ein Happy End mit diesem Menschen.

Wenn du dich wirklich lösen willst, dann tust du, was ein Anonymer Alkoholiker tut. Du entsagst der Versuchung. Du suchst dir keinen neuen Job, du suchst dir einen neuen Sinn. Weil du weißt, dass die Hoffnung auf ein Happy End mit deinem Schwarm deine Lebensqualität zerstört. Weil du weißt, dass diese Hoffnung dich auf deinem Weg durchs Spiel behindert.

Ein anonymer Alkoholiker sieht an jeder Ecke Alkohol. An der Tanke, im Supermarkt, im Restaurant, bei Freunden. Er lernt, sich in Anwesenheit der Droge immer wieder NEU für seinen Weg ohne Droge zu entscheiden.

Beantwortest du jedoch beide Fragen mit einem NEIN, dann führt DEIN Weg von dieser Arbeitsstelle weg. Bleibst du trotzdem an Arbeitsort und -stelle, dann nagelst du dich fest. Du bleibst auf deinem momentanen Platz auf dem Spielfeld stehen.

Wenn du dir bewusst machst, dass du gerade das Spiel des Herzkönigs spielst, dann schaffst du es vielleicht, dich in seiner Anwesenheit mental und emotional zu entziehen. Du fühlst, was es zu fühlen gibt, doch du springst nicht mehr mit diesem Menschen in die Pfanne. Du bist und bleibst auf Entzug. Und wie es ein Anonymer Alkoholiker tut, macht es Sinn, das dem Herzkönig zu verkünden.

„Lass mich bitte in Ruhe, ich wünsche keinerlei privaten Kontakt mehr mit dir“

Der Kreuzweg beginnt, wenn du deinem Schwarm entsagst. DAS IST DES PUDELS KERN: Es geht darum, bei DIR auf DEINEM Weg zu bleiben. Ganz egal, ob du einen Herzkönig@work oder einen Herzkönig@home als Nachbar hast. Es geht darum, nur noch diesen EINEN BEZIEHUNGSKUCHEN zuzulassen, nachdem du Sehnsucht hast. Näherst du dich deinem Schwarm an, bevor er dir die Art von Beziehung gibt, die dir bekommt, bist du rückfällig geworden. Dann bist du erneut zum Herzkönig-Junkie mutiert. Du stehst im Liebeskummerspiel auf Pause.

## Seelenpartner im Chat-Netz von Social Media, Tinder & Co

Das Leben ist anonym. Das Netz ist anonymer. Ich habe immer öfter mit Klienten zu tun, die sich im Netz verlieben. Sie verlieben sich und leiden, obwohl sie das vermeintliche EIGELB überhaupt noch nicht gesehen haben. Ich spreche hier wieder vom EIGELB, weil es sich bei dieser Intensität an Gefühl um deine Dualseele handeln könnte. Seit Wochen und Monaten schreiben sich EIGELB und EIWEIß die

Finger wund. Doch das EIGELB kommt nicht aus der Hose und ein Treffen deshalb nicht zustande. Vielleicht haben beide Bilder getauscht, vielleicht hat das EIGELB anfangs Gedichte und Liebesschwüre gesendet. Doch nun zieht es sich mehr und mehr zurück. Dafür gibt das EIWEIß Gas. Es will das EIGELB aus der Reserve locken.

Worum geht es hier: Angst vor Nähe?

Das EIWEIß, also möglicherweise du, hat Angst vor Nähe, denn sonst würde es sich vom Acker machen, wenn das EIGELB nicht aus der Hose kommt. Es bleibt in einer Situation stecken, in der es nicht kriegt, was es sich wünscht. Das EIWEIß verliebt sich in das GESCHRIEBENE WORT und in ein paar FOTOS. Mit ein bisschen Glück gibt es die ein oder andere Sprachnachricht oder auch ein Telefongespräch.

Meist jedoch ist ein Telefongespräch schon zu intim für das EIGELB. Denn erstens ist ein Telefongespräch spontan. Man kann nicht so lange überlegen, was man sagt. Zweitens werden durch die Stimme mehr Emotionen transportiert. Das EIWEIß, das sich trotz fehlendem realen Kontakt in das EIGELB verliebt, hängt mehr am *Traum von einer Beziehung* als an der Beziehung selbst. Das EIWEIß beamt sich gerne aus der realen Einsamkeit auf die virtuelle Wolke Sieben. Es ist sehr wichtig, das zu verstehen. Wenn du eine Chat-Beziehung unterhältst und nährst, steht dein EGOn auf die Vorstellung von: WAS WÄRE, WENN ES WAHR WERDEN WÜRDE? Doch EGOn ist meist zu feige, die Wahrheit herauszufinden.

## Romantic Scammer

Es gibt professionelle Organisationen, die über Facebook, Instagram, Linkedin und andere Netzwerke nach einsamen Frauen Ausschau halten. Diese Frauen werden mit gestohlenen Bildern und psychologisch-angepassten Texten über Chat und E-Mails eingefangen. Am anderen Ende des Chats sitzt meist ein armer Tropf, der dringend Kohle braucht. Ein armer Tropf mit Fake-Profil. Denn meist ist nichts an diesem Menschen echt, außer der finanziellen Forderung, die oft sehr schnell und auf direktem Wege kommt. Sie kommt, wenn die Frau sich sehnsüchtig wünscht, den Romantic-Scammer zu treffen. Der Romantic-Scammer gaukelt der verliebten Frau  große Probleme vor. Oft sitzt er (nach eigenen Angaben) gerade in einem Militärgefängnis und braucht eine Kaution, um auf freien Fuß zu kommen. Manchmal ist der Sohn, den es nicht gibt, schwer krank und braucht eine Operation. Und ganz zufällig sind die Konten dieses tollen Typen gerade gesperrt.

Vielleicht lachst du und denkst, das kann mir nicht passieren?

Meiner Freundin Anna (Namen geändert) ist es passiert. Sie schickte 60.000 Dollar an einen Mann namens Dave, in den sie sich unsterblich verknallt hatte. Sie hatte Dave nie im realen Leben gesehen. Sie hatte nie einen Face-Time-Call mit ihm. Sie glaubte ihm einfach, was er schrieb.

Das Schlimmste war für sie nicht die finanzielle Pleite. Das Schlimmste war, dass sie ihn einfach nicht sehen oder treffen konnte. Natürlich konnte sie ihn nicht treffen. Weil es den Dave, an dem Annas Herz hing, gar nicht gab. Anna war am Boden zerstört und litt Höllenqualen. Obwohl ich ihr sagte: „Anna, du hast dich in einen Computer verliebt“, wollte sie mir nicht glauben. Anna ist eine taffe Frau. Sie hat ihr Leben stets alleine bestritten, betreibt ein eigenes Geschäft und ist Mutter zweier wundervoller Kinder. Anna ist nicht doof und schon gar nicht naiv. Sie fiel auf die Psychomails herein. Dave gab sich für 29 aus. Seine Fotos zeigten ein spanisches, männliches Fotomodell. Anna ist mittlerweile 50 und ziemlich korpulent. Ihr EGOn war in die Vorstellung verliebt, wie es mit solch einem knackigen Typen als Partner wohl wäre. EGOn war gar nicht daran interessiert, die Wahrheit herauszufinden. Denn diese Wahrheit würde die Vorstellung wie eine Seifenblase platzen lassen. EGOn blieb lieber im Traumland und zahlte einen hohen Preis für diesen Traum. 60.000 Dollar.

Wenn du einen Menschen im Netz kennenlernst, dann versuche, möglichst schnell mit ihm zu telefonieren, am besten per Facetime. So findest du am schnellsten heraus, ob dieser Mensch real ist.

## Liebeskummer bei Tinder & Co

Auf allen gängigen Plattformen tummeln sich Menschen, meist Männer, die sich lieber beim Chatten einen runterholen, als im Real Life mit einem Vorspiel in einem Café anzufangen. Auch chatten sie meist nicht mit nur *ein*er Frau, sondern mit einer ganzen Familienpackung.

Chatten wird für einsame Männer schnell zum Hobby. Computerspiele sind für diesen Typ Mann zu berechenbar. Er spielt lieber bei

Tinder, Love-Scout oder Facebook. Oft sieht solch ein Mann noch sehr gut aus. Ein einsames, weibliches Herz ist dabei eine leichte Beute. Solch eine Lady gibt sehr oft und sehr schnell intime Informationen heraus. Der Mann kennt ihr Schlafzimmer und ihre Sex-Toy-Sammlung, bevor sie seine Augenfarbe kennt. Warum um alles in der Welt? Warum stehen manche Frauen so sehr auf ein Phantom? Und warum merken sie das nicht?

Drei Wochen sind vergangen, seitdem ich dieses Kapitel angefangen habe. Ich konnte es nicht zu Ende schreiben. Mir fehlte das WARUM. Doch gerade eben, als ich dieses Kapitel löschen wollte, hörte ich eine Stimme im Kopfkino, die mich fragte: „Margret, WAS IST DEINER MEINUNG NACH REAL?"

Und die Antwort kam: Real ist für mich das, was ich als real definiere. Real ist für dich das, was du als real definierst. Die Form der Realität ändert sich, weil das Spiel komplexer wird, weil es an Fahrt aufnimmt. Das Leben, das es vor Corona gab, wird es vielleicht in dieser Form nie wieder geben. Kannst du wissen, wie es weitergeht?

Noch vor ein paar Monaten trafen Menschen sich unbeschwert auf einen Drink oder auf einen Kaffee. Die Unbeschwertheit, die es damals gab, ist an vielen Ecken kaum noch zu finden. Die EGONs haben Angst. Viele EGONs bleiben immer noch zu Hause. Sie verlegen ihre sozialen Kontakte nach und nach in die sozialen Netzwerke. EGONs chatten miteinander, wo früher Treffen möglich waren. Sie schicken sich Kuss-Smileys, wo es früher heiße Küsse gab. Bananen-Emoticons stehen für eine Erektion. Per Sprachnachricht flüstert dir dein Liebster was ins Ohr. Und Cybersex funktioniert ganz gut per Zoom. Du glaubst, dass ich übertreibe? Nein. Ich schreibe auf, was ich tagtäglich höre. Für mich ist das ganz klar ein Trend. OCTOPUSSY produziert Emotionen übers World Wide Web. Und EGOn produziert für OCTOPUSSY Gefühl. Und weil es funktioniert, steigt EGOn vom Theater (Realität) immer öfter ins Kopfkino um. Fazit: Kopfkino ist real. Es ist anders real. Doch es ist real.

Der WEIßE HAI des World Wide Webs ist genauso grausam wie der WEIßE HAI, der dich im Theater frisst. Der einzige Grund, warum das passieren kann, ist: Realität ist das, was du als Realität betrachtest. Wenn du einen WWW-Mann an der Angel hast, der sich nicht mit dir treffen will, dann gibt es nur eine Möglichkeit. Beende die World Wide Web-Realität. Chatte nicht mehr, sondern triff dich mit einem Mann, der auf ein Treffen im Theater steht. Mit echtem Blick in die Augen. Definiere, was für DICH Realität bedeutet und lasse keine anderen Kontakte mehr zu.

## Freundschaft Minus

Wenn du wegen einer sogenannten „Freundschaft Plus“ Liebeskummer hast, dann ist das KEINE „Freundschaft-Plus“. Sondern ein Freundschaft-Minus-Dingsbums. Dabei liegt die Betonung auf Bums. Bei Freundschaft Minus geht es nämlich hauptsächlich ums Bumsen, ums Vögeln, um Sex. Das Minus steht für die Freundschaft, die hier nämlich fehlt.

Freundschaft bedeutet, gemeinsam Dinge zu unternehmen, die beiden Freude machen. Zum Beispiel Kino, Vernissagen, Kochkurse,

Spaziergänge, Salsa, Wellness, Fallschirmspringen, Marathonlaufen, einen Tantrakurs besuchen. PLUS das Plus: Sex eben.

Freunde Plus sprechen miteinander, machen sich nach einer tollen Nacht Frühstück und bringen sich den Kaffee ans Bett. Sie sind füreinander da, wenn sie sich nötig haben. Sie sind füreinander erreichbar. Die Investition an Energie ist fifty-fifty. Es fühlt sich GUT an. Aus dieser Freundschaft gibt es einen Energieüberschuss – nämlich das PLUS. Es fehlt einzig und allein das Versprechen auf eine Partnerschaft.

Bei Freundschaft MINUS geht es hauptsächlich um die Dinge, die du nicht kriegst. Du kriegst keine Grillparty mit Freunden, auch kein Kuscheln vor dem Kamin, keine Schneeballschlacht, kein gemeinsames Gassi-Gehen, keinen Badeurlaub, kein Frühstück am Morgen. Meist gibt es noch nicht mal den Morgen danach. Weil sich der Typ bereits vor Mitternacht wie Cinderella auf die Socken macht. Hat er Angst, aus seinem Auto wird ein Kürbis? Hat er Angst, seine Klamotten lösen sich auf?

Noch schlimmer ist es allerdings, wenn du Cinderella bist. Wenn du vor Mitternacht sein Bett verlassen musst, weil er alleine besser schläft. Weil er morgen schon so früh raus muss. Weil er einfach nicht gewohnt ist, jemanden neben sich zu haben. Das Objekt deiner Begierde schmeißt dich raus. Ohne Geld für eine Nummer, bei der du alles gegeben hast. Sogar dein letztes Hemd UND dein letztes Höschen. Viel mehr als Pretty Woman. Du hast geküsst. Du hast gestreichelt. Du hast gekocht. Vielleicht hast du sogar einen Orgasmus vorgetäuscht, damit er weiß, wie GIB er ist. GIB = GUT IM BETT.

Du hast diesem Mann jeden Wunsch erfüllt, von dem er noch nicht mal wusste, dass er ihn hat. Du hast ihm zu Striptease, Rollenspiel, Küssen und der Massage auch noch dein Herz gegeben. Und zum Dank schmeißt er dich raus oder haut einfach ab. Nach der Lustbefriedigung ist er schnell weg und ruft dich noch nicht mal an. Er himmelt dich auch nicht an. Du kriegst keine Blumen zum Geburtstag, keine Schokolade zum Nikolaus und keinen Champagner zu Neujahr. Du kriegst eine SMS: HAST DU JETZT ZEIT? Er ist gerade in deiner Nähe und hat so ganz spontan Lust auf deinen Körper. Deine Seele will er nicht, die ist ihm zu heiß und zu gefährlich. Aber er nimmt dir deinen Abend, deine Pläne, deine kostbare Zeit und deine besten Jahre, wenn du nicht endlich einen Strich durch diese Rechnung machst.

Freundschaft MINUS nimmt dir mehr, als sie dir gibt. Du hast noch nicht mal Freundschaft. Du hast ein MINUS auf dem Lebenskonto. Der Typ ist weg und deine Lebenslust im Keller.

Eine reine Sex-Beziehung ist per se vollkommen in Ordnung. Sie hat große Vorteile, wenn sie klar kommuniziert wird. Doch wenn man(n) dir Freundschaft Plus verkauft und du nur Freundschaft Minus kriegst, dann ist das Unterschlagung. Und das ist strafbar im Liebeskummerspiel.

**Was kannst du tun?**

Mach einen Freundschafts-Etat. Auf der linken Seite notierst du alle Plus, auf der rechten Seite alle Minus. Fang bitte mit dem Minus an. Schreib jedes Minus auf und FÜHLE. Wisse: Du hast ein PLUS verdient. Wenn die Liste fertig ist, nimm sie dir an jedem Tag wieder zur Hand. mache dir bewusst, wo du kostbare Energie verlierst. Nicht etwa, weil dieser Mann sie dir raubt. Nein. Weil du gegen das Minus kämpfst. Weil du es anders haben willst. Du kannst es anders haben. Mit einem anderen Mann, aber eben nicht mit diesem.

Ändere nichts. Mache erstmal weiter wie bisher. Tue es bewusst. Wenn du die Liste sorgfältig studierst und pflegst, wirst du auch im Beisammensein mit deinem Freundschaft-Minus-Mann in vollem Bewusstsein über jedes Minus sein. Du entwächst der Sucht. Du entwächst der Bedürftigkeit. Du entwächst der Opferrolle. Du wirst zu einem EIWEIß mit Selbstwert werden.

## Seelenpartner und Sex on demand

Seelenpartner wollen manchmal nichts weiter von dir, als deinen Körper. Immerhin hast du hier ein ehrliches Freundschaft Minus. Und deshalb gibt es einen Pluspunkt für diese Form der Liebeskummerdisziplin. Dein Seelenpartner sagt dir, dass er dich gerne auf Abruf hat. In schicker Unterwäsche, Netzstrumpfhosen oder Lacklederstiefeln.

Oder im Krankenschwester-Kostüm? Auf alle Fälle sehr verführerisch. Ein Sex-on-Demand-Mann hat meist einen Fetisch. Vielleicht steht er auch auf rosa Kniestrümpfe und Zöpfe? Da du seine „Sexpertin“ bist, wirst du ihm bis zu diesem Zeitpunkt noch jeden Wunsch erfüllen. Dieser Seelenpartner mag dich gerne rund um die Uhr zur Verfügung haben. Wie eine persönliche „Sexretärin“. Kann sein, er ist gereizt, wenn du mal nicht an Ort und Stelle für ein horizontales Abenteuer zur Verfügung stehst. Immerhin: Dein Seelenpartner kommuniziert, was du von ihm kriegst und was du nicht bekommst.

Der WEIßE HAI des Liebeskummers dreht langsam seine Runden, die immer enger werden. Er kommt dir näher, denn du erwartest mehr, als dein Objekt der Begierde auf der Speisekarte hat. Aus Sex soll mindestens „Sexklusivität" werden, also exklusiver Sex nur zwischen ihm und dir. Und wenn die „Sexklusivität" sitzt, dann könnte man doch mal was miteinander unternehmen. Ein Hotelzimmer für zwei, ein Candlelight-Dinner beim Nobelitaliener, ein Flug über New York. Vielleicht noch ein Musical. Tarzan und Jane? Doch diese Seifenblase platzt. Denn anstatt Tarzan und Jane heißt es wieder: Bei Anruf SEX. Höre genau zu, was dein Seelenpartner dir erzählt. Lies hierzu auch Regel Nummer 5: „Steck dir deine Erwartungen in den Arsch."

Das Problem ist Folgendes: Der Sex zwischen euch ist toll. Vielleicht sagt dir dein Sexfreund auch, dass er noch nie solch geilen Sex in seinem Leben hatte. Das kannst du ihm glauben. Er spricht die Wahrheit. Und er ist ein Mann. Er kann Sex und Liebe trennen. Das kann er perfekt. Und zwar für immer. Dein Sex-on-Demand-Mann wird nicht süchtig nach dir werden, nur, weil du im Bett immer besser wirst. Das Gegenteil ist sogar der Fall. Er hat höchstens das Gefühl, dass du wegen IHM so gut geworden bist. Er glaubt, er sei dein Herr und Meister. Er glaubt, er hätte dich erschaffen. Vielleicht sagt er das sogar: „Siehst du, wie gut du durch meine Lektionen geworden bist?"

Dein Sex-Seelenpartner fühlt sich gut mit dir. Er hat Vorfreude, wenn er an dich denkt. Er hat Spaß, wenn er mit dir zusammen auf der Matte turnt. Du törnst ihn an. Und er hat Befriedigung und seinen Frieden, wenn er wieder von dir geht. Dabei ist es ganz egal, ob dein Lover Single ist oder ob er eine Frau zu Hause hat. Er kommt zu dir nur wegen dieser einen Sache: SEX.

Mache dir das bewusst und lasse alle bunten Seifenblasen, gefüllt mit Hoffnung, platzen. Nacheinander. Du musst das nicht gleich alles heute tun. Enttäusche dich selbst. Bevor es dein Seelenpartner tut. Alles, was du selber fertigbringst, bringt dich zwar in den Schmerz, aber weniger ins Leid. Der WEIßE HAI des Liebeskummers wird dich fressen, doch er wird dich schnell und gut verdauen.

## Herr und Frau Unerreichbar

Hast du ein EIGELB, das du heimlich liebst? Ein EIGELB, von dem du glaubst, dass es dich heimlich liebt? Du glaubst es, weil sein Blick dich ab und an auf eine Weise streift, die dich in der Tiefe deiner unerfüllten Sehnsucht trifft. Du glaubst es, weil es manchmal lächelt wie aus einer anderen Welt. Du glaubst es, weil EGOn sich verzaubert fühlt. Vielleicht arbeitet ihr im selben Betrieb und trefft euch ab und an in der Kantine, ohne ein Wort dabei zu wechseln. Vielleicht ist das EIGELB Lehrer in der Schule deiner Tochter. Vielleicht triffst du es manchmal im Supermarkt an der Tiefkühltruhe, wo es die XXL-Familienpackungen gibt.

Die meisten meiner EIWEIß-Klienten, die mir von diesem Phänomen berichten, leben in einer Beziehung. Sie leben in einer Partnerschaft, die ihren EGOn längst nicht mehr erfüllt. Doch die Umstände, sich aus der Beziehung zu lösen, sind nicht günstig. Sei es wegen der Kinder oder aus finanziellen Gründen. Das EIGELB-UNERREICH-BAR steckt meist selbst in einer Beziehung. Dabei weiß EIGELB-UN-ERREICHBAR oft nichts vom Traum, den das EIWEIß gerade träumt.

**Wenn du das erlebst, worum geht es dann im Liebeskummer-Spiel?**

Dein EGOn ist frustriert. Er hat eine Weihnachtsliste voll mit Wünschen, die ihm sein Partner-EGOn nicht erfüllt. Partner-EGOn ist erstens nicht der Weihnachtsmann. Zweites weiß er von den Wünschen deines EGOns meistens nichts. Vielleicht sprichst du seit Jahren mit deinem Partner nicht über deine Wünsche? Vielleicht hast du Bedürfnisse, für die du dich nicht einzustehen traust? Vielleicht glaubst du, dein Partner kann sie dir nicht erfüllen? Also verzichtest du auf Realität. Du verzichtest auf Erfüllung im Theater.

EGOn kompensiert das Defizit und projiziert seine unerfüllten Wünsche auf den Schauspieler seiner Träume. EGOn casted einen Menschen aus der Wirklichkeit. Doch der weiß nichts davon. Wenn EGOns geschultes Auge auf ein Exemplar seiner Begierde trifft, beißt er sich gedanklich daran fest. Jetzt kann er träumen. EGOn hat einen Anker bei einem Menschen in der Realität gesetzt.

Ein Blick, ein Lächeln, eine Geste des EIGELB-Unerreichbar reicht, um EIWEIß-EGOn in Verzückung zu versetzen. EGOn VER-liebt sich. Er VER-zerrt die Wirklichkeit. Er trägt die Virtual-Reality- Brille mit rosarotem Filter. EGOn glaubt, zu wissen: *Dieses EIGELB muss einfach seine große Liebe sein.*

Doch im Theater der Realität passiert außer ein paar spontanen Blickkontakten nix. Das geheimnisvolle EIGELB weigert sich, den Wunschtraum des EIWEIßes zu erfüllen. Kein Lächeln. Kein schmachtender Blick. Keine Einladung, keine ersehnte Reaktion.

Das EIWEIß hat auch hierfür eine Erklärung. Es interpretiert, bis sich die Balken biegen. Vielleicht sieht das EIGELB bei einer zufälligen Begegnung ein bisschen traurig aus? Dann glaubt das EIWEIß, die Traurigkeit vom EIGELB habe mit ihm zu tun. Es fragt sich: *Habe ich nicht genug gelächelt? Muss ich das EIGELB vielleicht doch ansprechen und im reinen Wein einschenken? Muss ich ihm* sagen, dass wir Seelenpartner sind?

Das EIWEIß denkt, *es müsse etwas tun*, damit das EIGELB lächeln kann. Das EIWEIß lebt in der Illusion, dass das EIGELB ohne das EIWEIß nicht mehr glücklich werden kann. Das EIWEIß fantasiert und meint, es müsse sich dem EIGELB offenbaren, weil EIGELB-UNERREICHBAR sich nicht traut. Das EIWEIß interpretiert, dass das EIGELB schüchtern, verunsichert und traurig ist. Quatsch mit Soße. EIGELB-UNERREICHBAR zerbricht sich seinen Kopf nicht darüber, WAS DU FÜHLST. EIGELB-UNERREICHBAR lebt sein Leben. Mit Frau oder mit Herrn EIGELB. Oder als Single.

Das EIGELB schmachtet nicht. Würde es schmachten, würde es in die Offensive gehen und es nicht bei einem scheuen Blick belassen. Es würde wissen wollen, woran es bei dir ist. Partner hin – Partner her. Hier geht es nicht um geheime Liebe. Hier geht es um die Beziehung, die du mit dir selber hast.

EIGELB UNERREICHBAR erscheint nämlich dann in deinem Leben, wenn du Träume hast, die für dich gerade unerreichbar sind.

Wären deine Träume jetzt für dich erreichbar, dann würdest du die Beziehung in die Tonne klopfen, die dir nicht gibt, was du dir wünschst. Wenn deine Träume jetzt für dich erreichbar wären, dann wärest du gerne mit DIR ALLEIN, weil du erreichbar für dich selber wärst. Doch das bist du nicht. Dein EGOn ist nicht für sich selber da. Deshalb bleiben deine Wünsche, Träume und Sehnsüchte unerfüllt.

EGOn projiziert volle Kanne weiter auf das EIGELB. EGOn deutet jeden Blick, als folge ihm ein Heiratsantrag auf dem Fuße. EGOn träumt sich weg, in ein Märchen, in dem er sich verliert. EGOn lebt nicht mehr auf der Erde. EGOn spielt nicht mehr im Theater mit. Er weist EIGELB-UNERREICHBAR eine Rolle im Kopfkino zu und ist Zeuge einer schönen Illusion.

**Merke**: Kopfkino wird durch OCTO-GON erzeugt. Du machst es nicht selbst. Doch jetzt, da du diese Zeilen liest, wird dein EGOn wach. Er begreift den Unterschied zwischen Kopfkino und Theater. EGOn weiß, dass es für ihn ein EIGELB-ERREICHBAR im Theater geben wird. Ein EIGELB, das ihn in der Realität zu schätzen weiß, ein EIGELB, das sein Leben mit ihm teilen wird.

**Was tust du nun?**

Wenn du wissen willst, wie EIGELB UNERREICHBAR denkt und fühlt, frag nach. Du könntest sagen: *„HEY EIGELB, ich fühle da eine so unerklärliche Chemie, so als würde ich dich seit Ewigkeiten kennen. Geht es dir auch so? Oder bin ich durchgeknallt? Schieß mal ein Feedback rüber…"*

Nachfragen hilft. Wenn du dich noch nicht traust, dann ist es dafür noch keine Zeit. Macht nichts. Träume ruhig weiter, bis OCTO-GON dir den Impuls gibt, Klarheit zu bekommen.

Andere Möglichkeit:

Vielleicht gibt es noch Hoffnung, frischen Wind und Liebe in deine Partnerschaft zu kriegen? Mach ein Paarcoaching mit deinem Partner, deiner Partnerin. Dabei kommen manchmal ganz tolle Sachen heraus.

## Liebe auf den ersten Fick

Wenn zwei Menschen sich begegnen, sich begehren, sich mit Blicken verschlingen, dass die Klamotten wie welkes Laub vom Baum von ihren Körpern fallen, wenn beide am selben Tag noch auf dem Teppich, der Couch oder in der Kiste landen, dann hast du es mit *Liebe auf den ersten Fick* zu tun. Es kann gutgehen. Das tut es ab und an. Bei dir ist es wahrscheinlich nicht gutgegangen, sonst würdest du dieses Kapitel nicht lesen. Entweder war der erste auch gleich der letzte Fick – oder es ist beim Sex geblieben.

Warum nur tust du das?

So viele wunderbare Frauen verschaffen einem Mann in der ersten Nacht schon Zutritt zum Innenleben ihres Körpers. Sie verschaffen dem Mann Zutritt zu ihrer „Wunde" (Yoni heißt ins Deutsche übersetzt tatsächlich Wunde) und wundern sich, dass der Mann ihnen wehtut. Sie geben sich hin, ohne den anderen überhaupt zu kennen. Sie lassen ihr Königreich von einem Eindringling im Sturm erobern, ausplündern und widerstandslos zerstören. Sie holen den Feind ins Bett, laden den Zerstörer breitbeinig und gutgläubig zu sich ein. Sie fragen nicht, wer er ist. Sie erkunden nicht, welche Absicht er im Schilde führt. Gesichtskontrolle reicht. Sie lassen sich verführen, verwunden und benutzen. Denn wenn der Eindringling nach dem Stelldichein ohne Gruß und Lebewohl bereits einem neuen Abenteuer entgegenreitet, bleibt die Königin meist schwer getroffen und mutterseelenallein zurück.

Sie schämt sich. Sie fühlt sich wertlos und geschändet. Sie fühlt sich ausgelutscht und weggespuckt. Wie ein Kaugummi, der nicht mehr schmeckt.

Ich höre es oft. Viel zu oft. Fast täglich. Und trotzdem gewöhne ich mich nicht daran. Ich gewöhne mich nicht daran, weil jeder einzelne Fall eine ganz eigene Geschichte hat. Eine Geschichte, die sich nach einem Helden, nach einer Heldin sehnt. Nach einer Heldin, die aufsteht, ihren Wert erkennt und sorgsam prüft, ob der Tauschhandel stimmt, bevor sie sich mit allem Drum und Dran in die Lust & Sex-Waagschale wirft.

Kaum ein Mann verliebt sich, nur weil er mit einer Frau in die Kiste springt. Männer verlieben sich in das wertvolle Bild der Frau, das sie von sich selber hat. Sie verlieben sich in den Wert, den dieses Weib erkennen lässt, weil sie sich selbst hegt und pflegt. Weil sie weiß, was gut für sie ist, und weil sie prüft, an WEN sie sich verschenkt. Springt sie nach ein paar Stunden mit dem Kerl schon in die Kiste, denkt sich der Mann, pragmatisch wie er ist, Folgendes:

- ERSTENS – und das wäre noch schmeichelhaft: Diese Frau hat gerne viel Sex.

- ZWEITENS: Diese Frau kriegt sonst niemanden ab.

Egal, ob der Kerl, der sich nach dem Sex nicht bei dir meldet, ERSTENS oder ZWEITENS von dir denkt, er kommt höchstwahrscheinlich nicht zurück. Kommt er zurück, wird maximal Freundschaft Minus oder Sex on Demand daraus. Du fragst, WARUM? Ich sage es dir: Die wenigsten Männer wollen sich – im Fall von ERSTENS – an eine Matratze binden. Genauso wenig stehen sie – im Fall von ZWEITENS – auf eine Frau, die sonst keinen Mann abbekommt. Männer wollen eine Frau, die für jeden Mann *schwer* zu kriegen ist. Denn solch eine Frau gibt ihnen das Gefühl, etwas Besonderes vollbracht zu haben. Männer stehen auf Erfolge, für die sie etwas *leisten* müssen. Männer lieben Abenteuer. Sie lieben die Herausforderung. Sie kaufen nicht Karten für ein Fußballspiel, bei dem der Ausgang schon feststeht. Sie investieren ihr Geld meist nicht in eine sichere Aktie mit 3 % Rendite. Sie investieren einen großen Teil ihres Vermögens manchmal in eine unsichere Aktie mit einer hohen Renditechance. Sie spielen Roulette, sie wetten auf Pferde. Sie lieben das Risiko.

Männer macht es richtig an, dass sie *verlieren* könnten. Umso mehr sie investieren, umso mehr Risiko sie haben, umso besser ist das *Gefühl*. Gewinnen sie dann das Herz der Frau und auch das Schäferstündchen, dann fühlen sie sich reich, beschenkt und wertvoll. Und das macht sie *verliebt* in diese Frau.

Das Aussehen der Frau ist zweitrangig. Ich kenne optisch durchschnittliche Frauen, die den großen Hecht an der Angel haben, weil sie sich wertvoll fühlen und sich auch so zeigen. Ich kenne Frauen mit Modelmaßen und bildschönen Gesichtern, die immer wieder leer ausgehen. Egal, ob Mauerblümchen oder Vamp: Lässt sich die Frau zu schnell ein, werden die meisten Männer einen dieser zwei Gedanken (ERSTENS oder ZWEITENS) denken.

Dem Mann schmeichelt es natürlich, wenn die Frau seine Lust befriedigt und ihm damit Anerkennung schenkt. Doch er wird sich an eine solche Frau nicht binden.

Während der Mann vor dem Sex Oxytocin ausschüttet, fällt der Spiegel dieses Hormons nach dem Schäferstündchen in den Keller. Der Mann wirkt cool, zieht sich an und geht. Die verlassene Königin schüttet jedoch nach dem Sex Oxytocin aus. Die Verliebtheit zum Mann verstärkt sich. Ergo: Der Mann entliebt sich nach dem Sex, die Frau verliebt sich danach noch mehr.

**Das Stammhirn mit seinem limbischen System ist schuld**

Frauen springen viel zu schnell mit einem Mann in die Kiste, weil EGOn wegen seinem limbischen Ständer (das limbische System will Sex) schreit: „Oh ja, nimm mich, nimm mich, mach mir ein Kind, pflanze dich mit mir fort, wir müssen uns vermehren, um die Welt zu retten."

Das limbische System verführt mit seinem Uraltinstinkt die Königin dazu, sich hinzulegen und sich ein Kind machen zu lassen. Denn früher – das ist im Stammhirn als Erinnerung gespeichert – sorgten die Steinzeitmänner für die Frauen, die sie schwängerten. Sie jagten für sie und sie bereiteten eine Höhle für sie vor. Die Zeiten ändern sich allerdings. Heute muss kein Mann mehr bei einer Frau bleiben, nur weil er ihr bei einer heißen Nummer ein paar Milligramm seiner Spermien überlässt. Und so zieht sich der Eindringling nach der Nummer nicht nur aus der Königin zurück, sondern auch aus der Affäre.

**Wie kannst du dein Muster durchbrechen?** Tue *bewusst* noch ein paar Male das gleiche. Lasse dich ein und wisse, dass sich der Eindringling nach Nummer eins, zwei oder drei aus der Affäre zieht. Irgendwann wirst du keinen Spaß mehr daran haben. EGOns Software ist – was diesen Fall betrifft – repariert.

## Das Gänseblümchen-Sonnenblume-Syndrom: wenn Partner auseinander wachsen

Wenn du ein EIGELB UND aktuell noch einen Partner an deiner Seite hast, dann kommt dir dieses Syndrom vielleicht bekannt vor.

Jeder EGOn ist ein ganz eigenes Pflänzchen. Der EIWEIß-EGOn verhält sich oft wie eine Sonnenblume. Er wächst nach oben, möchte mehr erkennen, er sucht den Überblick. Er strebt nach

Selbstverwirklichung. Dabei trifft das ElWElß oft auf Partner, die sich wie Gänseblümchen verhalten. Dazu später noch mehr.

Grundsätzlich ist jede Beziehung ein Entwicklungsbooster. Und ganz besonders dann, wenn für dich etwas NICHT stimmt. Denn nur dann, wenn es in der Beziehung rumort, rumst und stinkt, wird EGOn sich entwickeln müssen.

Ich kenne das Gänseblümchen-Sonnenblumen-Syndrom gut. Lorenz, der Vater meines zweiten Sohnes, lehrte mich, wie man clever Geschäfte macht. Wie man richtig viel Geld verdient. Wie man erfolgreich wird. Er pushte mich, er war nie mit mir zufrieden, er kritisiert mich, wo er konnte. Zu ungeschickt. Zu ängstlich. Zu langsam. Zu faul. Zu arrogant. Zu bescheiden. Nicht bissig genug. Zu doof.

Er verfügte über ein großes Vokabular an beleidigender Kritik. Ich kannte das Gefühl, nicht gut genug zu sein sehr gut von meiner Mutter. Einerseits machte es mir nicht sonderlich viel aus. Andererseits traf es mich, denn ich wünschte mir Anerkennung. Also versuchte ich, BESSER zu werden. „Höher, schneller, weiter" wurde zu meinem stillen Mantra. Und so entwickelte ich mich zu einer Erfolgsmaschine.

In meiner Freizeit interessierte ich mich für Reanimation, Reinkarnation, Nahtoderlebnisse, für Magie und für Tarot. Lorenz lehnte das kategorisch ab. Er bezeichnete mich als abgehoben und durchgeknallt. Ich wollte mehr von dem wissen, was man nicht erklären kann. Er wollte mehr von dem wissen, was man erklären kann. Lorenz interessierte sich für Politik, für Aktien, für Immobilien und für Konsum. Und dafür, wie man erfolgreich Geschäfte macht. Im

Grunde interessierte er sich für die Spiele, die ein Mensch so spielt. Er beschäftigte sich mit dem Gewinn, den man aus den Spielen erzielen konnte. Er suchte nach positiver Energie. Er las gern und viel, er verschluckte Zeilen.

Ich beschäftigte mich mit dem, was hinter dem Spielen steckte. Mich interessierte das WARUM, das DAVOR und das DANACH. Ich wollte wissen, WARUM man erfolgreich Geschäfte macht. Ich las das, was *zwischen* den Zeilen stand.

Lorenz war und blieb der Erde näher und mich zog es Richtung Himmel.

So wuchsen wir Stück für Stück immer weiter auseinander. Ich war nicht besser, weil ich mich für den Überblick, für das große Ganze interessierte. Er war nicht besser, weil er die Details analysierte, weil ihn Profit interessierte. Wir beide waren wertvoll in unserer Art. Wir wuchsen einfach auseinander.

**Die Sonnenblume**

Die (menschliche) Sonnenblume wächst nach oben. Sie trachtet danach, *mehr* zu sehen. Sie strebt danach, ihr Bewusstsein zu erweitern. Vielleicht nennt man sie deshalb auch Gottesauge. An sonnigen Tagen verfolgt ihre Knospe den Lauf der Sonne. Von Ost nach West. Die Sonnenblume verhält sich heliotrop. Die unreifen Sonnenblumen wollen stets ins Licht. Und so wenden sie ihr Köpfchen der Sonne zu. Motiviert vom Licht, wachsen sie schnell. Doch sobald die Sonnenblume einen gewissen Reifegrad erreicht, hat sie keine Lust mehr, sich nach dem Licht zu richten. Keinen Bock mehr auf das ewige Hin und Her. Ost - West. West - Ost. Die gereifte Sonnenblume hat ihre Richtung endlich gefunden. Sie schätzt auch die Dunkelheit, den Sturm, das schlechte Wetter. Vielleicht hat sie deshalb oft einen Partner an der Seite, der sie mit ihren Schatten konfrontiert?

Die gereifte Sonnenblume ist äußerst nahrhaft. Ihre Samen stärken, wenn man sie isst. Besonders dann, wenn man aus ihren Kernen Sprossen zieht. Die Sonnenblume wird eines Tages Nahrung für ein anderes Wesen sein. Und so wächst sie ihrer Bestimmung Tag für Tag entgegen. Sie wächst und entwickelt sich, um anderen Wesen mit ihrer Substanz zu dienen.

**Das Gänseblümchen**

Das Gänseblümchen bleibt in Bodennähe. Auf dem Boden der beweisbaren Tatsachen. So ziert es viele Rasenflächen und Wiesen. Es ist hübsch anzuschauen. Sein Wesen ist robust. Bei Dunkelheit und schlechtem Wetter schließt das Gänseblümchen seine Blüten. Es verschließt sich vor Bedingungen, die ihm nicht dienlich sind. Sein EGOn hält an Softwarefehler 404 fest.

**Das Dilemma zwischen Sonnenblume und Gänseblümchen**

Die Sonnenblume wird immer offener. Das Gänseblümchen bleibt verschlossen. Die Sonnenblume hinterfragt ihren Glauben, lässt neue Meinungen zu, die nebeneinander existieren können. Die Sonnenblume wächst unaufhörlich Richtung Himmel. Das Gänseblümchen bleibt in Bodennähe. Es hält an seinen Überzeugungen und Glaubenssätzen fest. Und so gibt es nur eine Möglichkeit, dass

Sonnenblume und Gänseblümchen zusammenbleiben können: Die Sonnenblume muss den Himmel für die Erde opfern. Sie muss sich beugen. Wenn sich die Sonnenblume jedoch permanent zum Gänseblümchen hinunter beugt, bekommt sie letztlich Rückenschmerzen. Sie hat die Qual der Wahl. Wie wird sie sich entscheiden?

Ich weiß nicht, ob du Gänseblümchen oder Sonnenblume bist. Und es ist auch ganz egal. Beobachte von Zeit zu Zeit, ob du eine Vorliebe für Rücken- oder Nackenschmerzen hast. Ob du als Gänseblümchen an der Seite einer Sonnenblume lebst. Oder ob du als Sonnenblume an der Seite eines Gänseblümchens wächst. Deine Vorliebe für die Blumensorte ist nie das Problem. Es ist die Verrenkung, die EGOn der Vorliebe wegen macht. Es ist das „SICH VERSTELLEN". Meist ohne es zu wissen.

Gänseblümchen mag ich sehr. Die auf der Wiese und die menschlichen. Nur umarmen kann ich das Gänseblümchen nicht mehr lange. Ich kann es jedoch ehren und mich an ihm erfreuen. Denn nur seinetwegen weiß ich, dass ich anders bin. Und seinetwegen beobachte ich den Boden gern.

## Die ewige exklusive Nummer Zwei

Fühlst du dich angesprochen? Und fühlst du dich wie die Nummer Zwei im Leben deines EIGELBs? Bist du eine Königin, die einen König liebt, der schon eine andere Königin an seiner Seite hat? Seit vielen, vielen Jahren? Dann hast du den Status der exklusiven Nummer Zwei.

Dagegen ist nichts einzuwenden. Es kann Vorteile haben, die Nummer Zwei zu sein. Du bleibst von den Dingen verschont, die Nummer EINS zu erledigen hat: Wäsche für das EIGELB waschen, die Toilettenbrille wieder runterklappen, die Fernbedienung suchen, fürs Wochenende Hamsterkäufe erledigen, schlechte Launen ertragen, über Kindererziehung streiten, das Essen aufwärmen, weil das EIGELB Überstunden macht. Das Schlafzimmer mit ihm teilen, in dem nichts mehr läuft außer dem Fernseher und ein paar Pornos im Kopfkino. Da hast du es bei weitem besser.

Klar: Du musst auf gemeinsame Ostertage, Heiligabende und Valentinstage verzichten. Vielleicht auch auf den Hand-in-Hand-Spaziergang durch die Innenstadt. Vielleicht auch auf den Urlaub in den Seychellen. Vielleicht auf Kinder, wenn du (noch) Kinder kriegen willst. Doch mal ganz ehrlich, wer hat schon alles im Liebes-Spiel? Du weißt wenigstens, was du *nicht* kriegst. Dafür hast du ein gutgelauntes Time-Sharing-EIGELB, das seine Potenz voll und ganz bei dir unter Beweis stellt. Es strahlt wie ein Maikäfer, überschüttet dich mit Komplimenten. Es riecht gut und stolziert frisch geduscht und parfümiert wie ein Gockel in deine Arme. Es hebt sich die beste Laune für euer Schäferstündchen auf. Wenn es – wie beschrieben – zwischen euch beiden läuft, dann überlege, ob diese Beziehung nicht perfekt in dein momentanes Leben passt.

Wenn du jedoch an Liebeskummer leidest, wenn du von einer exklusiven Beziehung träumst, dann wirst du das Time-Sharing-EIGELB mit deinen Absichten konfrontieren müssen. Prüfe, ob es bereit ist, sein Leben exklusiv mit dir zu teilen. Sei ehrlich zu dir selbst. Sei ehrlich zu deinem EIGELB. Setze dich der Möglichkeit, Ablehnung zu kassieren, aus. Verstehe, dass es bei deiner tiefsten Sehnsucht um die *Beziehung* geht, die du dir wünschst, nicht um den Körper, mit dem du diese Beziehung hast.

## EIGELB in Form deiner Kinder

Manchmal kommt der WEIßE HAI des Liebeskummers, um dich von deinen Kindern wegzukriegen. Dann bist du eine EIWEIß-Mutter, die EIGELB-Kinder hat. Das EIGELB-Kind, die EIGELB-Kinder ziehen sich Stück für Stück aus deinem Leben zurück. Sie gehen auf Distanz. Sie meiden falsche Nähe. Echte Nähe hält den Rückzug aus. Echte Nähe umarmt jedes Gefühl, das sich in der Begegnung zu den Lieblingsmenschen zeigt. Echte Nähe schließt kein Gefühl mehr aus. Echte Nähe lässt frei. Echte Nähe fühlst du auch in der Distanz zum anderen. Echte Nähe findet zwischen Menschen statt, die in der Nähe bei sich bleiben können. Die Königsdisziplin einer EIWEIß-Mutter heißt Loslassen.

**„Kinder loslassen"**: Zwei Worte, die für manche EIWEIß-Mutter Tod durch Schafott bedeuten. Den Tod jenes Lebens, für das die Mutter den Menschen, der sie einmal war, hingerichtet hat. Und nun soll sie das Gleiche wieder tun. Sie muss die Mutter in sich köpfen. Sie muss jene Mutter köpfen, die ihre Kinder *braucht*, damit sie als Mutter glücklich ist. Tut sie es nicht, kommt der WEIßE HAI des Liebeskummers, um die Kinder von der Mutter zu entbinden. Um die Nabelschnüre durchzubeißen, um die Kinder den Armen der Mutter zu entreißen.

EIWEIß-Mütter machen ihre EIGELB-Kinder zum absoluten Mittelpunkt, zum Lebensinhalt, zur täglichen Ersatzbefriedigung. Sie sprechen in der WIR-Form, so als wären Mutter und Kind noch immer eins. „Wir hatten wieder so schwierige Hausaufgaben. Oder die Mutter hält sich für das Kind: „Da hat er mir doch tatsächlich eine Fünf mit nach Hause gebracht." Äh – hat das Kind die Fünf wirklich DER MUTTER gebracht?

EIWEIß-Müttern fällt es schwer, eine Unterscheidung zwischen sich und dem Kind zu treffen. Sie überschreiten Grenzen und missbrauchen ihre Kinder, ohne es überhaupt zu wissen. Sie wollen in der Tat einfach nur das Beste. Dabei wissen EIWEIß-Mütter nicht, was das Beste für ihre Kinder ist. Die EIWEIß-Mutter glaubt, dass das Beste für sie selbst auch das Beste für ihre Kinder ist. Doch wenn der WEIßE HAI des Liebeskummers kommt, dann ist es das Allerbeste, die Kinder loszulassen. Es wird Zeit. Denn nebst den Kindern muss der sogenannte „Mutter-EGOn" endlich erwachsen werden. Und das kann er nur, wenn er das opfert, was er über alle Maßen liebt: die Nabelschnur zum Kind. In der Mutter-Kind Verbindung nährt die Mutter ab einem gewissen Zeitpunkt nicht das Kind. Die Mutter ernährt sich *vom* Kind und das ist ungesund.

Der Typ Mutter-EGOn nährt sich von der Energie, für seine Kinder DA zu sein. Er braucht die Nabelschnur, um sich *gebraucht* zu fühlen. *Gebraucht zu werden* ist die Droge, nach der dieser EGOn süchtig ist. Durch die Sucht nach dieser Droge findet Missbrauch statt. Wenn Mutter-EGOn für seine Kinder da sein kann, wenn er wichtig ist, wenn er gebraucht wird, wenn er unentbehrlich ist – dann hat Mutter-EGOn seinen Kick. Der Mutter-EGOn ist nicht so selbstlos, wie er sich gibt, denn er kriegt Anerkennung, also Energie für die Dinge, die er für die Familie tut. Der Mutter-EGOn macht sich unentbehrlich. Er pflegt die Nabelschnur und merkt gar nicht, dass er sich von der Familie ernährt.

### Weibliche und männliche Mutter-EGOns

Mutter-EGONs kommen nicht nur bei Müttern vor, sondern auch bei Vätern. Dann übernimmt der Vater nicht seine Rolle als väterlicher Beschützer, sondern er übernimmt die Rolle der mütterlichen Glucke. Ist der Vater in seiner Männlichkeit präsent, dann propagiert er Abnabelung, Loslassen, Aus-dem-Nest-Werfen und Ermutigung der Kinder, ihr Leben in die Hand zu nehmen.

In meiner Ausbildung zur Therapeutin des Familiensystems habe ich Folgendes gelernt. Die Mutter ist in ihrer Rolle bis zum 10. Lebensjahr der Kinder äußerst wichtig. Danach lässt die Mutter die Kinder im besten Falle los und übergibt dem Vater die Regie. Wie kriegen das alleinerziehende Mütter hin? Sie schaffen das, indem sie den männlichen Anteil in sich stärken. Sie kriegen das hin, indem sie Animus, den Vater-EGOn mobilisieren. So kann eine alleinerziehende Mutter für ihr Kind einerseits Mutter und andererseits auch Vater sein.

In meinem Job habe ich es hauptsächlich mit Eiweiß-Müttern zu tun. Sie leiden sehr, wenn Kinder sich aus ihrem Leben lösen. Meist ist die Wahrnehmung dieser Mütter total verzerrt.

Wenn es Zeit fürs Kind ist, sich abzunabeln, können sich folgende Symptome zeigen:

- Das Kind verbringt mehr Zeit mit seinen Freunden.
- Es ruft die Mutter nicht mehr so häufig an.
- Es hat eine Freundin/einen Freund und ist seltener zu Hause.
- Das Kind zieht aus: in eine eigene Wohnung, zum anderen Elternteil oder zu Freundin/Freund.
- Es studiert im Ausland und meldet sich selten.
- ElWEIß-Mutter trennt sich vom Vater der Kinder und die Kinder bleiben beim Vater.
- Der getrennt lebende Vater manipuliert die Kinder und das macht der Mutter Angst.

Was für manche Mütter vollkommen natürlich ist, ist für die ElWEIß-Mutter eine Katastrophe. Vielleicht ist die ElWEIß-Mutter der Kinder wegen bei ihrem Mann geblieben. Vielleicht hat sie der Kinder wegen ihren Job geopfert. Vielleicht hat sie der Kinder wegen ihre Bedürfnisse in den Wind geschossen. Gehen die Kinder, geht scheinbar das ganze Leben dieser Mutter.

Die Mutter ist hilflos, fühlt sich wie ein Junkie auf Entzug. Sie klammert sich an ihren Kindern fest. Sie sucht nach einem Schuldigen. Manchmal versucht sie, den Kindern ein schlechtes Gewissen einzureden. Ganz egal, was die ElWEIß-Mutter versucht: Sie will die Bindung zum Kind auf jeden Fall erhalten. Koste es, was es wolle. Die ElWEIß–Mutter ist sich sicher: Fürs Loslassen ist es noch viel zu früh. Umso mehr sich die Mutter an die Kinder klammert, umso größer wird die Distanz.

Um das Dilemma aufzulösen, muss die ElWEIß-Mutter sich entziehen. Sie muss lernen, das Leben der Kinder auf jeden Fall zu respektieren. Sie muss lernen, ihr Leben zurückzuerobern. Doch bevor das möglich ist, kommt der kalte Entzug.

Ohne Entzug ist keine Heilung möglich. Und für den Entzug kann psychologische Hilfe nötig sein.

## Wenn der WEIßE HAI des Liebeskummers ein geliebtes Tier oder einen Menschen frisst

Der WEIßE HAI hat meine Jacky geholt. Ich hatte keine Chance, sie zu retten. Doch der WEIßE HAI gab mir Zeit für einen langen Abschied. Er bereitete mich vor. Eines nachts wurde ich wach und hörte seine Stimme.

DIE GUTE ZEIT IST NUN VORBEI. JACKY WIRD DEN WINTER NICHT ÜBERLEBEN.

Es war kein Traum. Ich wurde wach und hörte diese Stimme bei vollem Bewusstsein. Sie kam aus meinem Inneren, doch der Klang dieser Stimme war mir nicht vertraut. Er hörte sich blechern an, wie eine rauchige Roboterstimme. Die Information der Stimme ließ mich nicht mehr los.

Ich inhalierte jeden Krümel Zeit, der mir mit Jacky blieb. Sie überlebte noch nicht einmal den Sommer.

An einem Sommertag im Juni – war es Zeit, meine geliebte Jacky loszulassen. LOSLASSEN: Ich konnte mir nichts darunter vorstellen. Ich mochte dieses Wort noch nie. Für mich blieb es eine leere Hülle. Nun hat die Hülle einen Inhalt. Jacky schlief kaum in ihrer letzten Nacht. Sie stand immer wieder auf. Sie glühte, zitterte und ich ahnte, dass ihr kleiner Körper schmerzte. Die Uhr auf meinem Handy zeigte 4.00 Uhr an, als ich wusste, was dieser Tag mir bringen würde. Jacky wollte nicht mehr raus, um Pipi zu machen. Sicher waren es die Schmerzen, weswegen sie nicht laufen wollte. Also trug ich sie auf die satte, kühle Wiese. Nach dem Pipi schaute sie mich erwartungsvoll an. Es war das Leckerli, das es nach dem Pipi immer gab. Sie schlang es in sich hinein. Sie wollte mehr, also gab ich ihr ein zweites Leckerli. Ich wusste ja, dass ihre wundervolle Seele von diesem zweiten kleinen Knochen nicht schwerer wird.

Jacky glühte immer mehr und hechelte, trotz der kühlen Morgenluft. Ich trug sie zurück ins Haus und legte sie in ihren Lieblingssessel. Ich kniete mich auf den Boden, sah sie an und sprach mit ihr. Sanft streichelte ich über ihr weiches Fell und erzählte ihr, dass es für sie nun Zeit wäre, zu reisen. Ich erzählte ihr, dass sie es wäre, die mich nun verlassen müsste, so wie ich sie ein paar Male alleine gelassen hatte. Um Lebensmittel einzukaufen oder zum Arzt zu gehen.

Ich erzählte ihr, dass ich auf unser Wiedersehen warten würde. Geduldig, sanft und voller Gleichmut, so wie sie es tat, wenn ich sie mal alleine ließ. Ich erzählte ihr weiter, dass ich es an meiner Freude und in meinem Herzen spüren würde, wenn dieser Moment gekommen wäre. Der Moment für ein neues Treffen. Solange würde ich warten und mich gedulden. Und ich würde ihre neue Form erkennen.

Dann trug ich sie auf meinen Armen wieder hinunter vors Haus und lief los. Ich joggte ein letztes Mal mit Jacky auf dem Arm. Die Straße entlang bis zu dem Wald, der einen steilen Aufstieg hat. Ich trug sie bis nach oben. Auf einer Lichtung setzte ich sie ab und Jacky lief den Berg mit mir wieder herunter. Sie schnupperte am satten Gras und wedelte dabei mit dem Schwanz. Ein letzter kurzer Spaziergang, zum letzten Mal in diesem Körper.

Wieder zu Hause angekommen gab ich ihr Hanföl. Drei Tropfen, ausnahmsweise. Ich konnte ihre Schmerzen an ihrem Zittern sehen. Ich wartete ein bisschen, bis sich die Wirkung zeigte. Zusammen liefen wir zum Auto. Jacky sprang alleine hinein. Ich schnallte sie auf dem Beifahrersitz an, von dem aus sie mich fixierte. Dann fuhren wir los: nach Aathal, zum Bahnhof. Denn Dr. Christian hat seine Tierarztpraxis in einem kleinen, alten Bahnhofshäuschen. Wir hatten noch genügend Zeit, einander loszulassen. Die Reise dauerte über eine Stunde. Jacky sah mich an. Unentwegt, so, als wollte sie mein Bild in ihrem Herzen eingravieren. Sie sah mich an und ich wusste, dass sie mich immer ansehen würde. Ganz egal, aus welchem Blickwinkel sie auf mich schaute. Aus welcher Welt. Aus welcher Dimension. Jacky liebte Autofahren. Die allererste Autofahrt machte sie mit mir, als ich sie aus Tschechien holte. Damals war sie nicht größer als mein Unterarm vom Ellenbogen bis zum Handgelenk. Nun fuhren wir ein letztes Mal zusammen. Bis zum Bahnhof. Dort musste ich sie übergeben. Damit sie alleine weiterreisen kann. Um ein neues Abenteuer zu erleben. Die Übergabe war sehr sanft. Ich hielt sie in meinen

Armen, bis sie bereit zu gehen war. Sie schaute mir in die Augen. Für ein letztes Lebewohl.

Sie reiste an einem Sommertag davon. Warm, hell, voller Schmetterlinge. Ein Tag, wie Jacky war. Soeben fand ich sie am Himmel wieder. Als Wolke, weil Jacky nun ihre Form nach Lust und Laune verändern kann. Sie ist unter uns. Wenn du sie siehst, wirf einen Stock für sie oder gib ihr ein Leckerli.

**Um welches geliebte Wesen trauerst du?**

Wenn der WEIßE HAI ein geliebtes Wesen unwiederbringlich frisst, wenn der Tod dich von einer Form der Liebe trennt, dann gibt es keine Worte. Ich maße mir nicht an, dir irgendetwas zu raten, denn es gibt keinen Ersatz für ein geliebtes Wesen, das eine Leere in deinem Leben hinterlässt. Es ist immer zu früh. Und auch, wenn es einen hohen Sinn dahinter gibt, es kann Monate oder Jahre dauern, bis dieser Sinn sich dir offenbart.

Liebeskummer spricht vom Leben. Liebeskummer spricht vom Tod.

Er erzählt von der Vorliebe für eine ganz bestimmte Form, in der OCTOPUSSY sich zum Ausdruck bringt, damit du dich in diese Form verliebst. Damit du Liebe fühlst. Ich glaube in der Tat an einen großen, gigantischen Plan. Ich glaube an ein Uhrwerk, in dem Zahnräder ineinandergreifen. Keines ist frei, zu tun oder zu lassen, was es will. Jedes Zahnrad hat sein Schicksal, seine Aufgabe, seinen Plan. Und es hat seine Zeit, in der es dem Uhrwerk dient. Bis es ausgewechselt wird, durch ein neues Zahnrad, das seinen Platz im Uhrwerk einnimmt.

Jacky fehlt. Ihr Körper fehlt. Und dennoch spüre ich ihre Energie hier bei mir. Ich glaube, dass sie immer hier ist, wenn ich an sie denke. Ich glaube, OCTOPUSSY, die ja auch Jacky ist, kann so etwas tun. Vielleicht tröstet dich das, vielleicht auch nicht. Ein Kleid, von dem du dich trennst, ist nur ein Kleid. Ein Körper, von dem ein geliebter Mensch sich trennt, ist nur ein Körper. Er ist Kleid für OCTOPUSSY und OCTOPUSSY wird ohne Körper nicht weniger sein. Sie bleibt. An Ort und Stelle. Sie ist immer bei dir. In nun unsichtbarer Form deines geliebten Wesens. Das glaube ich ganz sicher.

## Eifersucht

Oft scheitern Beziehungen, weil einer der Partner übermäßig eifersüchtig ist. Durch diese Eifersucht engt er seinen Partner ein. Er misstraut, bis die Beziehung zerbricht. Ich glaube:

- Eifersucht ist EGOns Kampf aus Angst vor dem Verlust von Liebe.
- Eifersucht gründet sich auf einen Mangel an Vitamin S, dem Selbstwert.
- Eifersucht ist eine Kinderkrankheit von EGOn.

**Eifersucht ist EGONs Kampf aus Angst vor dem Verlust von Liebe.** Ich war etwa 18 und verknallt in meine erste große Liebe Uwe. Er hatte feuerrote Locken und himmelblaue Augen, surfte wie ein Weltmeister, fuhr Motorrad und hatte unglaublich viele Chancen bei den Weibern. Er wollte mich. Und das zeigte er mir auch. Dennoch fühlte ich Eifersucht, wenn er auch nur kurz mit einer mir Unbekannten sprach.

Es ereignete sich in einer Heavy-Metal-Disco. Wir waren bereits beim Aufbruch, als er sich zu einer hochattraktiven Blondine umdrehte und kurz mit ihr sprach.

Ich kochte. Unvermittelt. Nach 30 Sekunden hatte ich genug gesehen. Ich griff mit beiden Händen in seine roten Locken und zog ihn mit aller Kraft Richtung Ausgang. Dabei schrie und schimpfte ich. Und: ich fühlte mich vollkommen im Recht. Keine Ahnung, wie lange dieser Anfall dauerte. Vielleicht 10 Minuten.

Ich hatte Angst vor dem Verlust von Liebe.

Scheißegal, woher diese Angst auch stammt – es ist EGOn, der vor Verlustangst zittert und wie in meinem Fall in den Angriff geht. Mein EGOn ist ein Kämpfer.

**Bei Eifersucht geht es NIE um die andere Person, den direkten Rivalen.** Denn es wird immer eine andere Person da draußen geben. Das Running-Sushi der Konkurrenz ist groß. Und so kämpft EGOn einen Kampf, den er nicht gewinnen kann. Er kämpft gegen den Verlust, anstatt sich um das Leck zu kümmern. Das Leck im Tank des Selbstwerts.

**Eifersucht gründet sich auf einen Mangel an Vitamin S, an Selbstwert.** Wenn EGOn nicht weiß, wie wertvoll er ist, wie soll EGOn dann glauben, dass ein anderer seinen Wert erkennen kann?

Wir reden von Seele, von WIR SIND ALLE EINS, von einer Welt voller Frieden, von der großen Liebe, von ewiger Harmonie und dem

Schatz am Ende des Regenbogens. Viel BLA BLA – nur um ein Leck zu verstecken. EGOns Vorrat an Vitamin S ist knapp. Sein Tank hat ein Loch. Und so weiß er nichts von seinem S-Wert. Deshalb sucht EGOn Harmonie. Denn in Harmonie geht es ihm ja gut. Da kann er sich sein Leben schönreden. Ein EGOn, der das Chaos surfen kann, ein EGOn, der das Chaos SUCHT, der weiß um seinen Selbstwert. Auch, wenn er ihn nicht immer fühlt. Er fühlt sich nicht mehr verloren.

Konkurrenz raubt EGOn diese Harmonie. Er findet sich im Chaos wieder. Aus Angst, den Geliebten oder die Geliebte zu verlieren.

Fakt ist: Wenn das EIGELB sich für ein anderes EIWEIß entscheidet, dann ist es entweder NICHT DAS RICHTIGE EIGELB FÜR DICH, oder es kennt deinen Wert noch nicht. Und diesen Wert wird es auch nicht kennen, solange DU IHN SELBST NICHT KENNST.

## Eifersucht ist eine Kinderkrankheit von EGOn

Manch EGOn leidet sein Leben lang an der Kinderkrankheit Eifersucht. Er wird einfach nicht erwachsen. EGOn reift nicht, weil ihm die Hilfe von Mutter und von Vater fehlt, den Kinderschuhen zu entwachsen. Mit Mutter und Vater meine ich nicht die leiblichen Eltern. Ich meine Anima und Animus, also die innere Mutter, den inneren Vater. Den zweiten und den dritten Teil von EGOn.

Worum es bei Anima und Animus im Einzelnen geht, findest du im vierten Kapitel bei Spielregel 2 und 3. Dort kannst du anfangen, den Vater und die Mutter in dir Stück für Stück zu füttern und zu stärken. *Denn solange EGOn eifersüchtig ist, solange hat er nicht alle Eltern im Schrank.*

Ist EGOn eifersüchtig, fühlt er sich nicht wertvoll. Wenn er sich nicht wertvoll fühlt, scheint ihm etwas zu FEHLEN. Wenn EGOn glaubt, dass ihm etwas fehlt, SUCHT er es mit EIFER im Außen. Er nagelt den Herzallerliebsten fest. Weil er seinen Wert – wie ein Vampir Blut – dem Partner aussaugt.

Eifersüchtige sind in meinen Augen deshalb Energievampire. Ist der Wirt leergesaugt, stirbt die Beziehung sowieso. EGOn muss den Verlust akzeptieren. EGOn wird eine Entscheidung treffen müssen. Entweder holt er sich die Eltern in den Schrank oder aber er macht munter weiter und erkrankt immer wieder neu an Eifersucht.

# Kapitel 4

# Die Spielregeln, um den Liebeskummer zu beenden

Der wichtigste Teil kommt jetzt. Bisher hast du dich mit den Spielfiguren vertraut gemacht. Du kennst die Spielfelder und die Liebeskummer-Attraktionen. Du kennst mit großer Sicherheit das Spielfeld, auf dem du stehst. Was tust du nun damit? Wie kommst du weiter in deinem Spiel Richtung Ziel und Liebe?

Wende die Regeln an. Nimm dir für die nächsten sechs Monate täglich eine Regel vor. Überprüfe immer wieder, ob du dich daranhältst. Wenn du das fertigbringst, dann wirst du dein Leben in einem halben Jahr nicht mehr wiedererkennen. Du wirst dich, egal wie es dir gerade geht, beseelt und glücklich fühlen. Und vielleicht wirst du bereits in einer wundervollen Liebesbeziehung sein.

## Regel 1: Erwecke den Zuschauer in dir und halte ihn wach

Jedes gute Spiel hat Zuschauer. Computerspiele klammere ich an dieser Stelle aus. Auch dann, wenn du Schach oder „Mensch ärgere dich nicht!" spielst, gibt es mindestens 2 Mitspieler. Während der eine spielt, schaut der andere zu, er beobachtet den Zug des Gegners.

Deine erste Spielregel lautet also: Wecke den Zuschauer in dir drin und halte ihn wach. Nimm dir Regel Nummer eins in den ersten 2 Wochen bitte täglich vor. Diese Regel bringt dich am schnellsten in deinem Spiel voran.

Ich lade dich nun ein, dir vorzustellen, das Leben sei ein Spiel. Und du bist der Held, die Heldin in diesem Spiel. Ein Held mit einem für dich maßgeschneiderten Abenteuer. Ein Abenteuer, bei dem du deine Talente und Stärken entfalten musst, um das zu gewinnen, was dir so sehr am Herzen liegt. Stelle dir jetzt das monströse Spielfeld vor, auf dem du stehst. Fühle das Spielbrett unter deinen Füßen. Denke an deine tiefste Sehnsucht. Denke an das, was du in diesem Spiel gewinnen möchtest. Konzentriere dich für einen intensiven Moment allein auf dieses Ziel. Und dann fühle den Weg. Vielleicht kannst du ihn nicht sehen. Aber du kannst den nächsten Schritt fühlen. Du hast eine Ahnung davon, in welche Richtung sich dein Spiel in Kürze entwickeln wird. Und nun lasse diese Ahnung wieder los. Nun lasse deinen Blick schweifen, bis du vor deinem geistigen Auge die Zuschauerränge am Rande des Spielfelds sehen kannst.

Dort sitzen jede Menge Menschen, auf der einen Seite sitzen deine Fans, auf der anderen Seite sitzen die, die dir deinen Gewinn nicht gönnen. In der Mitte von Fans und Gegnern befindet sich ein Glaskubus. In diesem Glaskubus steht ein Mensch. Von diesem Menschen geht ein ganz besonderes Strahlen aus. Dieser Mensch sieht dir zu. In allem, was du tust. Er registriert jede deiner Bewegungen und jeden Schritt. Während er dich beobachtet, bleibt er fast regungslos und still. Er hat keine Meinung zu deinem Spiel, er schaut dir konzentriert und aufmerksam zu. Dieser Zuschauer sieht so aus, wie du. Er ist dein zweites Ich.

Dieser Zuschauer kann 2 Dinge tun. Er kann dich aus dem Theater heraus betrachten. Dann sieht er nur das, was du gerade tust. Und er kann es aus dem Kino - also aus deinem Innenleben heraus tun. Dann schaut er dir dabei zu, was du denkst, was du fühlst, wie du empfindest und was du willst.

Dieser Zuschauer ist ab sofort dein Verbündeter im Kampf gegen den täglichen Liebeskummer. Er holt dich aus der Opferrolle heraus und unterstützt dich, EGONs Softwarefehler 404 zu beheben.

**Erste Übung im Theater**:

Beschreibe deine von außen sichtbare Situation in der dritten Person. Ich gebe dir ein Beispiel:

Margret sitzt in ihrem Bett. Sie schreibt etwas auf ihrem Laptop. Jetzt reibt sie sich ihre Stirn. Ihre Fingernägel sind rot lackiert. Sie trägt ein schwarzes Tanktop und hat die Haare zu einem Pferdeschwanz gebunden. Margrets Hündin schläft zu ihren Füßen.

In der ersten Übung geht es um eine ganz nüchterne Betrachtungsweise von außen. Wenn du diese Übung absolviert hast, lies sie 3 mal laut vor.

**Zweite Übung im Kino:**

Beschreibe deine innere Situation, deine Gedanken, deine Gefühle, deine Empfindungen in der dritten Person. Also was geht gerade tatsächlich in dir vor? Dein Zuschauer sitzt nun in deinem Kopf- und Herzkino. Um dir die Übung zu erklären, nehme ich jetzt ein Beispiel aus der Zeit, wo ich selber Liebeskummer hatte.

Margret fühlt Verzweiflung. Sie denkt darüber nach, warum sich Nick nun schon seit 2 Tagen nicht meldet. Sie fühlt Angst, sich in ihm getäuscht zu haben. Sie fragt sich, ob sein „Ich liebe dich" nur eine Lüge ist. Margret fühlt sich ausgelaugt und schwach. Sie will am liebsten schlafen. Sie will vergessen. Sie denkt: Wieso meldet er sich nicht? Sie will Nick schreiben. Sie denkt: das ist nicht richtig. Ich laufe ihm nicht hinterher. Sie will zurück in Nicks Arme.

Bei dieser Übung schreibst du nur das auf, was sich in dir abspielt. Also das, was ein Zuschauer von außen nicht erkennen kann. Schreibe jeden Gedanken und jedes Gefühl auf, was dir gerade in den Sinn kommt. Ändere nichts an deinen Aufzeichnungen.

Wenn du alles aufgeschrieben hast, dann lies dir den Text 3 mal laut vor. Es ist auch ratsam, ihn dir als Sprachaufzeichnung immer wieder anzuhören.

**Dritte Übung: Theater und Kino**

Wenn du die erste und zweite Übung ein paar mal gemacht hast, dann kombiniere beide Übungen miteinander. Dein Zuschauer ist mal in dir drin und dann wieder im Theater.

Diese Übung lege ich dir wirklich ans Herz. Denn in ein paar Wochen wird es dir möglich sein, dir IMMER selbst zuzuschauen. In jeder Situation. In jedem Moment. Du brauchst keine Notizen mehr. Dann bist du Spieler und Zuschauer gleichzeitig. Das Zuschauen wird deine Beziehungen auf eine Art und Weise revolutionieren, die du dir jetzt noch gar nicht vorstellen kannst.

Ich habe am Anfang des Buches darüber gesprochen, dass es nicht darum geht, neue Techniken zu erlernen, sondern alte Techniken und Verhaltensweisen wegzulassen.

Wenn du in der Lage bist, dir in jedem Moment selbst beim Spielen zuzuschauen, dann wirst du automatisch all das weglassen, was dich jetzt noch behindert.

**Was bedeutet Regel 1 für deinen Liebeskummer:**

Durch sachliches Zuschauen verschwindet Leid. Denn wenn du dir selbst zusiehst, kommst du vom Leid ins Fühlen.

## Regel 2: Wecke Animus, deinen inneren Vater – schalte die Birne ein

Starker Animus + starke Anima = glückliches inneres Kind

Regel 2 und 3 befähigen dich, dich um dein inneres Kind zu kümmern. Ist dein inneres Kind glücklich, dann ist EGOn glücklich. Denn EGOn befindet sich die meiste Zeit im Modus des verwundeten, verwahrlosten inneren Kindes. Dieses innere Kind muss umsorgt und erzogen werden. Nur dann kann EGOn seinen Softwarefehler 404 beheben und das Potenzial seines genialen Programmes voll ausschöpfen. Und du kannst die Liebesbeziehung leben, die du dir wünschst.

Damit dein inneres Kind glücklich und erwachsen werden kann, braucht es Eltern: Anima und Animus. Und um den Animus geht es hier in Regel Nummer 2.

Es gibt Mitspieler, die leiden scheinbar viel im Liebeskummerspiel: Nennen wir sie doch einfach SPIELER-MIT-LEID. Und es gibt Mitspieler, die leiden scheinbar wenig: Nennen wir sie doch einfach SPIELER-OHNE-LEID. Ich schreibe „scheinbar", weil manches Leid durch Verdrängung nicht ersichtlich ist.

Die OHNE-LEID-SPIELER haben eine größere Portion Nüchternheit im Blut. Sie fühlen – denken dabei jedoch nicht sonderlich über ihre Gefühle nach. Du erkennst sie an Sätzen wie:

„Es ist, wie es eben ist."

„Es lohnt sich nicht, sich darüber aufzuregen."

„Lass uns an die Arbeit gehen."

„Glücklich ist, wer vergisst, was doch nicht zu ändern ist."

Von diesen Mitspielern kannst du lernen. Sie haben Animus erweckt, der von folgenden Göttern unterstützt wird:

- Gott der Grenzen
- Gott des Fokus'

- Gott der Entscheidung
- Gott der Unterscheidungen
- Gott der Durchsetzung
- Gott der Verantwortung
- Gott der emotionalen Stabilität
- Gott des NEIN
- Gott des Pragmatismus
- Gott des Aufforderns
- Gott der Bestätigung
- Sexgott

All diese Götter wirst du für dich selber brauchen, bevor es dir möglich ist, deinen Spieleinsatz zu tätigen. Bevor es dir möglich ist, dein Herz aufs Spielfeld zu schmeißen. Solange du bedürftig bist, kannst du diesen Einsatz nicht erbringen. Deshalb trainiere den Animus, den KÖNIG in DIR. Ein starker innerer König zieht einen König im Außen an. Wir gehen gemeinsam nun noch einmal in dein Ex-Lieblingsrestaurant. Und wir beobachten, wie Animus dich dort unterstützt.

**Gott der Grenzen:**

Hast du diesen Gott integriert, dann machst du dem Opferitis-Syndrom ein Ende. Du bist nämlich nicht das Opfer in diesem Spiel. Du bist ein Schauspieler von OCTOPUSSY, der voll und ganz seine Rolle spielt, aber ab sofort nicht mehr darüber jammert. So setzt du dem Opfer in dir Grenzen und steckst dir dein Selbstmitleid in den Arsch. Wenn der Gott der Grenzen EGOn in das Restaurant begleitet, dann wird er dem Kellner eine Grenze setzen, die Konsequenzen hat.

Er wird zum Beispiel sagen: Wenn Sie mir in 10 Minuten meine Spaghetti nicht bringen, dann rede ich mit Ihrem Chef.

Übung: Denke an dein wichtigstes Problem. Notiere, wo deine Grenze ist. Denk dir eine Konsequenz aus, wenn deine Grenze überschritten wird.

**Gott des Fokus:**

Du bist hier, um DEIN Spiel zu spielen. Mit dem Gott des Fokus bleibst du in Zukunft konzentriert auf DEINEM WEG durchs Spiel. Du lässt dich weniger von deinem EIGELB oder einem anderen Verführer vom Weg abbringen. Rotkäppchen und der böse Wolf waren gestern. Du bist auf dem Weg zur Großmutter.

Großmutter. Großmutter. Großmutter...

Übung: Was ist dein höchstes Ziel? Hängt es von der Entscheidung eines anderen Menschen ab? Dann wähle ein Ziel, dass du ohne Zustimmung eines anderen Menschen erreichen kannst.

**Gott der Entscheidungen:**

Links oder rechts? Nach vorne oder zurück? Kämpfen oder ergeben? Im Spiel musst du blitzschnell entscheiden. Hier geht es nicht um einen schnellen Kick (oder Fick), hier geht es um dein langfristiges Glück. Triffst du dich noch einmal mit dem Kellner aus deinem Ex-Lieblingsrestaurant? Lässt du es lieber sein? Der Gott der Entscheidungen orientiert sich an deiner tiefsten Sehnsucht, die vielleicht „Liebesbeziehung" heißt? Andere Restaurants haben schließlich auch sexy Kellner.

Übung: Wenn du kraftvoll in dir ruhen würdest, welche Entscheidung würdest du deinem inneren Kind zuliebe jetzt treffen?

**Gott der Unterscheidungen:**

Unterscheiden zu können, ist wichtig, wenn es um die Stimme von EGOn oder OCTOPUSSY geht. Folgst du der Stimme deiner tiefsten Sehnsucht? Oder folgst du der Stimme der Bedürftigkeit? Dieser Gott verleiht dir die Kraft der Differenzierung, weil er die Stimme deiner tiefsten Sehnsucht kennt. Er lehrt dich das SO-SEIN-LASSEN und den VERZICHT. Er lehrt dich, was du alles NICHT brauchst.

Er hilft dir, die Stimme der Bedürftigkeit zu erkennen, die dich nur wieder in die Arme des unachtsamen Kellners lockt. Ich meine den des Restaurants, wo du den kleinen Tisch in der dunklen Ecke gleich neben dem Klo bekommst.

Übung: Was braucht EGOn jetzt? Welches Bedürfnis will EGOn sich erfüllen? Und wie erreicht er das?

**Gott der Durchsetzung:**

Den hat der Kellner gut integriert. Wie schmachtend deine Blicke auch sind, wie oft du auch bettelst: um Aufmerksamkeit, um

Bedienung, um Spaghetti. ER MACHT, WAS ER WILL. ER KOMMT, WANN ER WILL. ER SETZT SICH DURCH. Jetzt bist du dran, diesen Gott zu integrieren. Damit er dich dazu befähigt, dich in deinem Leben durchzusetzen. Auf dem Weg IN DEIN SPIEL. Wecke den Gott der Durchsetzung in Dir.

**Gott der Verantwortung:**

Dieser Gott ist des Kellners guter Freund. Der Kellner bedient vielleicht das ganze Restaurant. Er kümmert sich um ALLE Gäste. Du bist in diesem Kontext NIEMALS seine Nummer eins. Denn der Kellner arbeitet schon lange dort in diesem Restaurant. Lange bevor du kamst. Er übernimmt Verantwortung für das, was es VOR DIR auch schon gab. Vielleicht hat dein Kellner Frau und Kinder? Hund, Katze, Haus? Er wird sich darum kümmern. Er wird es nicht aufgeben, nur, weil du ihn darum bittest. Nun übernimmst DU die Verantwortung FÜR DEIN SPIEL. Lade den Gott der Verantwortung zu dir ein. MACHE DEINEN NÄCHSTEN ZUG. Gucke nicht, welche Zahl dein Kellner würfelt. Würfele deine Zahl, und zeige dich verantwortlich für das ERGEBNIS.

Übung: Wenn du für dich selbst verantwortlich bist, wie kannst du dir diese Verantwortung jetzt zeigen?

**Gott der emotionalen Stabilität:**

Dein Kellner hat Gefühle. Und sicher hat er auch Gefühle für dich.

Vielleicht hat er sogar Gefühle, die er noch nie zuvor in seinem Leben hatte. Doch während dir der Gefühlsstrudel nicht bekommt und du dich übergeben musst (Gott sei Dank hast du den kleinen Tisch gleich neben dem Klo), kann dein Kellner den Gefühlsstrudel gut verdauen. Denn der Gott der emotionalen Stabilität ist ihm zu Diensten. Er streut eine ordentliche Brise Nüchternheit über die Gefühle. Integriere deinen emotionalen Gott. Dann machst du es einfach so wie dein Lieblingskellner.

„AHA, ich empfinde viel für ihn."

„JA, das wird auch irgendwann vorübergehen. Ich habe schließlich einiges zu tun. Ich bin auf einer Heldenreise, da brauche ich einen kühlen Kopf trotz warmem Herz."

„Ich werde mich wegen meiner Gefühle nicht (mehr) von meinem WEG ZU MIR abbringen lassen."

Übung: Was passiert, wenn du deine Gefühle jetzt nicht so ernst nimmst? Was passiert, wenn du gründlich darüber nachdenkst, WARUM du so fühlst?

**Gott des NEINs:**

Was sagt oder signalisiert dir der Kellner, wenn er dich warten lässt, während du tagein, tagaus den kleinen Tisch in Nähe des Klos beziehst?

NEIN, ich habe jetzt gerade keine Zeit für dich.

NEIN, du bist nicht das Wichtigste in meinem Leben.

NEIN, ich gebe meinen Job in diesem Restaurant nicht auf.

NEIN, ich spiele nicht nach deinen Regeln.

Dein Lieblingskellner hat einen guten Draht zum Gott des NEINs.

WOW. Wie wäre es, wenn auch DU diesen Gott um deinen Finger wickelst? Er unterstützt dich, energisch deinen schönen, klugen Kopf zu schütteln. „NEIN, ich gebe mich ab sofort nicht länger mit dem Tisch neben dem Klo und den Pizzaresten zufrieden."

Übung: Übe dich im NEIN-Sagen. Besonders bei den Menschen, die dir sehr am Herzen liegen.

**Gott des Pragmatismus:**

Dein Kellner zieht sein Ding durch. Er handelt, macht. Er denkt nicht ewig über WENN und ABER nach. Er begrüßt die Gäste. Er notiert die Bestellungen. Er serviert. Er räumt die Teller ab. Er bringt die Rechnung. Er kassiert das Geld.

Das kannst du auch. Du begrüßt den Kellner in einem anderen Restaurant. Du bestellst DEIN LIEBLINGSESSEN. Du reklamierst, wenn du es nicht bekommst. Du beharrst auf deine Bestellung. Du gibst dich mit etwas anderem nicht mehr zufrieden. Du kochst notfalls selbst. Dafür kaufst du ein. Du bezahlst für die Zutaten. Du räumst die Teller ab. Du gibst dir ein ordentliches Trinkgeld. Du bist endlich mal wieder satt geworden. Du hast den Gott des Pragmatismus integriert.

Übung: Koche dir dein Lieblingsessen. Sieh deinen Lieblingsfilm.

**Die Götter des Aufforderns und des Bestätigens:**

Der Kellner bringt die Karte und fordert dich auf, dein Essen zu bestellen. Er bestätigt deine Wahl: „Wow, du hast wirklich einen erlesenen Geschmack. Diese Spaghetti sind ganz vorzüglich hier. Willst du nicht noch einen Schluck vom besten Wein? Dann vergisst du bestimmt, dass du den Tisch neben dem Klo bekommen hast. Vielleicht bin ich nach Dienstschluss auch für dich zu haben. Wie wäre es mit einem Dessert? Einem Quickie in der Küche? Dort gäbe es dann auch noch Pizzareste ..."

Auffordern und bestätigen – das kannst du selbst und auch noch besser.

Übung:

Stell dich vor einen Spiegel und fordere dich selber auf. Sprich mit deinem Spiegelbild: *„Los, los, du wunderbare(r) (dein Name). Du willst doch aus dem Liebeskummer raus. Das schaffst du, da bin ich mir total sicher. Du wirst jeden Tag besser darin, das anzunehmen, was dir dein Leben vor die Füße fallen lässt. Ich weiß, dass es hier irgendwo für dich Spaghetti gibt. Und die besorge ich dir jetzt. Du machst deine Sache gut."*

**Sexgott:**

Der Sexgott kann gut zwischen Sex und Liebe unterscheiden. Er holt sich, was er zur Lustbefriedigung braucht. Allerdings spricht er deshalb nicht von Liebe. Er wartet nicht am kleinen Tisch in der Pizzeria.

Er macht eine feste Uhrzeit und einen Treffpunkt ab. Wenn sein Date nicht erscheint, dann datet er eine andere.

Übung: Werde dir bewusst, was du vom Kellner wirklich willst. Ist es nur Sex? Ist es dir überhaupt möglich, Sex und Liebe zu trennen? Wenn nicht, dann gib dir selbst, wonach es dir gelüstet. Vielleicht verliebst du dich so in dich selbst.

**Was bedeutet Regel 2 konkret für das Liebeskummerspiel?**

Wenn EGOn, dein inneres Kind endlich einen Vater kriegt, muss er den Mann nicht mehr im Theater suchen. EGOn hat, was er braucht. Dafür kannst du nun einen Partner haben, der in dir eine Königin sieht.

## Regel 3: Wecke Anima, deine innere Mutter – öffne dein Herz

Um dein Herz zu öffnen, brauchst du eine starke Anima. So heißt die göttliche Mutter, die Mutter von EGOn, die in dir erwachen muss. Die Mutter, die für EGOn sorgt, die ihm all ihre Liebe schenkt, egal wie EGOn sich gerade benimmt. Die Anima vereint folgende 15 Göttinnen in sich:

Die Göttin der Liebe

Die Göttin der Fülle

Die Göttin der Hingabe

Die Göttin des Nährens

Die Göttin der Emotionen

Die beschützende Göttin

Die Göttin des Fließens

Die Göttin des Manifestierens

Die Göttin der Ganzheit

Die Göttin des Mitgefühls

Die aufnehmende Göttin

Die nachgebende Göttin

Die öffnende Göttin

Die Göttin des Geschehenlassens

Die Göttin des Miteinanderteilens

Kehren wir nochmal zusammen zurück in die Pizzeria. An den kleinen, runden Tisch in der dunklen Ecke, gleich neben dem Klo. EGOn hat Hunger. Er hat Spaghetti bestellt. Doch er kriegt Pizzareste, auf die er lange warten muss. Schauen wir, wie sich das Szenario verändert, wenn die Anima mit ihren Göttinnen in dir erwacht.

**Die Göttin der Liebe**

Erinnere dich: EGOn ist zu dritt. Seine Grundpersönlichkeiten sind Anima (Mutter), Animus (Vater) und das innere Kind. Es ist der kleine EGOn, der nun traurig dort am kleinen Tisch in der dunklen Ecke sitzt. Er schreit stumm, weil er sich nach Liebe, im Bild nach

Spaghetti sehnt. Er weint nicht laut, weil er bereits zu „alt“ ist, um sich auf diese Weise danebenzubenehmen. Hat die Anima alle 15 Göttinnen voll in sich integriert, dann urteilt sie nicht über EGOns Sehnsucht. Sie urteilt nicht, wenn EGOn noch immer auf den Kellner wartet, IHM nachweint, sich nach IHM sehnt. Sie wird EGOn einfach lieben, wie eine Mutter ihr neugeborenes Baby liebt. Sie wird ihn trösten mit all ihrem Muttersein. Sie weiß, dass EGOn noch nicht anders kann. Sie ist bedingungslos und zustandsunabhängig für ihn da. Sie bleibt sitzen, bis EGOn sich beruhigt. Sie liebt. Und EGOn wird sich geliebt fühlen.

Übung: Stell dir dein inneres Kind vor, das Liebeskummer hat. Wie willst du ihm deine Liebe zeigen?

**Die Göttin der Fülle**

Diese Göttin in dir gibt EGOn alles, was sie hat. Auch ihr letztes Hemd. Sie weiß, dass es da draußen Millionen von Kellnern gibt, auch wenn Klein-EGOn jetzt gerade keinen anderen sehen kann und sehen will. Für Klein-EGOn wird sie aus dem Vollen schöpfen. Sie wird nicht Mangel sehen, sondern Fülle. Weil sie muss, sie ist seine Mutter. Sie wird sehen, was es in diesem Restaurant zu essen gibt – außer Pizzaresten. Sie wird sich selbst bedienen, um EGOn zu füttern. Sie wird an anderen Tischen im Restaurant die Gäste fragen, ob es dort Spaghetti für EGOn gibt. Sie würde dafür auch in die Küche gehen. Sie weiß um die Fülle des Lebens und sie weiß, daraus zu schöpfen.

Übung: Schöpfe aus dem Vollen. Leiste dir etwas, was du dir schon lange leisten willst. Vielleicht meldest du dich in einer Singlebörse an. Studiere die Profile, um dir die Fülle an Königen klar zu machen. Du musst nicht flirten. Es geht einzig und allein darum zu erkennen, wie viele potenzielle Könige es für dich gibt.

**Die Göttin der Hingabe**

Eine Mutter gibt sich hin. Sie gibt ihr ganzes Wesen HIN. Du bist auch EGOns Mama. EGOn hat Liebeskummer. Genauer gesagt – der dritte Teil von EGOn. Jener Teil, der das innere Kind symbolisiert. Wenn du deine Anima mit all ihren Göttinnen integriert hast, dann kannst du für Klein-EGOn sorgen.

HINgabe ist nicht AUFgabe. Die Mutter gibt sich in den Moment HINein. Sie gibt sich nicht AUF. Würde sie sich aufgeben, wäre Klein-EGOn mit ihr verloren. HINgabe bedeutet, im Hier und Jetzt für EGOn da zu sein, sich an ihn zu verschenken.

Wenn EGOn im Restaurant am kleinen runden Tisch neben dem Klo auf den Kellner wartet, dann wartet die Anima auf EGOn, bis er bereit ist, sich ihr zuzuwenden. Sie – die Mutter – ist einfach DA.

Übung: Präsenz im Augenblick. Sieh in deinen Gefühlen und Gedanken eine wunderbare Chance. Versuche nicht, dich abzulenken. Versuche nicht, etwas an der Situation zu verändern.

**Die Göttin des Nährens**

Die Nährende muss EGOns Körper, seinen Geist und seine Seele nähren können. Sie sorgt dafür, das EGOn gutes Futter hat, zum

Beispiel Spaghetti. Sie versorgt EGOns Geist mit Wissen. So kann sie ihm erklären, wieso EGOn noch immer Sehnsucht nach einem Kellner hat, von dem er nichts Richtiges zu Essen kriegt. Sie hilft EGOns Geist, zu begreifen, zu verstehen. Sie nährt ihn mit Antworten auf seine Fragen und sie hilft ihm, selbst nach Antworten zu suchen. Sie zeigt EGOn, wo man Nahrung findet. Sie demonstriert, wie man sie schmackhaft zubereitet, damit sie bekömmlich und lecker ist.

Sie bekleidet EGOns Körper, damit er nicht friert, nicht schwitzt und allen Wettern gewachsen ist. Sie zeigt EGOn bestenfalls, wie er das Beste aus sich macht. Denn schließlich isst ja auch das Auge mit, wenn es um die fleischliche Liebe geht. Die Verbindung zu OCTOPUSSY wird genährt, wenn die Nährende Klein-EGOn zeigt, wie man richtig fühlt.

Übung: Greife zu deiner Lieblingsnahrung. Sieh dir deinen Lieblingsfilm an, lies ein Buch. Tue, was dich interessiert und was dir Freude macht.

## Die Göttin der Emotionen

In der Anima lebt die Emotionale. Sie drückt Gefühle offen aus, ohne sich dabei zurückzuhalten. Sie bricht in Tränen aus, wenn sie traurig ist. Sie wird wütend und schreit den Kellner an, wenn er die Spaghetti nach fünf Stunden immer noch nicht bringt. Sie hüpft vor Freude, wenn sie glücklich ist. Sie bringt Gefühle zum Ausdruck.

Sie macht Gefühle sichtbar. Sie ermuntert auch Klein-EGOn, seinen Gefühlen Ausdruck zu verleihen. Ist die Emotionale voll im Club der Göttinnen integriert, zerstört sie die Fassade, hinter der Gefühle zurückgehalten werden. Sie bringt Lebendigkeit und Jugend mit. Die Emotionale wechselt zwischen Emotionen hin und her, wie ein Chamäleon. Ihr ist anzusehen, wie sie sich fühlt. Sie wird den Kellner wissen lassen, was sein Verhalten mit ihr macht. Sie verstellt sich nicht aus Angst, den Kellner zu verlieren. Sie macht es ihm nicht recht. Sie macht es sich selbst und Klein-EGOn recht.

Übung: Drücke deine Gefühle aus. Zeige sie durch deinen Körper. Lass deine Mitmenschen wissen, wie es dir gerade geht.

**Die beschützende Göttin**

Sie ist die Glucke, die auf den Eiern sitzt und brütet. Sie gibt Nestwärme. Sie schließt Klein-EGOn in ihre warmen Arme UND in ihr Herz. Wenn sie sich zeigt, dann ist für EGOn alles gut. Auch wenn die Welt gerade untergeht: unter den Fittichen der Beschützerin herrscht tiefer Frieden. In der Pizzeria würde sie Klein-EGOn vor dem Lächeln des Kellners beschützen. Der Kellner hätte einfach keine Chance EGOn um den Finger zu wickeln, wenn die Beschützerin sich zeigt. EGOn ist in ihrer Gegenwart entspannt und im Frieden.

Übung: Eine heiße Badewanne, eine geführte Meditation, ein Nachmittag mit deiner Freundin: Wann fühlst du dich beschützt?

**Die Göttin des Fließens**

Stell dir ein Weib in den Fluten vor. Entspannt liegt sie auf dem Rücken und lässt sich mit der Strömung treiben. Wo sie sich zeigt, dort fließt du mit deinem Leben. Mit ihr blättert EGOn täglich eine Seite um in seinem Skript des Lebensplans. Das Liebeskummer-Karussell hält an. Denn die Fließende kennt keinen Kampf. Wenn sie kämpft, dann nur des Spieles wegen. Im Restaurant bleibt sie nicht lange sitzen. Sie steht auf. Sie lässt sich vom Leben zur nächsten Pizzeria lenken. Sie macht sich keine Sorgen darum, was sie verlieren könnte. Sie weiß, dass der Fluss sie und Klein-EGOn zur nächsten Spielstation und zu den heißgeliebten Spaghetti führen wird. Sie lässt sich mit ihrer tiefsten Sehnsucht fließen.

Übung: Wenn du nicht mehr gegen den Verlauf deines Spiels kämpfen würdest, wohin könnte dein Leben dich jetzt fließen lassen?

**Die Göttin des Manifestierens**

Diese Göttin weiß um die Kraft ihrer Emotionen. Sie weiß, dass sich jedes Manifest und jede Zerstörung nur der Emotionen wegen zeigt. Sie hat verstanden, dass OCTOPUSSY durch sie fühlen will.

In der Pizzeria sitzt sie und fühlt, was das WARTEN AUF DEN KELLNER mit EGOn macht. Sie fühlt, was der HUNGER mit EGOn macht. Sie fühlt, was die IGNORANZ DES KELLNERS mit EGOn macht. Sie fühlt, WAS DIE PIZZARESTE mit EGOn machen. Sie fühlt, was die ABLEHNUNG des Kellners mit EGOn macht. Sie weiß, dass sie selbst OCTOPUSSY ist, die sich in Materie und in Umständen manifestiert. Sie sitzt still und fühlt alles, bis es nichts mehr zu fühlen gibt. Dann steht sie auf und verlässt das Lokal.

Übung: Was fühlst du gerade? Benenne das Gefühl. Und nun checke deinen Körper von oben bis unten durch. Wo bist du verspannt? Wo tut etwas weh? Wenn du verspannt bist, dann gibst du dich dem Gefühl noch nicht hin, du kämpfst dagegen an. Nimm einfach nur wahr, was du fühlst. Schreibe es auf.

**Die Göttin der Ganzheit**

Die auf Ganzheit Orientierte hat fünf Kinder, den Ehemann, den Hund, die Katze, die Nachbarskatze und die Nachbarskinder gleichzeitig im Blick. Nebenbei kocht sie mit links und näht mit rechts die Knöpfe an EGOns Hemd. Zusätzlich telefoniert sie mit dem Restaurant, um nochmals den kleinen Tisch in der dunklen Ecke neben dem Klo zu reservieren. Diesmal geht sie nämlich mit. Ist sie mit von der Partie, ist sofort klar, wo es gerade klemmt. Sie sieht, das EGOn nicht unter der Ablehnung des Kellners leidet. Sie erkennt, wo Klein-EGOn sich selbst ablehnt. Sie erkennt, wo er sich die Spaghetti vorenthält. Sie erkennt, wo er tagtäglich mit allem Möglichen beschäftigt ist – nur nicht mit sich selbst. Sie erkennt, wo sie sich nicht genug um EGOn kümmert. Die Göttin der Ganzheit hat Regel Nummer 1 total integriert. Sie hat im Blick, WAS EGOn wirklich fehlt. Sie coacht ihn liebevoll und motiviert ihn, mal wieder mit sich selbst zu spielen.

Die Göttin der Ganzheit sieht noch mehr. Sie bemerkt die Anordnung der Tische im Restaurant, sie erkennt an der Dekoration, ob der Wirt aus Geldgier oder aus Leidenschaft das Restaurant eröffnet hat. Sie beobachtet den Kellner und bemerkt, wie es ihm wirklich geht. Sie bemerkt die Sorgenfalten auf seiner Stirn, die Ringe unter seinen Augen und den Dreitagebart. Sie begutachtet sein Hemd, das er selbstgebügelt hat. Ihr Job ist es, alles im Blick zu haben. Ihr Job ist es, sich ein objektives Urteil zu bilden.

Übung: Was hast du gerade ZU TUN? Außer Liebeskummer zu haben und an dein EIGELB zu denken? Erledige mindestens eine Aufgabe. Putzen, waschen, in diesem Buch weiterlesen.

**Die Göttin des Mitgefühls**

Diese Göttin hat MitGEFÜHL, wo sonst MitLEID auf der Speisekarte steht.

Mit-FÜHLEN stärkt. Mit-LEID schwächt. Die Göttin des Mitgefühls geht aus jeder Situation gestärkt hervor. Sie meidet keine Situationen. Sie fühlt mit dem Bettler am Straßenrand, mit dem gequälten Tier, mit dem misshandelten Kind, mit dem Sterbenden. Sie weiß, dass sie durch MitGEFÜHL eigenes Fühlen ersetzen kann.

Sie fühlt mit EGOn mit, der gerade Liebeskummer hat. Sie fühlt mit, sie leidet nicht. Sie fühlt auch mit dem Kellner mit. Sie fühlt, WARUM er keine Spaghetti bringt. Warum er so handelt, wie er handelt. Durch MitGEFÜHL versteht sie die Welt. Sie braucht keine Worte, um zu verstehen. Durch sie lernt EGOn zu verstehen, warum es ist, wie es gerade ist.

Übung: Versuche, dich in dein EIGELB oder in den Menschen, wegen dem du Liebeskummer hast, hineinzufühlen. Warum handelt er wohl, wie er handelt?

### Die aufnehmende Göttin

Die aufnehmende Göttin öffnet ihr Reich für Landstreicher und für Könige. Sie macht keinen Unterschied. Sie lädt Mensch und Tier auf Kaffee, Kuchen oder einen Knochen ein. Sie heißt willkommen, ohne auszusortieren. Sie nimmt auf: für eine Nacht, für eine Woche, für ein ganzes Leben. Sie nimmt den Kellner auf. Sie erwartet nichts von ihm. Sie bewirtet ihn. Wenn er gehen will, lässt sie ihn ziehen. Ihre Türen stehen offen. Raus oder rein? Sie schenkt Freiheit und lädt ein. Die Aufnehmende geht nicht in ein Restaurant. Sie hat selber eins. EGOn ist bei ihr immer satt. Er hat auch genügend Freunde, denn bei der Aufnehmenden ist immer was los. Falls die Aufnehmende sich doch mal in ein Restaurant verirrt, dann steht sie an der Türe und begrüßt die Gäste, als wäre es IHR Restaurant. In der Ecke sitzen und warten? Nee, sowas macht die Aufnehmende sicher nicht.

Übung: Lade einen Menschen (nicht dein EIGELB) zu dir ein. Bewirte ihn. Tue das mit dem Hintergrund, dass Klein-EGOn dabei auch Freude hat. Vielleicht hast du einen Freund, eine Freundin, die ganz besonders lustig ist, mit der du viel lachen kannst?

### Die nachgebende Göttin

Diese Göttin gibt voller Sanftmut nach. Ihre Prinzipien lassen sich dehnen. Wie Kaugummi. Wenn EGOn Hunger hat, dann kann er auch zwei Teller Spaghetti haben. Es sind genügend Spaghetti da. Auch schadet es ja nichts, wenn er ab und an über die Stränge schlägt. Die Nachgebende ist nicht besonders konsequent.

Leichtsinnig ist sie deshalb nicht.

Sie begleitet EGOn ein paar Male in das Restaurant, in dem der Kellner immer Pizzareste bringt. Wegen dem EGOn Liebeskummer hat. Einmal mehr oder weniger? Darauf kommt es schließlich nicht an. Wenn sie jedoch bemerkt, dass es EGOn immer schlechter geht, wenn sich bestätigt, dass er dort Hunger leidet, wird sie eine andere Göttin um Hilfe und Unterstützung bitten oder einen Gott des Animus zu Rate ziehen.

Übung: Tue etwas für EGOn. Wenn er dem EIGELB schreiben will, dann lass ihn. Heute darf er über die Stränge schlagen.

**Die öffnende Göttin**

Bei ihr fühlt sich EGOn pudelwohl. Auch dann, wenn er Liebeskummer hat. Denn die Öffnende muss nichts tun, damit EGOn die Tore seines Herzens öffnet.

Wenn sich die Öffnende in der Pizzeria zeigt, dann kriegt EGOn seine Spaghetti. Denn die Öffnende zieht den Kellner in den Bann. Ohne ein Wort, ohne einen Blick. Sie öffnet mit ihrer Präsenz. Sie lädt ein, das Herz zu öffnen und es auszuschütten. Die Öffnende ist pure Magie. Ihr kann keiner widerstehen. Wahrscheinlich wird der Kellner seine Arbeit liegen lassen, bei ihr sitzen und die Zeit vergessen. Die Öffnende öffnet sich für jede Neuigkeit, für jedes Gefühl, für jede Reaktion. Sie bleibt offen und in wohlwollender Präsenz und taut Grenzen einfach auf.

Übung: Höre jemandem zu, der Kummer oder Sorgen hat. Alternativ kannst du auch ein Selbstgespräch führen. Das bedeutet: Du redest dir laut alle deine Sorgen vom Leib. Und du antwortest darauf in der Rolle der öffnenden Göttin.

**Die Göttin des Geschehenlassens**

Geschehen lassen – das ist es, was diese Göttin tut. Sie verhält sich passiv. Sie greift nicht ein. Sie nimmt an, was sich gerade zeigt. Sie weiß, dass der Wandel ohne ihr Zutun passiert. Sie weiß, dass es reicht, präsent zu sein und dem nächsten Impuls zu folgen, der nicht von einem verletzten EGOn kommt.

Die Göttin des Geschehenlassens sitzt am Tisch und beobechtet, wie schlecht es EGOn geht. Sie wird ihn nicht auffordern, in ein anderes Restaurant zu gehen. Sie wird ihn auch nicht auffordern, nochmals nach den Spaghetti zu fragen. Sie wird ihn nicht auffordern, sich beim Kellner zu beschweren. Sie bleibt passiv, ohne dabei zu leiden. Die Geschehenlassende würde sagen: ES IST, WIE ES EBEN IST. Die Geschehenlassende weiß, dass diese Szene im Restaurant Part einer höheren Ordnung ist. Sie weiß um die Lektion, um das Abenteuer, um den Plan von OCTOPUSSYS Spiel.

Übung: Wenn du einen starken Handlungsimpuls spürst, dann halte inne und verzichte für 5 Minuten darauf. Du musst aufs Klo? Stelle den Kurzzeitwecker auf 5 Minuten. Warte bis er klingelt. Dann gehe erst aufs Klo.

**Die Göttin des Miteinanderteilens**

Diese Göttin teilt alles, was sie hat. Nahrung, Kleidung, ihre Wohnung und ihr Wissen, ihre Gedanken und Gefühle. Sie teilt – und sie teilt mit. Wäre sie mit EGOn in dem Restaurant am kleinen, runden Tisch in der dunklen Ecke – EGOn hätte schnell vergessen, dass er auf den Kellner wartet. Mit der Miteinanderteilenden ist immer was los. Wahrscheinlich würde sie das ganze Restaurant unterhalten. Sie würde gar nicht lange dort am kleinen Tisch in der Ecke sitzen. Sie wäre am Stammtisch, mitten im Geschehen. Weil sie so gerne teilt, teilen die Gäste des Restaurants auch mit ihr. Mit der Miteinanderteilenden an seiner Seite wird EGOn sich niemals hungrig oder einsam fühlen. Die Miteinanderteilende teilt auch Haus, Auto, Pferd und Mann. Meine und Deine kennt sie nicht.

Übung: Was kannst du heute mit einem anderen Menschen teilen? Dein Frühstück? Eine neue Information? Deine Erkenntnisse aus diesem Buch?

15 Göttinnen-Schwestern unterstützen dich in deiner Weiblichkeit. Selbst dann, wenn du ein Mann bist. EGOn braucht die starke Hand des Vaters in seiner rechten UND die sanfte Hand der Mutter in seiner linken Hand, wenn er den Kinderschuhen aus Leid und Kummer entwachsen soll.

Die Schwestern der Anima treten selten alleine auf. Meist laufen sie Hand in Hand. Jede einzelne unterstützt EGOn mit ihrem Talent. Damit du dein Herz öffnen kannst, damit du dich hingeben kannst, damit du voll und ganz in deine Rolle schlüpfst.

**Was bedeutet Regel 3 konkret für das Liebeskummerspiel?**

Wenn EGOn eine Mutter hat, fühlt er sich genährt, geborgen und geliebt. Die Sucht nach dem EIGELB verschwindet.

## Regel 4: Leg dein Herz aufs Spielfeld

Wenn du spielen willst, gibt es nur einen einzigen Jeton, der zählt: dein Herz.

Dein energetisches Herz ist dein Spieleinsatz. Dort sind alle Gefühle gespeichert, die du jemals hattest. Dort wohnen die Erinnerungen. Glückliche und traurige. Dort wohnen Menschen. Menschen, die leben. Menschen, die gestorben sind. Menschen, die dich brauchen. Menschen, die dich verlassen haben. Menschen, auf die du hoffst. Menschen, um die du trauerst. In deinem Herzen hast du eine, bestenfalls beide Kammern freigemacht für die Liebe. Für die große Liebe. Ich gehe davon aus, dass du dein Herz hütest wie einen Schatz. Wie ein Sakral. Wie ein Heiligtum. Du hast gelernt, dein Herz zu hüten, weil es dir gebrochen worden ist. Weil du Schmerz fühlen musstest. Weil du gelitten hast. Du hast gelitten, weil EGOn noch immer glaubt, Schmerz ist schlecht. EGOn glaubt, negative Gefühle wie Ablehnung, Angst und Traurigkeit sind schlecht. Deshalb hast du Mauern aus Stein um dein Herz herum errichtet, um es zu beschützen. Du hältst Rottweiler und Bodyguards, um Eindringlinge fernzuhalten. Du machst dein Herz niet- und nagelfest. Nicht nietfest genug für einen Meisterdieb. Nicht nagelfest genug für einen Herzensbrecher.

Doch du machst es nagelfest genug für die Liebe. Wenn du dein Herz beschützt, dann sperrst du die Liebe aus und lädst den Kummer ein. Vielleicht ist es nagelneu, was ich dir erzähle, doch es ist der Grund für deinen Kummer. Wenn du dem Kummer ein für alle Mal den Rücken kehren willst, dann wirst du ein großes Opfer bringen müssen. Du wirst dein Herz opfern müssen.

Es ist dir bereits gestohlen worden, es wurde dir gebrochen. Es wurde dir aus deiner Brust gerissen. Es wurde zerfetzt. Vom WEIßEN HAI des Liebeskummers, der aus Liebe handelt. Der WEIßE HAI handelt im Auftrag von OCTOPUSSY. OCTOPUSSY ist Seele, die bewegt. Sie ist Seele, die erschafft. Seele, die zerstört. Seele, die sich erfahren will. Mit all ihren Tentakelarmen. OCTOPUSSY möchte Schmerz durch dich fühlen und danach wieder Freude. Sie wünscht sich die ganze Achterbahn deiner Gefühle. Sie wünscht sich jedes Gefühl immer wieder neu. Immer tiefer. Immer reiner. Denn ohne Gefühl kann sich die Seele nicht erfahren.

Doch bisher schenkst du OCTOPUSSY nur die schönen Gefühle. Gegen die schlechten Gefühle kämpfst du noch immer an. Weil du es noch nicht besser weißt. Und so kämpfst du nicht IN deinem Spiel, sondern du kämpfst gegen das Spiel selbst. Auf diese Weise schiebst du der Entfaltung deines Spiels einen Riegel vor. Auf diese Weise nagelst Du dich fest, auf einem kleinen Platz am Rand. Dort schaust du zu, wie andere ihr Spiel gewinnen, weil sie spielen. Dort jammerst du mit anderen, die noch nicht den Mut gefunden haben, ihr Herz zu opfern. Es ist okay.

Es ist der schwierigste Akt, dein Herz zu opfern. Doch das, was du gewinnst, das kann ich nicht in Worte fassen.

Ich lade dich ein, zu spielen.

Ich lade dich ein, dich zu erheben.

Ich lade dich ein, die Zuschauerränge zu verlassen.

Ich lade dich ein, in deiner Rolle, in DEINER Spielfigur vollkommen anzukommen.

Ich lade dich ein, dass zu gewinnen, was du verdienst.

Vielleicht wird es Monate dauern, bis du bereit bist, diesen Schritt zu wagen. Vertraue dem richtigen Moment. Wenn du dir sicher bist, wenn du bereit bist, dann stelle dich vor einen Spiegel. Konzentriere dich auf deinen Brustbereich. Nimm wahr, wie sich deine Brust energetisch für dich öffnet. Nimm dein Herz in seiner Schönheit und in seinem Reichtum wahr. Nimm wahr, wie es pulsiert, wie es sich dir und der Welt entgegenstreckt. Dein Herz ist dafür gemacht, dass es alles fühlt, damit du glücklich werden kannst. Das ist jetzt dein Moment. Stelle dir vor, wie du dein Herz behutsam in deine Hände nimmst. Stelle dir vor, wie du es mit deiner Liebe segnest. Stelle dir vor, wie du es behutsam aufs Spielfeld legst, auf den Altar der Seele. Mache es wie Jesus, der sein Herz für die Menschheit gab.

DU BIST AUSERWÄHLT. Du bist auserwählt, zu spielen, wo andere nur am Spielfeldrand stehen. Du bist auserwählt, zu lieben, wo andere nur leiden. Du bist auserwählt, aufzustehen, wo andere liegenbleiben. Du bist auserwählt, das zu bekommen, wonach du dich wirklich sehnst.

Diesmal wird es anders sein. Du bist nicht länger das Opfer. Du bist der Meister, die Meisterin. Du opferst deinen Schatz, weil du verstanden hat, dass du nicht verlieren kannst. Du kannst nicht verlieren, weil du weiterspielst. Weil du DEIN SPIEL zu Ende spielst. Weil du bereit bist, alles, was nötig ist, dafür zu geben.

Es wird dir nichts mehr angetan. Du selbst wirst voller Mut dein Herz einem anderen in die Hände legen und wirst sagen: SEI MEIN MEISTER. ICH VERTRAUE DIR.

Es wird wieder wehtun, weil es wehtun muss. Es wird immer wehtun, wenn du wächst. Doch da wird kein Leid mehr sein. Es wird heilsam sein. Diesmal wirst du den Grund für jeden Bruch erkennen. Dein Herz wird sich öffnen. Es wird zum ersten Mal nach allen Seiten offenstehen, um seinen Schatz zu offenbaren. Liebe. Liebe, die frei von Wenn und Aber ist. Kraft, die einen anderen erhebt. Wärme, die ein kaltes Herz aus dem Winterschlaf erweckt. Mut, der einen anderen erkennen lässt, wer du bist. Und Frieden, weil du mehr und mehr erkennst, dass du OCTOPUSSY bist.

**Was bedeutet Regel 4 konkret für das Liebeskummerspiel?**

Wenn du alles setzt – ALL IN – dann gibt es nichts mehr zu verlieren. Und wer nichts mehr zu verlieren hat, der ist ein Gewinner.

## Regel 5: Steck dir Erwartungen in den Arsch

Wenn es um Liebeskummer geht, geht es auch um die Erwartungen, die du an dein EIGELB hast. Der Glaube, dass diese Erwartungen sich erfüllen, ist eng mit dem Glauben an den freien Willen verknüpft.

Freier Wille ist meiner Erfahrung nach ein Special Effekt des Lebens. Er funktioniert ab und an auf LEVEL EINS im Liebeskummer-Spiel. Nähert sich EGOn jedoch der Schleuse (LEVEL ZWEI), die ihn von LEVEL EINS zu LEVEL DREI des Spieles bringt, muss EGOn sich vom freien Willen trennen. EGOn klammert sich daran fest – wie ein Baby an seinen Schnuller. Der Schnuller muss weg. Sonst gibt es eine Zahnfehlstellung und EGOn kann sich in der Schleuse nicht durchbeißen. Außerdem gibt es die neue Software für LEVEL DREI nur dann, wenn die alte LEVEL-EINS-Software sauber deinstalliert worden ist.

Deinstallation und Update finden in der Schleuse statt.

Auf LEVEL DREI des Liebeskummer-Spiels funktioniert die Software von LEVEL EINS nicht mehr. Erwartungen, Bestellungen aus dem Universum und all diese Dinge bleiben unerfüllt. Gebete an die Engel bleiben unerhört. Erprobte Techniken laufen ins Leere. EGOn wird auf ein Softwareupdate vorbereitet. Denn aus der Raupe wird sich ein Schmetterling entwickeln. Und ein Schmetterling folgt anderen Gesetzmäßigkeiten.

In der Schleuse zu LEVEL DREI ist EGOn oft frustriert. Er ist keine Raupe mehr – er kann nicht mehr kriechen. Er ist noch kein Schmetterling – er kann noch nicht fliegen. Ablenkungen erfüllen nicht mehr ihren Zweck. EGOn ist auf sich selbst zurückgeworfen. Stehst du mit deinem EIGELB noch ab und an in Kontakt, dann wird dir das schmerzlich bewusst. Unzuverlässiges Verhalten, keinerlei

Antworten auf deine Fragen. Was auch immer du von deinem Herzensfavoriten erwartest, es wird dir nicht erfüllt. Auch mit einem neuen EIGELB will es nicht so richtig klappen. Jeder neue Kandidat, jede neue Kandidatin scheint ein Abklatsch vom Original-EIGELB zu sein.

Auf LEVEL DREI des Spiel wirst du fähig sein, dir deine Bedürfnisse selber zu erfüllen. Du brauchst kein EIGELB mehr. Auf LEVEL ZWEI, in der Schleuse, wirst du darauf vorbereitet. Ich weiß, das fühlt sich oft beschissen an. Denke daran: OCTOPUSSY WILL BEGRENZUNG DURCH DICH FÜHLEN. Freiheit kennt OCTOPUSSY schon. Also: Schmeiß deine Erwartungen, Hoffnungen, Träume, Glaubenssätze und Vorstellungen in den Müll. Du wirst neue kriegen. Wirf alles ab, was du nicht zum Leben nötig hast. Sonst geht es in der Schleuse für dich nicht weiter. Konzentriere dich auf die wenigen Dinge, die du zum Leben brauchst.

Noch in der Schleuse zu LEVEL DREI wirst du mit deiner größten Sehnsucht konfrontiert. Da du zu diesem Buch gefunden hast, befindest du dich ganz sicher am Übergang zu LEVEL ZWEI. Entweder kurz vor der Schleuse oder schon mittendrin.

Welche Erwartungen könntest du jetzt noch haben?

Du erwartest, das EIGELB möge dich ansprechen.

Du erwartest, ES möge um dich werben.

Du wartest auf eine Nachricht von deinem EIGELB.

Du erwartest, dass sich sein Verhalten ändert.

Du erwartest, ES möge sich von seiner Frau, seinem Mann oder Dauerlebensgefährten trennen.

Du erwartest, ES möge sich für dich entscheiden.

Du erwartest, ES möge die Liebe mit dir leben.

Du erwartest, ES kommt zu dir zurück.

Du erwartest, ES gratuliert dir zum Geburtstag.

Du erwartest, ES bedankt sich für die Dinge, die du für ES tust.

Fazit: Du erwartest ein BESSERES GEFÜHL. Du erwartest, dass dein EIGELB EGOns Softwarefehler kaschiert. Das wird nicht passieren. An der Schleuse zu LEVEL DREI bist du auf dich selbst zurückgeworfen. Fühle, was es zu fühlen gibt. Besonders das Dunkle.

Solange du Erwartungen hast, solange du vom AUßEN etwas erwartest, auf etwas wartest, solange befindest du dich auf LEVEL EINS des Spiels. Der Umstand, dass du auf ein EIGELB getroffen bist, zeigt, dass dein Leben dir ein neues Update verpassen will. Das bedeutet Wartungsmodus. Das bedeutet, die Dinge aufzugeben, an die du dich gewöhnt, die du liebgewonnen hast. Es ist ähnlich wie beim Radiologen. Wenn du in die Röhre gehst, legst du alles ab. Kleider, Schmuck, Handy, Wertgegenstände. Du gehst fast NACKT, in einem dünnen Papierkleidchen, in die Röhre. Du tust das, um zu checken, WO ES KLEMMT.

Die Schleuse ist ein CT für EGOn. Hier wird er durchgecheckt, gewartet, upgedatet.

Natürlich wirst du Erwartungen haben, wenn du in der Schleuse bist. Darum geht es nicht. Wisse, dass sie sich nicht erfüllen werden. Wisse, dass sie ein Rudiment vom LEVEL EINS des Spiels sind. Wie ein Blinddarm, der mal wieder muckt und zwickt. Wenn er sich entzündet, muss er raus. Ansonsten darf er bleiben.

Wenn du weiterhin auf Erfüllung deiner Erwartungen bestehst, wird dein Leben dir eine neue Lektion erteilen. Es wird wieder wehtun. EGONs Schmerzkörper entzündet sich. Wenn EGOn jedoch fühlt, was die unerfüllte Erwartung mit ihm macht, dann kriegt er Flügel. Ich meine es ganz wörtlich: Es macht Sinn, dir deine Erwartungen in den Arsch zu schieben, denn sie wirken wie ein Zäpfchen. Sie wirken als Zäpfchen, den Kampf gegen das Spiel zu beenden. Sie erleichtern die Verdauung deiner Gefühle. Sie lenken deinen Fokus auf das, worum es geht – auf deine Innenwelt. Auf Kopf- und Herzkino. Anstatt zu fordern, geht es auf dem LEVEL DREI ums VERSCHENKEN.

Erwartungen können an dieser Stelle nicht mehr funktionieren. Denn du wirst bereit gemacht, dich deinem Spiel voll und ganz hinzugeben. Du wirst bereit gemacht, mit wenig auszukommen, denn was du brauchst, DAS KOMMT AUS DIR HERAUS. Der Fokus ändert sich. Er liegt nicht mehr außen, sondern innen.

Bisher stellst du dir vielleicht noch folgende Frage: LEBEN, WAS MUSS ICH TUN, WELCHE TECHNIK MUSS ICH ANWENDEN, UM DIES UND JENES zu bekommen?

**DEINE NEUE FRAGE LAUTET: LEBEN, WAS WILLST DU VON MIR?**

**Was bedeutet Regel 5 konkret für das Liebeskummerspiel?**

Wenn es nichts mehr gibt, was EGOn will, dann ist er frei.

## Regel 6: Spiele deine Rolle wie Brad oder Angelina

Du bist hier, um zu spielen. Spiele DEIN Spiel. Es ist das einzige Spiel, das du meistern kannst. Wenn du keine Ahnung hast, wie du das machen sollst, sieh dir dazu deinen Lieblingsfilm an. Vielleicht stehst du auf Harry Potter, vielleicht auf Herr der Ringe, vielleicht auf Maleficent, auf Tomb Raider oder Troja. Wenn du auf Tomb Raider und Angelina stehst, dann beobachte genau, wie du sie in diesem Film erlebst. Hast du das Gefühl, dass Angelina diese Rolle spielt? Oder hast du eher das Gefühl, dass sie diese Rolle LEBT? Beobachte Brad Pitt in Troja. Für mich spielt er diese Rolle besser, als manch einer sein Leben lebt. Er ist ECHT. Er füllt die Rolle des Achilles aus. Er hält nichts zurück. Er gibt alles, was er ist. Er gibt sich dieser Rolle hin. Der Unterschied zwischen einem Schauspieler und einem weltbewegenden Schauspieler ist die Bereitschaft, sich hinzugeben.

Gibst du schon alles im Spiel DEINES Lebens? Auf deiner Bühne?

In jeder Szene? Gibst du dich OCTOPUSSYS Plan hin?

Wie oft schielst du noch auf andere Menschen in deinem Umfeld? Wie oft denkst du, sie haben eine bessere Rolle, eine bessere Position in diesem Spiel ergattert als du? Ich sage dir: Sie haben keine bessere Rolle, sie haben eine ANDERE Rolle. Sie haben eine andere Software, sie haben andere Abenteuer zu bestehen auf ihrer Heldenreise durch IHR Spiel. Wie oft versuchst du, es einem anderen –

zum Beispiel deinem EIGELB – recht zu machen? Wie oft denkst du darüber nach, wie du dich verhalten sollst? Es ist nicht deine Aufgabe, es deinem EIGELB recht zu machen. Es geht um DEINE ROLLE in DEINEM SPIEL. Es geht darum, dein INNERSTES voll und ganz auszudrücken. Nichts zurückzuhalten, so, als wolltest du einen Oskar gewinnen.

Brad Pitt folgt in der Rolle des Achilles einem Drehbuch. Jede Szene ist bereits geschrieben. Jeder Dialog steht wortwörtlich fest. Brad weiß, an welcher Stelle er welches GEFÜHL zum Ausdruck bringen muss. Denn der Zuschauer geht der GEFÜHLE wegen in einen Kinofilm. Das lässt sich die Filmindustrie viele Millionen kosten. Dafür engagiert Hollywood dann die Schauspieler, die ihre Rolle LEBEN. Obwohl Brad Pitt weiß, dass er nur die Rolle von Achilles spielt, spielt er sie, als wäre sie sein Leben. Er spielt, als gäbe es nichts anderes mehr zu erledigen, als die Heldenreise des Achilles zu vollenden. Was du als Zuschauer nicht siehst, ist Folgendes: Achilles von Troja hängt an jedem Abend am Set seine Rolle an den Nagel und wird wieder zu Brad, so wie Lara Croft wieder zu Angelina wird und Harry zu Daniel. Doch wenn die Darsteller am nächsten Morgen wieder in ihre Rolle schlüpfen, dann werden sie zu Helden und zu Heldinnen. Sie lassen ihr Privatleben in der Garderobe. Sie GEBEN ALLES für IHRE Rolle in IHREM FILM. Sie verleihen ihrer Rolle etwas, was du nicht kaufen und nicht gewinnen kannst: Magie.

Das ist es, was sich OCTOPUSSY von dir wünscht. Magie.

Das ist, was passiert, wenn EGOn endlich zur Seite geht: Magie.

Es ist das, was deine irdische Existenz mit Unsterblichkeit erfüllt: Magie.

Spiele DEIN Spiel. Nimm deine Rolle an. Spiele um dein Leben.

**Lerne, was es für deine Rolle zu lernen gibt**

Um deine Rolle meisterlich zu spielen, um deine Spielfigur für alle Zeiten unsterblich zu machen, darfst du in der Lebensschule pauken. Immer wieder neu. Du entwickelst deine Fähigkeiten, um dein Spiel besser zu spielen. Du entfaltest dein Potenzial, um tiefer in deiner Rolle anzukommen. Du erfindest dich nagelneu, um von deiner Essenz zu kosten. Um einen anderen mit neuer Lust zu infizieren. Mit neuer Lust auf SEINE Rolle. Du bist ein Vorbild, ein Role Model. Du predigst nicht, du lebst in deiner Rolle vor.

Brad und Angelina lernen für jede ihrer Rollen etwas Neues. Karate, Boxen, Kung Fu, Reiten, Ballett, Singen und Tanzen. Sie werden besser. Sie entwickeln sich. Sie arbeiten an ihren Charakteren, um die Charaktere ihrer Rollen besser auszufüllen. Sie wollen sich noch eindrücklicher zum Ausdruck bringen. Sie legen ihr ganzes SEIN in diese eine Rolle. Dafür müssen sie Neues lernen. Sie müssen vergessen, was sie zu wissen glauben. Sie stellen Glauben und Wissen in Frage. Das, was in ihrer letzten Rolle funktionierte, das funktioniert in dieser Rolle nicht. Sie lassen los, lernen neu. Auf diese Weise entspannen sie ihren EGOn immer wieder neu. Sie überlassen OCTOPUSSY die Führung. Sie tun, was nötig ist.

Für dich gibt es nur eine Hauptrolle zu erfüllen. Für dich gilt es, nur DEINE Persönlichkeit zu entfalten. Vielleicht lernst du dafür Reiten,

Singen, Tanzen und Taekwondo? Vielleicht lernst du neue Sprachen, studierst Informatik oder Medizin? Vielleicht lernst du ein Instrument, bis das Instrument zu deinem Körper wird, bis es mit dir verwächst und du mit ihm.

### Bringe dein Innerstes zum Ausdruck

Wenn du wütend bist, sei wütend. Wenn du traurig bist, bringe deine Traurigkeit nach außen. Wenn du weinen musst, lasse deine Tränen fließen. Wenn du lachen musst, lass dein Lachen schallen. Drücke deine Gefühle volle Kanne aus.

Du hältst dich meist zurück. Du unterdrückst das Pathos, das dich über alle Maßen lebendig macht. Du stellst dein Licht unter irgendeinen Scheffel, bis du nur noch als ein blasser Abklatsch deiner Göttlichkeit übrig bleibst. Warum tust du das? Weil ein anderer falsch über dich denken könnte? Weil du Angst hast vor seiner Reaktion? Weil du Ablehnung erfahren könntest, wenn du zu deinem Ausdruck stehst?

Drück dich aus, ohne Sorge um die Reaktion deines Gegenübers. Wenn du manipulieren willst, manipulierst du dich selbst an die Wand. Bis du wie eine totgeschlagene Fliege daran klebst. Bis du nichts mehr fühlst, nichts mehr bist, nicht mehr spielst. Unterdrückst du den Ausdruck deiner Emotionen, dann unterdrückst du dich selbst.

Bei all der Unterdrückung deiner Emotionen passiert nur eines: DU UNTERDRÜCKST DICH SELBST, DU LEHNST DICH SELBER AB.

Und ein anderer wird dir diese Ablehnung spiegeln müssen. Ob ElGELB oder eine andere karmische Nervensäge: Kaum bist du auf dem Spielfeld mit dem roten Herz gelandet, wirst du auch schon wieder rausgekickt. Denn du hast dir dieses Feld noch nicht verdient. Du spielst noch nicht, als ginge es tatsächlich um dein Leben. Dein Herz ist noch nicht offen für JEDES Gefühl. Die Liebe bleibt nicht. Und du darfst nachsitzen in der Liebesschule, hast ElGELB-Arrest.

Übe, Baby, übe. Drück dich aus. Traue dich, deinen Gefühlen freien Lauf zu lassen. Sage einem Menschen, was du auf dem Herzen und auf der Zunge hast. Scheiß egal, ob ein anderer deine Emotionen erwidert. Wenn du sie ausdrückst, weißt du, woran du bist. Du hast die Szene mit Bravour gespielt und kannst endlich zur nächsten Szene wechseln. Du willst weiterkommen? Dann drücke deine Gefühle aus. Deine Gefühle sind Magie. Sie sind der Zauber, wegen dem OCTOPUSSY hierhergekommen ist. In deinen Körper, auf dieses Spielfeld, zu diesem aktuellen Abenteuer.

Wenn du ins Kino gehst, setzt du die Schlafbrille auf? Steckst du dir Oropax in deine Ohren? Hoffentlich nicht. Ich hoffe, dass du hinsiehst. Ich hoffe, dass du hinhörst. Ich hoffe, du stellst all deine Sinne auf Empfang.

**Sorge dafür, dass ein anderer hinhört, hinsieht, mit dir mitfühlt.** Spiele deine Rolle, indem du dein Innerstes nach außen bringst. Spiele deine Rolle, als gäbe es einen Oskar zu gewinnen. Drücke dich auf DEINE Weise aus, aber drücke dich aus. Vielleicht zeigst du deine Traurigkeit ganz still, während ein anderer sie laut zum

Ausdruck bringt. Bleib bei deinem Ausdruck, aber bitte, DRÜCK DICH AUS.

**Spiele die Szene so lange, bis sie sitzt**

Das geht Brad und Angelina nicht anders. Eine Szene wird so oft und so lange wiederholt, bis sie im Kasten ist. Ob sie im Kasten ist, das entscheidet der Regisseur. Der Regisseur deines Films, deines Spiels ist OCTOPUSSY. OCTOPUSSY kontrolliert, ob die Gefühle in der Szene stimmen. OCTOPUSSY überprüft, ob der Dialog im Kasten ist. Sagst du, was dir auf der Zunge liegt? Spuckst du es aus? Schluckst du es runter?

OCTOPUSSY hat bei EGOn eine Souffleuse eingebaut. Du hörst sie die ganze Zeit. Sie diktiert den Dialog des Drehbuchs. Die meiste Zeit setzt du dich dagegen zur Wehr, das, was dir die Stimme flüstert, nachzusprechen. Du traust dich nicht, denn EGOn wurde konditioniert. Er wurde gezüchtigt, er wurde abgerichtet.

„DAS SAGT MAN NICHT“ wurde zu deinem Mantra.

Dennoch weißt du, dass diese Stimme dir aus der Seele spricht. Die Zeit ist gekommen, dir ein neues Mantra zuzulegen: „ICH SPIELE MEINE ROLLE VOLL UND GANZ! ICH VERTRAUE DER SOUFFLEUSE!“

Mit diesem Mantra schaffst du es nach und nach, die Konditionierungen deines Lebens abzuwerfen. So wie ein Baum im Herbst sein welkes Laub abwirft. Wenn du spielen willst, wenn du Zug um Zug deinem Happy End entgegenlaufen willst, wenn du erblühen, dich entfalten willst, dann sprich nach, was die Souffleuse in dir flüstert.

Ihre Stimme dringt meistens zu dir durch. Manchmal sprichst du auch schon nach, was sie dir souffliert. Und oft nimmt dein Leben dann eine überraschende Wende. Im Nachhinein erkennst du, dass es vollkommen war, die Worte der Souffleuse zu erhören. Wenn du den Dialog deines Drehbuches jedoch unterdrückst, dann ärgerst du dich oft im Nachhinein: Wieso habe ich mich nicht getraut, DAS, was ich sagen wollte auszusprechen?

Hast du es nun satt, dass du die gleiche Szene immer und immer wieder spielen sollst? Auch, wenn sich ab und an die Schauspieler ändern, wenn sich der Namen deines EIGELBS ändert: Die Szenen ähneln sich. Am Schluss ist das EIGELB weg oder es liegt mit einer anderen in der Pfanne. Und du bist wieder mal allein. Dämmert es dir gerade? Deine Szene ist noch nicht im Kasten. Der Regisseur ist nicht zufrieden. Du hast noch längst nicht alles an Ausdruck, an Gefühl, an Worten, an Wahrhaftigkeit gegeben. Du hältst etwas zurück. Du hältst dich zurück. Also spiele. Spiele besser. Spiele wahrhaftiger. Spiele, als hättest du nur noch diese eine Chance. Spiele um die Liebe, um dein Herz, um deine Unsterblichkeit im Herzen eines anderen. Wenn die Szene im Kasten ist, geht es in deinem Film, in deinem Spiel munter weiter.

**Vertraue der Souffleuse**

Im Theater ist eine Souffleuse leise, damit das Publikum sie nicht hören kann. In deinem Kopf-Kino ist sie die lauteste Stimme des Stimmenchors. Sie ist ein Solist. Du kannst sie nicht überhören. Wenn du keine Stimme hörst, halte die Klappe. Immer, *wenn* du diese Stimme hörst, dann stellst du fest, dass diese Stimme oft nicht angepasst, nicht höflich und nicht lieb und sanft agiert. Die Stimme der Souffleuse ist DAS Instrument von OCTOPUSSY, einem anderen EGOn einen klaren Befehl zu erteilen, wenn er in deinem Spiel die Spielregeln verletzt. Die Souffleuse in deinem Kopfkino benutzt DEINEN EGOn als Kanal, um einen ANDEREN EGOn zu ermahnen, damit sich das Spiel entfalten kann. Die Stimme wird schreien, quietschen, weinen, flüstern, brüllen. Manchmal wird sie singen, oft wird sie lachen. Höre auf die Stimme, auch wenn sie frustriert, gestresst und wütend klingt.

Du hast gelernt, bei Wut die Klappe zu halten. Du hast gelernt, deinen Ärger runterzuschlucken und zehnmal tief zu atmen. Stell dir doch nochmal Achilles von Troja vor. Er erinnert sich, was sich gehört. Er kämpft nicht mehr. Er spricht nur noch sanft und lieb. Er steht auf dem Kampfplatz und atmet tief. Und singt ein OM. Was für ein Film soll das werden? Jedenfalls keiner, der es in die Kinos schafft.

JA, die Souffleuse ist über die Software deines EGOns im Bilde. Wenn EGOn seine Wut seit Jahren unterdrückt, wenn er auf einem Pulverfass sitzt, dann flüstert die Souffleuse vielleicht sowas wie: „Das blöde EIGELB würde ich am liebsten an den Heizkörper fesseln und langsam quälen, bis es um Erlösung bettelt.“ SPRICH ES AUS. Wenn EGOn noch sehr bedürftig ist, dann wird die Souffleuse flüstern: „Ich brauche dich, ich werde niemals wieder ein anderes EIGELB lieben können.“ HAU ES RAUS.

Ja klar, das klingt bedürftig. Endlich sprichst du aus, was du die ganze Zeit sowieso schon fühlst. Was soll das für ein Film sein, indem die

Schauspielerin ihre Bedürftigkeit für sich behält und dem Publikum nicht zeigt? Macht das Sinn? Solch einen Liebesfilm will auch niemand sehen. Glaube mir: Ich war in meinem Leben bedürftig, ich war eifersüchtig, ich war zum Kotzen zu einem anderen. Meist war ich ehrlich. Und soll ich dir was sagen? Ich bin damit gut gefahren. Meine Partner haben mich dafür umso mehr geliebt.

Entwicklungsschritt für Entwicklungsschritt wird sich die Stimme der Souffleuse ändern. Doch ganz sanft und zahm wird sie nie. Sie wird immer noch aus Liebe schreien, um ihre Rolle voll und ganz zu spielen. Der Grund für das Geschrei wird sich ändern.

**Hänge deine Rolle ab und zu an den Nagel**

Den ganzen Tag bist du in deinem Spiel ein JEMAND. Du spielst deine Rolle, die viele Gesichter hat, virtuos und immer meisterlicher. Vielleicht bist du Mutter oder Vater, Geliebte oder Geliebter, Muse, Ehefrau oder Ehemann, Chefin oder Chef, Lehrerin oder Lehrer, Kritiker und Gegner, Freundin oder Freund, Kind, EIGELB oder EIWEIß. Du bist als umfangreiches Rollenspiel in dieses Spiel gekommen. Wenn du nun mit allen Sinnen spielst, dann brauchst du ab und an eine Pause.

Erinnere Dich: Achilles wird am Abend wieder zu Brad, Lara Croft wird zu Angelina, Harry wird zu Daniel. Zu wem wirst du, nach einem langen, aufregenden Tag?

Schlüpfe aus jeder deiner Rollen immer wieder raus. Sei ab und an ein NIEMAND. Das gelingt dir, wenn EGOn zur Seite geht und sich für OCTOPUSSY öffnet. Dann erkennst du, dass du alles und gleichzeitig ein NIEMAND bist. Dieser Moment ist unglaublich befreiend. Jede Identifikation, jede Verhaftung, jede Bedürftigkeit fällt von dir ab. Du bist, was du gerade bist. Ein Schauspieler, der gerade Pause hat.

Ich habe von Leuten gelernt, die ihre Rollen immer spielten, als ginge es um ihr Leben. Lorenz, der Papa meines jüngsten Sohnes, spielte in meinem Leben den Tyrannen. Ich hatte ihm zu gehorchen und zu Diensten zu sein. Meinen Hang, mich selbst zu finden, nannte er weltfremd. Ich würde den Boden unter den Füßen verlieren. Ich würde bald total durchgeknallt durch die Weltgeschichte wandeln. Und dann würde er mir unseren Sohn entziehen. Damals war ich 28 und ich fing an, mich mehr und mehr mit spirituellen Themen zu beschäftigen.

Unsere Wege drifteten auseinander. Ich wollte mich trennen. Er rechnete mir vor, wie weit ich OHNE IHN käme, denn wir hatten eine gemeinsame Firma und ein Haus. Für beides hatte ICH die Kredite unterschrieben. Er war der Macher. Und er machte seine Sache gut. Nicht nur im Geschäft. Auch als Vater. Auch als Beschützer seiner Familie. Nur in der Liebe fehlte was. MIR FEHLTE WAS. Ich durfte nicht sein, wer ich sein wollte. Ich durfte mich nicht kleiden, wie ich wollte. Er hatte einen festen Plan für meine Entwicklung, für meine Rolle in seinem Leben aufgestellt. Er wollte mein Drehbuch ändern. Er sagte, er würde mich ruinieren, wenn ich ihn verlassen würde. Und ich trennte mich, was mir zum ersten Mal im Leben mein finanzielles Rückgrat brach. Ich war pleite. Und ich war frei. Frei – meine Bücher zu lesen. Frei – Karten legen zu lernen. Frei – meinen Gedanken nachzuhängen. Frei – anzuziehen, WAS ICH WOLLTE. Und frei, meinen Sohn so zu erziehen, wie ich es für richtig halte. Mein Sohn blieb bei mir.

Lorenz starb vor vier Jahren. An Darmkrebs. Einige Zeit vorher sagte er:

DU HAST MICH UMGEBRACHT, WEIL DU MICH VERLASSEN HAST.

Heute denke ich voller Freude an die Zeit mit ihm. Er war ein großer Lehrer. Ich hatte meinen spirituellen Spleen. Er wusste, wie man Geld verdient. Ich habe von ihm gelernt und mich wieder aufgerappelt. Außerdem war er zu jeder Menschenseele gut. Obwohl er eine Rolex hatte, Bentley fuhr und auf Louis Vuitton stand, sprach er mit Königen und mit Bettlern. Er kümmerte sich mit Hingabe um seine Eltern und um unseren Sohn. Er war ein Menschenfreund, der nicht wusste, wie man seine Gefühle zeigt. Ich habe ihn geliebt. Ich werde ihn weiter lieben. Unsere Wege sind einfach auseinander gelaufen. Er musste tun, was er tat. Und ER SPIELTE SEINE ROLLE GUT. Er spielte seine Rolle hervorragend.

Rückwirkend betrachtet hatte ich die meiste Zeit mit Menschen zu tun, die ihre Rolle mit all ihren Talenten spielten. Mit all ihren Erinnerungen, mit all ihren Träumen. Sie hatten keine Skrupel, keine Fragezeichen in den Augen und keine Hemmungen, ihre Rolle durchzuziehen.

**Was bedeutet Regel 6 konkret für den Fortschritt im Liebeskummerspiel?**

Wenn EGOn in seiner Rolle angekommen ist, wird er sich richtig fühlen. Sein Selbstwert kriegt eine Latte.

## Regel 7: Bleib auf DEINEM Spielfeld

Das ist eine Königsregel. Verleibe sie dir ein. Massiere sie in deine Sinne. Schreib sie dir in deine Hand. Sie muss dir in Fleisch und Blut übergehen. Ich bin sicher, du treibst dich noch viel zu oft auf dem Spielfeld (d)eines EIGELBS rum.

Vielleicht durchstöberst du sein Instagram-Profil nach neuen Informationen. Vielleicht kontrollierst du seine Online-Zeiten bei WhatsApp. Vielleicht befragst du Freunde und Bekannte über ihn. Das bedeutet, das Spielfeld deines EIGELBS zu besuchen, ohne eine Berechtigung dafür zu haben.

Bist du mit dem Würfeln dran und stehst nach deinem Zug auf einem Spielfeld ganz alleine, dann kümmere dich nur um DICH. Bringt dich die Zahl auf dem Würfel jedoch auf ein Spielfeld, auf dem dein Eigelb steht, DANN und nur DANN seid ihr für einen kurzen oder langen Moment im gleichen Spiel, weil ihr beide die gleichen Koordinaten habt. In dieser Zeit gehört dein EIGELB zu DEINEM Spiel. Das bedeutet, im direkten Zusammensein seid ihr beide auf dem gleichen Spielfeld. Auch dann, wenn es sich FÜR DAS NÄCHSTE TREFFEN bei dir meldet. Jede andere Meldung deines EIGELBS dient der Ablenkung von deinem Spiel. Sei ihm deswegen nicht böse. Es kann nichts dafür. Es erfüllt nur seinen Spielplan. Jeder Mucks, jeder Laut, den dein EIGELB von sich gibt, dient dazu, dich von deinem Weg abzubringen. Dich ins Dickicht zu locken, in SEIN Spiel. Und die Großmutter bleibt ohne Kuchen und ohne Wein.

Auch ein Treffen mit deinem EIGELB kann dich dazu bringen, von deinem Spielfeld abzurücken. Nämlich dann, wenn du die Art von Beziehung, die du dir mit deinem EIGELB wünschst, nicht bekommst. Stelle eine Regel auf, wie oft du noch bereit bist, das EIGELB beziehungsstatuslos zu treffen. Gib der Regel eine Konsequenz an die Hand. Denn ohne Konsequenz ist eine Regel KEINE Regel. Eine Regel könnte so aussehen: Ich treffe mein EIGELB noch zehnmal. Will es sich bis dahin nicht zu mir bekennen, wird es kein weiteres Treffen mehr geben.

Somit bleibst du klar in DEINEM Spiel, weil DU die Regeln machst. Hältst du dich allerdings nicht an deine Regel und Konsequenz, bist du hoffnungslos auf dem Spielfeld deines EIGELBS verloren.

Es gibt nicht nur dein EIGELB, dass dich von deinem Weg durchs Spiel ablenkt. Das können Kollegen, Freunde oder auch deine Familie genauso gut. Manchmal ist es nicht ganz einfach herauszufinden, wann du dich auf DEINEM Spielfeld oder auf dem Spielfeld eines anderen befindest. Faustregel: Kümmere dich unbedingt um die Wesen, für die du verantwortlich bist. Das sind deine Kinder bis zu einem Alter von 18 Jahren, dein Lebenspartner, mit dem du in einer offiziellen Beziehung lebst, deine Haustiere, deine Schüler, wenn du Lehrer bist, deine Angestellten. Halte dich auch dabei an klare Regeln, die bei Übertretung Konsequenzen haben. Wenn du Kinder hast, weißt du, wie wichtig das ist. Für eine Partnerschaft ist es ebenso förderlich. Halte dich aus dem Leben von Menschen heraus, für die du nicht verantwortlich bist. Auf den Spielfeldern dieser Menschen bist du ab und an zu Gast. Dort gelten die Regeln dieser Menschen. Eine Ausnahme besteht, wenn es mit einem Menschen eine klare Absprache, eine Regel gibt und ihr beide euch daran haltet.

**Beispiel für eine Regel mit Konsequenz auf deinem Spielfeld**

Sitzt du in einem Restaurant und bestellst dir ein Essen, dann befindest du dich in DEINEM Spiel, denn ab und an brauchst du etwas zu essen. Nun stellst du eine Regel auf. Diese könnte so aussehen: Wenn ich in einer halben Stunde meine Spaghetti nicht bekommen habe, spreche ich den Kellner darauf an. Habe ich die Spaghetti innerhalb einer Stunde trotz Nachfrage nicht bekommen, verlasse ich das Restaurant. Ziehe deine Regel durch. Wenn du deine Regel durchziehst, dann bist du in deinem Spiel. Bleibst du sitzen und wartest, wirst du Teil eines anderen Spieles.

**Zu Gast in fremden Spielen:**

Natürlich bist du immer wieder zu Gast auf fremden Spielfeldern, in fremden Spielen. Dort herrschen die Regeln der anderen. Merke: Immer dann, wenn du die Regeln nicht selbst bestimmen kannst, bist du zu Gast in einem fremden Spiel. Es ist wichtig, das zu wissen und zu verstehen. Bist du zu Gast auf einem anderen Spielfeld, dann willigst du in die Regeln des Gastgebers ein. Gastgeber können private Personen, Firmen oder die Gesellschaft sein. Als Gast bist du in einem anderen UND in DEINEM Spiel gleichzeitig, solange du nicht versuchst, die Regeln des Gastgebers zu verändern. Kämpfst du gegen die Regeln des Gastgebers, gibst du DEIN Spiel auf und spielst das Spiel eines anderen.

Verkehrsregeln sind nicht DEINE Regeln. Bewegst du dich mit dem Auto auf der Straße, bist du in deinem Spiel und zugleich zu Gast in einem fremden Spiel. Im Spiel der Gesellschaft. Halte dich an die Regeln. Wenn du sie übertrittst, wenn du zu schnell fährst, wenn du einen Strafzettel kassierst, dann bezahle mit einem lachenden Auge. Du hattest deinen Spaß. Du bist zu schnell gefahren. Du hast falsch geparkt. Es ist die Konsequenz im Monopoly der Welt.

Auch wenn es in diesem Buch um Liebeskummer geht: Es ist wichtig, dass du das Prinzip verstehst, WANN du in DEINEM und wann du im Spiel eines anderen bist.

Kämpfst du gegen die Frau, gegen die Freundin, gegen die Kinder oder gegen die Familie deines EIGELBS, gibst du DEIN Spiel auf. Fühle in solch einem Fall, was es zu fühlen gibt, ziehe die Konsequenzen und kehre in DEIN Spiel zurück. Sei nie zu lange der Gast in einem fremden Spiel. Du könntest vergessen, dass du Rotkäppchen auf dem Weg zur Großmutter bist.

**Was bedeutet Regel 7 konkret für den Fortschritt im Liebeskummerspiel?**

Wenn EGOn auf seinem Spielfeld bleibt, verschwindet Leid.

## Regel 8: Schütze dein Reich

Ich erinnere dich: In tiefster Konsequenz kannst du nicht sterben. In tiefster Konsequenz kann dich niemand verletzen. In tiefster Konsequenz bist du unverwundbar und unsterblich. Denn du bist nicht nur die Spielfigur, du bist das ganze Spiel und der, der es erfunden hat. Du bist OCTOPUSSY.

Im Kontext des Spiels kannst du Schaden erleiden. Du kannst verletzt werden, du kannst scheitern, etwas dir Wichtiges verlieren oder erkranken. Du kannst das nicht verhindern, denn das Abenteuer deines Lebens gibt OCTOPUSSY das, was sie sucht: Gefühl. Und so meisterst du Tag für Tag dein Spiel.

Du hast gelesen, dass Kampf das Spiel behindern kann. Und dennoch: Manchmal *musst* du kämpfen, denn so steht es in deinem Skript. Manchmal musst du dich ergeben. Die Frage ist: KÄMPFEN ODER ERGEBEN? WAS IST GERADE DRAN?

Für die Antwort auf diese Frage brauchst du einen wachen Geist:

IST ES DEIN KAMPF? Hast du Verantwortung für den Menschen, wegen dem du kämpfst? Findet der Kampf auf deinem Spielfeld statt oder auf dem Spielfeld eines anderen?

Das Spiel liefert dir immer wieder neue Antagonisten. Du wirst dem Feind in deinem Bett begegnen. Du ziehst Frauen oder Männer an und aus, die dich prüfen. Prüfen, ob du deine Grenzen wahrst. Prüfen, ob du DEIN Spiel spielst. Wenn du Regel 6 befolgst, dann kommst du mehr und mehr in deiner Rolle an.

Du bist eine Königin. Als Königin schützt du dein Reich. Du schützt die Menschen, die dir vertrauen. Du schützt deine Kinder, falls du welche hast. Du schützt deine Freunde, die auf dich zählen. Du schützt deine Klienten oder Kunden, die dir vertrauen. Du schützt deine Kolleginnen und Kollegen. Du schützt deine Träume und Visionen für dein Reich. Du schützt deine Fähigkeit, zu regieren. Schachmatt kommt für dich nicht länger infrage.

Also prüfe genau, ob es ein *König* ist, der um Einlass bittet. Prüfe genau, ob dieser König in guter oder zweifelhafter Absicht kommt. Prüfe, ob er deine Gunst ausnutzen und dein Reich plündern will oder ob er dir Geschenke bringt. Prüfe genau, ob es ein König ist, der bereit ist, DEIN Land mit dir zu regieren. Prüfe, ob das Wirken dieses Mannes dich unterstützt. Ob es dich stärker, schöner, mutiger und freier macht. Ob es dich und dein Reich zum Leuchten bringt.

Wenn dem so ist, dann lasse diesen König in dein Reich. Bewirte ihn und schmiede mit ihm Pläne. Sieh, wohin euch eure Liebe führt. Wenn dem nicht so ist, dann verschließe die Tore deines Reiches für diesen Mann. Nicht dein Herz. Nur dein Reich. Fühle, was es zu fühlen gibt, und setze Grenzen. Bedanke dich für seinen Besuch und weise ihm den Weg zurück in SEIN gelobtes Land. Erinnere dich: Du bist eines Königs wert. Der König wird vielleicht versuchen, um dich zu werben. Er wird versuchen, dich mit Worten und ein paar Krümeln seiner Liebe von deinen Prinzipien abzulenken. Er wird mit großer Sicherheit deine Grenzen testen. Vielleicht ruft er dich an. Vielleicht schickt er dir liebevolle SMS, vielleicht sagt er dir, er brauche Zeit. Zeit wegen einer anderen Königin? So etwas kommt in keinem Märchen vor, an das ich mich erinnern kann. Deine Staatsgeschäfte laufen jetzt. Du bist JETZT auf deiner Heldenreise und diese Reise wartet nicht. Eine Königin wartet nicht auf einen Mann, der sich gerade nicht entscheiden kann. Eine Königin wie du hat ein ausgefülltes Leben und ein Herz aus Gold. Ein anderer König wird dein Herz zu schätzen wissen und seine Sonne um dich drehen. Er wird SEIN Reich zu deinem tragen.

**Was bedeutet Regel 8 konkret für den Fortschritt im Liebeskummerspiel?**

Wenn du dein Reich beschützt, ist endlich Schluss mit „EGOn allein zu Haus". Er kann in seinem Tempo erwachsen werden.

## Regel 9: Kämpfe nicht gegen negative Gefühle

Bis hierhin hast du Folgendes kapiert:

- EGOn ist ein Stückchen OCTOPUSSY, das sich vergessen hat, um die Illusion der Trennung zu erschaffen.
- „Mama Seele" hat aus sich selbst heraus „Sohn EGOn" gezeugt, um sich zu erfahren. Als Mutter und als Sohn.
- Sich erfahren können bedeutet: ALLES fühlen können.
- Zum Erfahren braucht es Triggerpunkte oder Triggertasten, die EGONs Instrument (Emotionalkörper/Schmerzkörper) zum Erklingen bringen.

- Triggertasten am Instrument von EGOn lösen Töne, also Gefühle aus. Hohe und tiefe, helle und dunkle, Dur und Moll.
- EGOn zeigt, wenn er getriggert wird, körperliche Symptome und OCTOPUSSY kann sich erfahren.

Jeder EGOn bringt ein anderes Instrument mit in dieses Leben. Ob dein EGOn Klavier, Querflöte, Mundharmonika, Saxofon, Schlagzeug, Gitarre, Orgel, Akkordeon oder Cello spielt, das findest du mit der Zeit heraus. Ermuntere deinen EGOn immer wieder, auf seinem Instrument zu spielen, denn zum Spielen ist er hier. Er ist auch hier, damit ein anderer auf ihm spielt, seine Knöpfe drückt, in seine Tasten haut, an seinen Seiten zupft, in seine Löcher bläst, auf ihn schlägt. Egon ist Instrument und Werkzeug der Seele. Spielt ein anderer oder EGOn selbst auf seinem Instrument, löst das in EGOn Gefühle aus. Positive und negative. Plus und Minus.

**Positive und negative Trigger**

Freude und Schmerz sind wie das Einatmen und Ausatmen von EGOn.

Freude, Ekstase, Leichtigkeit machen die Lunge von EGOn weit.

EGOn atmet OCTOPUSSY ein und dehnt sich aus. EGOn wird größer. Wie ein Akkordeon, das man auseinanderzieht, wie ein Luftballon, der aufgeblasen wird. Und natürlich hat EGOn Schiss, vor Freude zu zerspringen. Denn ein zu viel an Luft, bringt ein Akkordeon zum Zerreißen und jeden Luftballon zum Platzen. Ein zu viel an OCTOPUSSY könnte EGOn vor lauter Freude zum Zerspringen bringen. Davor sträubt EGOn sich, denn EGOn will auf dem Spielfeld überleben. Das ist vom „Boss“, von OCTOPUSSY, auch so gewollt. Damit EGOn überlebt, wird er negativ getriggert und atmet wieder aus. Er wird kleiner, zieht sich zusammen, fühlt Wut, Ablehnung, Einsamkeit und Traurigkeit. Er fühlt sich selbst und seine Grenzen. Und Grenzen sind, was EGOn ist.

Ist EGOn noch ein kleines Kind, hat er mit seinen Grenzen und allen Gefühlen kein Problem. Er fühlt, was er fühlt. Er bewertet die Emotionen nicht. Klein-EGOn drückt sich aus, so, wie es Kinder eben tun. EGOn spielt auf seinem Instrument und entlockt ihm jede Menge Emotionen.

Doch plötzlich kommt ein EGOn, der schon etwas größer ist. Und dieser EGOn sagt:

WUT BRINGT DICH UM!

TRAURIGKEIT MACHT KRANK!

FRUST MACHT ALT!

Und Schritt um Schritt wird EGOn konditioniert, dass er auch durch Ausatmen, durch negative Emotionen sterben kann. Und dass man von seinem Umfeld ausgestoßen wird, wenn man nicht angepasst und freundlich ist. Und so kriegt EGOn die Persona. Das Pokerface. Schöner Scheiß. Zu viel Himmel ist tödlich, zu viel Hölle bringt dich auch um die Ecke. EGOn versucht, dem Dilemma des sicheren Todes zu entkommen.

Klein-EGOn wächst und guckt von den erwachsenen EGOns ab.

Von Mama-EGOn und Papa-EGOn. Von Lehrer-EGOn und Vorbild-EGOn. EGOn sieht andere EGOns von Werbeplakaten lächeln und denkt: Wenn ich so bin, dann habe ich Erfolg. Dann bin ich jemand, dann bin ich IN. Bald hat EGOn vergessen, dass negative Emotionen zum Leben wichtig sind. EGOn steht immer mehr auf positive Emotionen und verbindet Ausatmen mit Leid. Man hat es ihm schließlich jahrelang so eingeredet. Also hält EGOn die Luft an, weil er nicht leiden will. Er unterdrückt den Reflex, auszuatmen, bis er zu ersticken droht. Erst dann, sehr widerwillig, fühlt er, was er fühlen MUSS, er atmet aus.

Probiere das gleich mal aus. Wie fühlt sich das an? Atme ein, halte die Luft an, bis du das Gefühl hast, zu ersticken. Das ist wirklich keine echte Freude mehr. Das ist KAMPF. Genau. EGOn kämpft dagegen an – AUSZUATMEN. EGOn kämpft gegen die negativen Emotionen. Und wenn er ein bisschen ausgeatmet hat, atmet er ganz schnell und tief wieder ein, damit der Schmerz nicht allzu heftig wird.

**Seitensprung von EGOn**

Ab und an kann EGOn die Luft nicht anhalten. Er muss atmen. Wie kämpft EGOn also gegen Gefühle, wenn er atmen muss? Er lenkt sich ab. Mit Alkohol, Zigaretten, Shoppingtouren, einem geilen Film, einem Friseurbesuch, großartigem Sex, einer neuen Ausbildung und illusionären Gedanken an sein EIGELB. Mit einer neuen Runde im Kettenkarussell einer Beziehung ohne Zukunft. Mit neuen Plänen, mit Wichtigtuerei, seinen messbaren Erfolgen, schlauen Sprüchen und mit einem neuen Konzept. Die Ablenkung nennt EGOn dann

SELBSTLIEBE. Denn Ablenkung bringt EGOn ruckzuck in ein besseres Gefühl. Das limbische System hat erreicht, was es will. EGOn hat mal wieder einen Seitensprung.

**Agiere deine Gefühle aus**

1. Fühle, welches Gefühl deinen Körper gerade dominiert.
2. Lass deine Gefühle raus, indem du deinen Körper sich bewegen lässt. Was will dein Körper tun, um das Gefühl auszudrücken? Bist du fortgeschritten, dann übe dualsachliches Fühlen.
3. Bringe die Gefühle verbal zum Ausdruck.

Wie Fühlen geht, hast du bereits in Kapitel 1 gelernt. Nun kannst du deine Gefühle zuerst ausagieren. Bei Wut hilft Boxen oder Würgen. Du kannst in ein Kissen oder in die Matratze boxen. Du kannst ein Handtuch drehen und dann erwürgen. Du kannst mit beiden Beinen auf den Boden stampfen. Und du kannst schreien. Werfe vorher noch einen Blick in deinen Mietvertrag unter dem Absatz: Gründe für eine fristlose Kündigung.

Wenn du Trauer spürst, dann heule. Heule wie ein Schlosshund, heule mit den Werwölfen um die Wette. Nun gibt es auch Gefühle, die sich schwer performen lassen. Wie Ablehnung zum Beispiel oder Ohnmacht. Setz dich still hin und fühle die pure, reine Energie. Bewerte nicht. Fühle. Energie ist IMMER positiv, denn sie hat ein Energiepotenzial. Wenn du fühlst, gibt das Gefühl, die Energie, dir Kraft. Denn sie strömt in dich ein. Kämpfst du dagegen an, brauchst du Kraft. Und verlierst deine Energie. Es ist nie die Energie, die dich stärkt oder schwächt. Es ist immer der Kampf gegen die Energie, der aus Herkules ein Häschen in der Grube macht.

Hast du die Emotionen ausagiert, dann sprich dich aus. Kannst du Mr. oder Mrs. Schütze erreichen, deren Verhalten dich so triggert? Dann ruf an oder triff dich mit dem auslösenden Element.

Auszusprechen, WAS DU FÜHLST, ist kein SEITENSPRUNG, sondern SelbstBEKENNTNIS. Du erklärst einem Schützen, WO DU gerade stehst. Hätte-hätte-Fahrradkette ist Seitensprung. Das Hier und Jetzt auszudrücken, das ist TREUE. Treue zu dir selbst:

Wenn du sprichst, dann fang an mit: Ich fühle kolossale Wut und könnte dich in Stücke reißen.

Ich denke, dass du dich wie eine Mistkröte verhältst, weil ...

Ich bin gerade völlig aufgelöst, weil ...

Drücke lediglich aus, was ein Umstand oder ein Verhalten eines Schützen mit DIR macht. Denke daran: dieser Schütze trifft dich in deiner Wunde. Er ist ein Geschenk der Seele. Vielleicht liest du auch nochmal bei der Spielfigur des Schützen nach. Was dich triggert, bringt dich weiter – wenn du fühlst.

**Was bedeutet Regel 9 konkret für den Fortschritt im Liebeskummerspiel?**

Wenn EGOn Schmerz, Wut, Trauer und alle anderen Scheißgefühle fühlt, wird er aus dem Liebeskummer herauskatapultiert.

## Regel 10: Kämpfe nicht gegen das Spiel selbst

Vielleicht findest du es schwierig, herauszufinden, wann du nach Drehbuch kämpfst oder wann du gegen das Drehbuch, gegen das Spiel selbst kämpfst. Achilles hat in Troja die meiste Zeit zu kämpfen, wenn er gerade mal nicht schläft. Es steht in seinem Drehbuch. ER IST EIN KÄMPFER in diesem Film. Er lebt für den Kampf. Er LIEBT den Kampf. Der Film wäre ohne Kampf überhaupt kein Actionfilm.

Ich stelle mir gerade vor, wie die Trojaner es sich bei den Eindringlingen im Trojanischen Pferd gemütlich machen. Vielleicht lädt Achilles den König zu Kaffee und Kuchen ein. Dann diskutieren und verhandeln beide Parteien mittels gewaltfreier Kommunikation. Sie lächeln sich an und die Trojaner bitten darum, ihr Land nicht zu zerstören. Man könnte es doch mit Licht und Liebe lösen. Die Eindringlinge wiederum beharren dann noch liebevoller darauf, dass Troja jetzt IHNEN gehört. Und das man, wenn man an die Liebe glaubt, sein Land doch nicht mehr braucht. Weil schließlich nur die Liebe zählt. BULLSHIT. Ein Kampf-EGOn ist zum Kämpfen da. Die Frage ist WOFÜR. Welche Mission hat dieser EGOn zu erfüllen?

### Der Kampf gegen das Spiel

Als Schauspieler füllt Brad Pitt also die Rolle des Achilles aus. Er kämpft nicht gegen das Drehbuch, er hat einen Vertrag unterschrieben. Brad tut, was im Drehbuch steht. Würde er nun sagen: Ich will im Film aber nicht schlafen, ich will nachts auch noch kämpfen, ich will den ganzen Film ganz anders haben, DANN KÄMPFT Brad gegen das Drehbuch, dann kämpft er gegen das Spiel selbst.

Natürlich wirst du dich mit deinem Partner streiten. Natürlich wirst du dein EIGELB verändern wollen. Das ist Part des Liebeskummer-Spiels. Der Wille, einen anderen verändern zu wollen, kommt auf Level 1 des Spiels immer wieder vor. Doch zwischen diesen Szenen, in denen du kämpfst, wirst du dich entspannen.

**Merke:** Wenn du dich nicht mehr entspannen kannst, wenn du keine Kampf-Pause machen kannst, wenn du nicht schlafen kannst, wenn du dich permanent nur über deine Gegenspieler ärgerst, wenn du mit dem Spiel, mit deinem Leben nicht in Frieden bist, dann kämpfst du mit großer Wahrscheinlichkeit gegen das Spiel selbst. Vielleicht wird dir gerade zum ersten Mal bewusst, dass du die meiste Zeit gegen das Spiel selbst gekämpft hast. Und es noch immer tust. Um das herauszufinden, frage dich:

- WAS WILL ICH GERADE NICHT FÜHLEN?
- GEGEN WELCHES GEFÜHL KÄMPFE ICH?
- KÄMPFE ICH GEGEN DIE REGELN EINES ANDEREN?
- BEFINDE ICH MICH AUF MEINEM SPIELFELD ODER AUF DEM SPIELFELD MEINES „GEGNERS"?

Es gibt Kämpfer, die können kämpfen und gleichzeitig fühlen. Und sie fühlen Kraft. Diese Kämpfer begegnen ihren Gegnern mit einem offenen Herzen. Diese Kämpfer legen ihr Herz aufs Spielfeld.

Wenn du kämpfst, weil es im Drehbuch steht, dann stärkt dich dieser Kampf. Dir macht es Freude, zu kämpfen, und du fühlst dich kraftvoll im Kampf. **Kampf ist nicht schlecht**. Denn OCTOPUSSY will sich auch im Kampf erfahren. OCTOPUSSY hat Krieg und Frieden erfunden. Sie erfand die Trennung und die Versöhnung. Die Seele schreibt dir deine Rolle auf den Leib.

Wenn du dich ausgelaugt und kraftlos fühlst, wenn du keine Energie und kaum noch Lebenslust verspürst, dann kämpfst du gegen deine Rolle, du kämpfst gegen das Spiel. Wenn es um Liebeskummer geht, dann kämpfst du meist gegen das Gefühl der Ablehnung, gegen das Gefühl von Ohnmacht, weil du das Verhalten deines EIGELBS nicht verändern kannst, du kämpfst gegen die Angst, das EIGELB zu verlieren, du kämpfst gegen das Gefühl, allein mit dir zu sein. FÜHLE, was es zu fühlen gibt.

### Zu Gast in fremden Spielen

Wenn du Gast in fremden Spielen bist und gegen die Regeln deiner

Gastgeber kämpfst, **dann kämpfst du gegen das Spiel.** Wenn du die Regeln eines anderen persönlich nimmst, dann kämpfst du gegen das Spiel.

**Beispiel 1:** Angenommen dein EIGELB hat eine Frau und Kinder. Angenommen er sagt dir, dass er bei seiner Familie bleibt, weil er diese Familie oder seine Kinder liebt. Im gleichen Atemzug sagt er, er liebt dich auch. Vielleicht sagt er dir auch, dass er noch niemals einen Menschen so geliebt hat, wie er dich liebt. Seine Regel ist: Ich liebe dich UND ich bleibe bei meiner Familie.

Natürlich hast du die Hoffnung, diese Liebe mit deinem EIGELB möge lebbar sein. Daran ist nichts Schlimmes. Es ist, wie es ist. Wenn du jedoch anfängst, gegen die Regeln deines EIGELBS zu kämpfen, wenn du versucht, es davon zu überzeugen, SEINE Regeln zu überdenken, bist du nicht nur ins Dickicht SEINES Spiels geraten, du kämpfst auch gegen das Spiel selbst.

**Beispiel 2:** Vielleicht hat dein EIGELB noch Sex mit seiner Frau oder mit anderen Gespielinnen. So sind SEINE Regeln. Wenn du dich davon nun persönlich angegriffen fühlst, wenn dich das tage- und nächtelang beschäftigt, dann kämpfst du gegen seine Regeln, ergo auch gegen das Spiel. Das bringt dir nichts. Akzeptiere, atme ein und aus, und überlege dir eine Konsequenz, mit den Regeln deines EIGELBs auf DEINEM Spielfeld umzugehen. Bleib bei dir. Bleib zu Hause. Bleib in DEINEM Spiel.

ERINNERE DICH: OCTOPUSSY WÜNSCHT SICH DURCH DICH JEDES GEFÜHL. Denn die Seele hat dir diese Szene geschrieben, weil sie durch dich fühlen will. Sie will Verzweiflung fühlen, Ohnmacht, Ablehnung, Hoffnungslosigkeit, Wut und Frust. Indem du versuchst, die Regeln eines anderen zu ändern, versuchst du, dem Fühlen dieser „negativen“ Emotionen zu entkommen. Du kämpfst gegen das Gefühl und somit gegen das Spiel.

Fühle alles, was es zu fühlen gibt, und folge dann dem nächsten Handlungsimpuls. Dazu brauchst du eine Intension. Ein WOFÜR. Du musst kein Engel sein. Drück dich authentisch aus. Höre, was die Souffleuse in dir flüstert. Verleihe dir selbst eine authentische Stimme und spiele dein Spiel. So legst du den Kampf gegen das Spiel auf schnelle Art und Weise nieder. Dein heiliges WOFÜR ist der goldene Knochen, den es zu finden gilt. Siehe Regel 18.

**Wie findest du heraus, ob du DEIN Spiel spielst, während du kämpfst?**

Aus Befragung von Tausenden Klienten habe ich bisher folgendes Fazit gezogen: Wenn du dein Spiel spielst, wenn du auf deinem Weg bist, wenn du dual-sachlich fühlst, dann lassen Trigger in der Regel schnell in ihrer Wirkung nach. Sie lähmen dich nicht. Sie sind zu spüren, sie bringen dich ins Fühlen, doch du kämpfst nicht mehr gegen die Trigger oder die Personen an, die dir die Knöpfe drücken.

**Zeitspanne, in denen Trigger nachlassen, wenn du dual-sachlich fühlst**

- Trigger von unbekannten Personen: innerhalb von 1 - 3 Stunden
- Trigger von näheren Bekannten: innerhalb von 1 Tag
- Trigger von Familienmitgliedern/Partnern: innerhalb von 3 - 7 Tagen

Egal, WER oder WAS deinem EGOn gerade die Knöpfe drückt: Wenn du auf deinem Spielfeld kämpfst, für DEIN heiliges WARUM, dann kannst du dich immer auf DEIN Spiel konzentrieren. Am Abend legst du dich ins Bett. Am Morgen blätterst du eine Seite in deinem Drehbuch um. Du bist neugierig, was der neue Tag dir bringen mag. Du hältst nicht am alten Ärger fest. Du trägst nichts nach. Du verpisst dich auch nicht. Denn du bist bereit, Disharmonie und Inkohärenz auszuhalten. Wenn du das kannst, wenn du es schaffst, in der Konfrontation mit einem anderen Menschen DEIN SPIEL zu spielen, dann kämpfst du nicht gegen das Spiel selbst. Sich zu verpissen, Leine zu ziehen, unangenehme Situationen zu meiden, das ist ein Seitensprung von EGOn und passiver Kampf gegen das Spiel.

**Lass das Spiel sich entfalten**

Vielleicht hast du dich jahrelang darin geübt, Visionen zu haben. Vielleicht hast du erlebt, dass sie sich erfüllen. Bedenke: Du bist auf einem neuen Spiellevel unterwegs. Visionen funktionieren hier nicht mehr. Du kannst sie haben, sie werden sich jedoch mit großer Sicherheit gerade nicht erfüllen. Genauso, wie Bestellungen aus dem Universum nicht mehr funktionieren. Konzentriere dich auf diesen einen Tag, den du gerade hast. Lege Visionen erstmal nieder. Denn eine Vision ist oft ein Wunsch von EGOn. Es geht nicht mehr darum, das Leben, die Seele oder das morphogenetische Feld zu bitten, dir einen Wunsch zu erfüllen. Es geht in dieser Spielphase darum, DEINEM LEBEN ZU DIENEN. Du dienst deinem Leben am besten, wenn EGOn die Finger aus dem Getriebe nimmt. Du dienst, wenn du beobachtest, wie sich dein Spiel, deine Geschichte, deine Heldenreise Schritt für Schritt entfaltet. Auch Stillstand ist Entfaltung. Denn während Dornröschen im hundertjährigen Schlafe lag, machte sich ein Prinz auf den Weg ins Schloss, um die Prinzessin zu finden. Entfaltung findet immer statt, besonders dann, wenn du glaubst, dass gerade überhaupt nichts geht. Übe dich darin, etwas geschehen zu lassen. Erinnere dich an diese Göttin deiner Anima, sie unterstützt dich dabei, dass sich dein Spiel entfalten kann.

Du wirst bemerken, dass EGOn stets und ständig etwas zu meckern hat. Du wirst bemerken, dass er tausend Pläne schmiedet, wie es

ANDERS sein könnte. Dass EGOn meckert, das ist okay. Dass er sich in Gedanken seinem Optimum nähert, das ist natürlich. Sieh EGOn, höre ihm zu, gib ihm Aufmerksamkeit. Widerstehe, in den Spielverlauf einzugreifen. Sieh es wie einen Kinofilm. Wenn der Held die Heldin zu Beginn des Kinofilms verlässt, kullern vielleicht bei dir die Tränen. Vielleicht denkst du auch: „SO EIN SCHWEINEHUND."

Fakt ist: Du kannst nichts tun, um das Drehbuch zu ändern. Du kannst sitzen und beobachten, wie sich die Geschichte zwischen Held und Heldin entfaltet, ob die beiden sich wiedertreffen oder ob ein neuer Hauptdarsteller auf der Leinwand erscheint. So ähnlich ist es auch in deinem Spiel. Warte ab. Schlauer bist du hinterher. Gib deinem Spiel und deiner Seele eine Chance, dir ein Happy End zu zaubern, was du dir nicht erträumen kannst.

**Was bedeutet Regel 10 konkret für den Fortschritt im Liebeskummerspiel?**

Wenn du dem Kampf gegen das Spiel entsagst, kann EGOn seine Kraft auf dem Spielfeld nutzen und zum Superhelden avancieren.

Liebeskandidat*innen werden Schlange stehen.

## Regel 11: Hilf Mitspielern weiter, die dich darum bitten

Wenn du bei Kräften bist, dann hilf. Egal, wo genau du dich in deinem Spiel gerade befindest. Hilfe ist ein klares JA zu deiner Rolle. Hilfe hat verschiedene Gesichter: passiv, aktiv, kritisch, liebevoll, Angriff, Verteidigung.

Sieh genau hin, wie oft du im Spiel um Hilfe bittest und sieh hin, wo du tatsächlich Hilfe gibst. Achte auf Gleichgewicht. Du bist ein Zahnrad im Getriebe der Unendlichkeit. Niemand entfaltet sich ohne einen anderen. Jemandem zu helfen, macht dich und den anderen stärker, denn geteiltes Wissen potenziert sich.

**Was Hilfe nicht ist**

Hilfe ist nicht, dem EGOn eines anderen ein besseres Gefühl zu vermitteln.

Hilfe ist nicht, über Liebeskummer zu lamentieren, eine Flasche Rotwein zu köpfen und sich gegenseitig einzulullen. Das nennt man Ablenkung.

Hilfe ist nicht, deinem EIGELB zu helfen, *seinen* Weg zu dir zu finden, damit ihr beide eure Liebe leben könnt. Das nennt man Einmischung. Einmischung deshalb, weil dein EIGELB dich nicht um Hilfe bittet. Es kann dich bitten, wenn es sich deine Hilfe wünscht. Es tut es meistens nicht. Es hat seine Gründe. Es bleibt in seiner Höhle. Wenn du ihm nun (auf die Sprünge) hilfst, dann ist das nicht Hilfe, sondern Respektlosigkeit.

Wenn Hilfsbereitschaft übergriffig wird, will dein EGOn einen anderen EGOn zu einem Handeln manipulieren. Zu einem Handeln, das dir ein besseres Gefühl verschafft. Wenn du diesen Zug an dir bemerkst, dann bitte einen anderen, DIR dabei zu helfen, ins FÜHLEN zu gelangen.

**Wo deine Hilfe Wunder wirkt**

Hilf einem anderen, mit seinen Wunden klarzukommen. Wir alle leben mit einer Wunde. Und manche Wunden heilen nie, weil sie an sich schon das WUNDER sind. Es geht nicht darum, zu vergessen. Es geht nicht darum, in Friede-Freude-Eierkuchen zu versinken. Es geht darum, sich zu erinnern, dass es um DEINE WUNDE geht, die dich für einen anderen Mitspieler so wertvoll macht. Deine und seine Wunden heilen OHNE EIGELB. Sie heilen ohne Droge, die sich EGOn zum Leben wünscht. Sie heilen durch kalten Entzug im Kreis von Gleichgesinnten. Und Heilung bedeutet: MIT DER WUNDE LEBEN LERNEN.

## Ausnahme von Regel 11

Es gibt Ausnahmen, bei denen du helfen kannst, ohne gefragt zu werden. Hier meine ich im realen Leben, im Notfall, wenn jemand nicht um Hilfe bitten KANN, weil er angegriffen wird, weil ein Auto auf ihn zufährt, weil er unter Schock steht. Ist jemand offensichtlich in Gefahr, dann gibt es nichts zu überlegen. Hilf, wenn du dich stark und kräftig fühlst.

Setze jedoch nicht leichtsinnig dein Leben aufs Spiel. Wenn du nicht schwimmen kannst, dann macht es keinen Sinn, einen Ertrinkenden zu retten. Eine andere Ausnahme herrscht vor, wenn es um DEINE persönliche Sicherheit geht. Dann wirst du einem anderen „helfen", sein Verhalten zu verändern, auch wenn er das nicht wünscht. Fährst du in einem fremden Auto mit (du bist ins Spiel eines anderen eingestiegen) und der Fahrer fährt sehr riskant, dann mische dich ein. Es geht auch um DEIN Leben. Es geht um deine Spielfigur.

**Die verschiedenen Arten, einem Mitspieler zu helfen**

**Passive Hilfe**

Der Rückzug oder die Trennung deines EIGELBS ist Hilfe für dich. Auch wenn sich diese Hilfe für dich wie Gift anfühlt. Das EIGELB tut nichts. Es zieht sich einfach nur zurück. Es lässt dich allein. Auf deinem Spielfeld. In deinem Leben. Es wirft dich radikal auf dein Spielfeld zurück. Es hilft dir damit, den Weg zu dir zu finden. Es hilft dir, die Aufmerksamkeit auf dich zu richten. Es hilft dir, eine Täuschung zu enttäuschen. Dein EIGELB hilft dir zu fühlen. Es hilft dir bestenfalls, in allen Gefühlen anzukommen.

Auch du kannst einem anderen helfen, indem du NICHTS tust. Indem du seine Bitte ignorierst. Denn sein EGOn wünscht sich mit großer Wahrscheinlichkeit ein besseres Gefühl. Mach dich nicht zum Opfer für den Seitensprung eines anderen EGOns. Ein Seitensprung ist es, wenn EGOn versucht, von einer negativen Emotion zu einer positiven zu springen. Bleibe passiv. Halte dich zurück.

**Aktive Hilfe**

Wenn jemand am Boden liegt, weil er gestürzt oder zusammengebrochen ist und es nicht schafft, selbst aufzustehen, dann hilf. Auch dann, wenn er dich nicht darum bittet. (Ausnahme: Er verweigert deine Hilfe).

Wir sind ein Team. Wir brauchen einander auf eine sehr subtile Art. Wir bringen uns gegenseitig in unsere Rollen.

Hast du inzwischen den Film „Jumanji" gesehen? Dann weißt du, wie wichtig jede Fähigkeit, jedes Talent der Helden ist, um sich gegenseitig durchs Spiel zu bringen. Um das Spiel zu gewinnen. Hilf einem anderen wieder auf die Beine. Trage ihn ein Stückchen, wenn du bei Kräften bist. Ein anderer wird ähnliches für dich tun. Sei dir gewiss.

**Kritik als Hilfe**

Wenn du klar in der Birne bist, wenn du siehst, dass ein Mitspieler gegen die Spielregeln verstößt und wenn er Part DEINES Spieles ist, dann hau deine Meinung raus. Er wird dich nicht darum bitten. Hier tritt die Ausnahmeregel in Kraft. Wenn du mit deiner besten Freundin im Auto sitzt und sie fährt in der 100er Zone 180, dann mach die Klappe auf. Du sitzt mit im Auto drin. Es ist gerade auch DEIN SPIEL.

Wenn dir deine Freundin zum 100sten Mal die gleiche Leier von ihrem EIGELB erzählt, wenn du ihr Ratschläge gibst, damit der Liebeskummer weichen kann und sie die Ratschläge NICHT beachtet, dann mach die Klappe auf. Kritisiere ihr Veralten und sage ihr, dass du für ihr Gejammer nicht mehr zur Verfügung stehst. Mache den Beichtstuhl dicht. Deine Freundin wird dich vielleicht eine Zeit lang nicht mögen. Doch du hilfst ihr, ihren EGOn zu entspannen, wenn er sich ausgetobt hat und erschöpft zu Boden fällt.

## Zuhören als Hilfe

Reden ist Silber – Zuhören ist Gold. Ich weiß nicht, ob du das Buch MOMO kennst. Wenn nicht, lege es dir zu. Es kann dir eine große Hilfe sein. In jeglicher Hinsicht. MOMO hatte eine Gabe: Sie hörte zu. Sie hörte zu, wie es niemand sonst fertigbrachte. Öffne dich für dein Gegenüber. Sei für eine Zeit frei von Werturteil. Frei von Konzept. Frei von Wenn und Aber. Sei wie ein Baum. Sei wie ein stiller Bergsee und lausche deinem Mitspieler so, als würdest du das, was er erzählt, zum allerersten Mal hören. Das ist Magie. Dein Mitspieler wird sich selbst erkennen, wenn du Raum hältst, wenn du Herz und Tore für ihn öffnest, denn das Echo seiner Worte findet den Weg zurück in SEIN Bewusstsein.

## Angriff als Hilfe

Meine Hündin Jacky wurde von einem großen Hund angefallen und schwer verletzt. Sie brauchte einige Monate, um zu heilen. Das nächste Mal, als sich ein Hund auf meine Jacky stürzte, stürzte ich mich mit aller Wucht auf diesen Hund. Ich habe den Hund angegriffen und er ließ meine Jacky augenblicklich los. Ich würde das wieder tun. Ohne zu zögern. Manchmal handelst du aus einem tiefen Instinkt heraus. Er entspringt deiner Rolle. Du hilfst. Wenn dein Kind von deinem Partner geschlagen wird, dann greife deinen Partner an. Wenn du stark genug bist. Denn du setzt einen Strich unter dieses Verhalten. Du hilfst dabei deinem Kind, deinem Partner und dir.

**Verteidigung als Hilfe**

„Wenn dich einer auf die linke Wange schlägt, dann halt ihm auch die andere hin“ (Matthäus 5,39).

Dieses Zitat aus der Bibel ist Interpretationssache. Hat Jesus wirklich gemeint, du sollst dich zweimal schlagen lassen? Oder meinte er etwas ganz anderes? Vielleicht meinte er damit: Biete weiterhin Angriffsfläche. Wenn dein EIGELB oder ein anderer Lieblingsmensch dich versetzt und sich wieder mit dir verabredet, sollst du dir das gefallen lassen und deine Klappe halten? Ich glaube nicht.

Ich glaube, dass du deinen Unmut kundtust und damit ein neuerliches Versetzen provozierst. Ich glaube, dass es darum geht, DEINE SPIELREGELN zu verteidigen. Damit weist du deinen Mitspieler in seine Grenzen. Du beziehst Stellung FÜR DICH. Du hilfst diesem Mitspieler, zu lernen, denn mit diesem Verhalten kommt er bei dir nicht weiter. Und vielleicht kommt er auch bei einer anderen nicht mehr damit durch. Weil es Menschen gibt, die neuerdings aus ihrem Selbstwert schöpfen. Verteidigst du dich und deine Spielregeln, dann hilfst du einem anderen zu erkennen, wie sexy Konsequenz sein kann.

Probiere aus, verlasse dich auf deinen Instinkt, wenn du die verschiedenen Formen der Hilfe ausprobierst.

**Was bedeutet Regel 11 konkret für den Fortschritt im Liebeskummerspiel?**

Wenn du deinen Mitspielern hilfst, kannst du selbst auf echte Hilfe zählen. Denn wenn du einem anderen Menschen hilfst, der dich darum bittet, hilfst du dir selbst.

## Regel 12: Rechtfertige dich nicht

Eine Lieblingsdisziplin von EGOn ist Rechtfertigung. Jedes Mal, wenn EGOn kritisiert oder angegriffen wird, verteidigt er sich gegen den Angriff. Er kämpft gegen das Infragestellen seines Verhaltens. Er will den Einwand oder Vorwurf nicht, der unerwünscht vor EGOns Füßen landet: als Geschenkpaket mit Schleifenband aus Stacheldraht. Im Geschenk steckt Energie. An den Schleifenbändern aus Stacheldraht wird EGOn sich jedoch verletzen. Das weiß er. Und so will er dieses Geschenk nicht öffnen. EGOn sucht nach einem Grund, es abzulehnen. Er versucht, sein Verhalten zu begründen. Er „fertigt" sich sein Recht, Paket samt Vorwurf abzuschmettern. Er nimmt das Energie-Geschenk nicht an. Damit schwächt EGOn seine Position.

Ein wirklich selbstbewusster EGOn nimmt jedes Geschenk, jeden Vorwurf, jede Kritik erst einmal an. Er sagt: DANKE FÜR DEIN FEEDBACK. Außerdem steht er immer zu dem, was er tut, was er tat und was er tun wird. Denn er weiß, WARUM er es tat, tut und tun wird. Es gibt keinen Grund, sich deswegen zu rechtfertigen.

Das bedeutet nicht, dass EGOn zukünftig nichts anders machen wird. Das bedeutet nicht, dass an der Kritik nichts dran ist. Es bedeutet schlichtweg, dass EGOn zu seinem Verhalten steht. Ganz egal, ob er unpünktlich war.

Ein Verehrer warf mir unlängst vor: „Margret, du meldest dich nie bei mir." Stimmt, ich habe keine Lust darauf. Viel mehr gibt es meiner Meinung nach dazu nicht zu sagen. Als ich zu einem wichtigen Termin zu spät kam, setzte ich mich ohne Entschuldigung einfach mit einem strahlenden: „GUTEN MORGEN!" zu den anderen. Irgendwie traute sich niemand, mich nach dem Grund für meine Verspätung zu fragen. Als ich in der Pause des Meetings dann doch darauf angesprochen wurde, antwortete ich: „Oh, ich habe mich heute Morgen zehnmal umgezogen." Dabei lächelte ich und das Thema war für mich gegessen.

**Rechtfertigung schwächt EGOns Position, eine Entschuldigung ist anmaßend.**

Wie kann EGOn von einer anderen Person verlangen, die Schuld von ihm zu nehmen? Entschuldigung ist eine vornehme Ausdrucksweise für: „Mach mal meine Schuld und Scheiße weg."

Wie oft sagt EGOn „sorry" oder „entschuldige bitte"? Und wie oft ändert sich einfach nix? Solange EGOn sich rechtfertigt und entschuldigt, hat er noch die Windelpakete an. Er hofft darauf, dass jemand seine vollen Windeln wechselt. Solange EGOn darauf hofft, geht es im Liebeskummer-Spiel nicht weiter. Behalte die Entschuldigung bei dir. Kommt eine Kritik, dann lass sie wirken. Sei ehrlich zu dir selbst. Es geht nur um dich. In jedem Kritikpaket steckt Energie. Überlege, ob es sich im Rahmen deiner Spielentwicklung lohnt, zukünftig anders zu reagieren. Kommt bei dir ein Ja, dann sage sowas wie: „Ich verstehe, dass ich in deinen Augen falsch gehandelt habe. Beim nächsten Mal werde ich mich anders verhalten."

Sich zu rechtfertigen, bringt nix, es bringt jedoch genauso wenig, gegen die Meinung eines anderen Menschen zu kämpfen. Lass sie stehen. Kehre zu dir und deinem Thema zurück.

**Gründe für EGOn, sich zu rechtfertigen**

- Er hat in einem fremden Spiel die Regeln nicht beachtet.
- Er hat sich eingemischt.
- EGOn hat einen Fehler gemacht.
- EGOn hat sich an eine Absprache nicht gehalten.
- EGOns Kompetenz wird infrage gestellt.
- EGOn hat seine Meinung geändert.

**Konkrete Beispiele im Liebeskummer-Spiel**

Angenommen, du hast den Kontakt zu deinem ElGELB abgebrochen. Das Hin und Her tut EGOn weh. Dein EGOn hat sehr spontan, verletzt und übermütig durch einen kurzzeitig hohen Mutpegel im Blut entschieden: Jetzt ist Schluss. Mein ElGELB kann mich mal. Und ohne nochmals darüber zu schlafen, hast du dem ElGELB das auch mitgeteilt.

„Hey ElGELB, jetzt ist Schluss. Lass mich bitte in Ruhe. Ich will nix mehr von dir wissen." Du fühlst dich gut. Du fühlst dich im Recht. Doch nach ein paar Tagen kommen dir Zweifel. War der Abbruch richtig? Die Sehnsucht schleicht sich ein. Sie wird immer stärker. Du meldest dich erneut beim ElGELB. Vielleicht mit den Worten: „Äh, sag mal, du hast ja noch meine Zahnbürste und mein Hundekörbchen. Kann ich die Sachen holen?“

Fakt ist: DU WILLST WIEDER KONTAKT ZU DEINEM EIGELB. Deshalb hast du es angeschrieben. Du rechtfertigst dich für deinen Wankelmut, indem du das EIGELB mit irgendwelchen Belanglosigkeiten konfrontierst, nur um nicht als bedürftig dazustehen. EGOn fertigt sich sein Recht.

Wie würde ein selbstbewusster EGOn reagieren?

„Hey EIGELB, ich habe gerade an dich gedacht. Wie geht es dir?“

Ein selbstbewusster EGOn denkt überhaupt nicht daran, sich für eine Meinungsänderung zu rechtfertigen. Karl Lagerfeld sagte mal: „Wer Jogginghose trägt, hat die Kontrolle über sein Leben verloren.“ Ein paar Monate später schickte er die Models von Chanel mit Jogginghose über den Laufsteg. Als er später darauf angesprochen wurde, sagte er: „Was ich sage, hält nie länger als sechs Monate.“

Lagerfeld stand sehr eindrücklich zu dem, was er sagte und tat. Für mich ist er ein Schmetterling.

Lagerfeld hat sich nicht rechtfertigt. Er machte sein Ding. Er sagte auch: „In der Mode muss man ständig zerstören, um sich zu erneuern. Das lieben, was man gehasst hat, und das hassen, was man geliebt hat.“ Und hiermit sagt er etwas ganz Wichtiges. Du musst bereit sein, stets und ständig das auszuprobieren, was du nicht magst. Du musst bereit sein, dass infrage zu stellen und wegzuwerfen, an dem du jetzt noch hängst. Du musst bereit sein, Fehler zu machen und zu ihnen zu stehen. Wenn du zu deinem Fehler stehst, gibt es nur eine

Antwort auf eine Kritik: „Ja, stimmt. Danke für dein Feedback. Ich denke mal darüber nach." Oder in kurz: „Danke."

**Fazit:** Wenn EGOn sich rechtfertigt, wenn er eine Entschuldigung für sein Handeln fertigt, will er nur eins: Er will in einem besseren Licht erscheinen. Er will, dass wieder alles gut ist. Er will Softwarefehler 404 kaschieren.

**Was bedeutet Regel 12 konkret für den Fortschritt im Liebeskummerspiel?**

Wenn du aufhörst, dich zu rechtfertigen, nimmst du dich selbst für voll. Das tut deinem Selbstwert gut.

## Regel 13: Dein EIGELB, dein Seelenpartner ist der Spielmacher

Vielleicht hast du dieses Buch gekauft, um eine Abkürzung zur Pfanne deines EIGELBs zu entdecken. Möglich, du findest eine, doch versprechen werde ich es dir nicht. In erster Linie ist dein EIGELB nämlich Spielmacher. Es macht dir Feuer unterm Arsch, es foult im Strafraum, damit du endlich am Spiel teilnimmst, damit du in DEINE Rolle schlüpfst, damit der Held oder die Heldin in dir erwacht.

Damit man sich an dich erinnert. Damit du zur Legende wirst. Dein EIGELB ist nicht die Trophäe, die du nach erfolgreichem Spiel mit nach Hause nimmst. Dein EIGELB ist nicht der goldene Knochen. Es legt die Fährte aus. Es treibt dich an. Und im allerbesten Falle leckst du endlich Blut.

Im Fußball steuert der Spielmacher die Mannschaftsstrategie, leitet Angriffe ein, koordiniert das Defensiv-Verhalten, verteilt Bälle an die Mitspieler, ist möglichst immer anspielbereit. Er agiert im gegnerischen Strafraum und erzielt dort Tore. Anders als beim Fußballspiel geht es im Spiel mit deinem ElGELB um die Mannschaft in deinem Inneren. Um die Götter des Animus. Und um die Göttinnen der Anima. Klein-EGOn das innere Kind ist das Tor. Deine Göttinnen und Götter sind dafür da, das Tor zu sichern und Klein-EGOn zu beschützen.

Dein ElGELB leitet mit seiner inneren Mannschaft die Angriffe auf deinen kleinen EGOn ein. Jeden Ball, den dein ElGELB im Tor versenkt, tut EGOn höllisch weh. Durch EGOns Schmerz findest du schnell heraus, wo deine Mannschaft Lücken hat, wo die Verteidigung, der Fokus, Angriff und der Spielfluss fehlen. Das ElGELB spielt permanent all deine inneren Göttinnen und Götter immer wieder an. Wenn sie schlafen, kassiert EGOn ein Tor, weil die Mannschaft des ElGELBs ungebremst deinen Strafraum stürmt. Du verteidigst dich einfach nicht. Und das ElGELB zieht sein Spiel durch. Es trifft deinen EGOn und das tut weh.

Durch EGONs Schmerz kann OCTOPUSSY negative Emotionen fühlen. OCTOPUSSY liebt die Achterbahn der Emotionen. Und wie du weißt, wird EGOn sich am Anfang vom Liebeskummer-Spiel gegen negative Emotionen wehren. Er will den Schmerz nicht fühlen, weil er die Spielregeln nicht versteht.

Irgendwann bemerkt dein EGOn jedoch, dass er gar nicht spielt. Er bemerkt, dass er entweder auf dem Spielfeld steht und gegen sich selber kämpft oder den Regeln seines ElGELBS folgt. Wenn EGOn das kapiert, ist er am Punkt zu seiner Wende. Er hört den Pfiff zum Seitenwechsel. Er rennt auf SEINE Seite, in SEIN Spiel. Denn EGOn-ElWEIß ist nicht nur Spieler, es ist auch Schiedsrichter in seinem Spiel.

Wenn du kapierst, dass es ums Spielen geht, ahndest du zukünftig jedes Foul in deinem Strafraum. Du bist konsequent. Du pfeifst, hebst die Hand, teilst gelbe und rote Karten aus und diskutierst auch nicht mehr lang. Jede Regelübertretung wird geahndet. So läuft das Spiel. Dein ElGELB macht das schon die ganze Zeit.

**Spielmacher und Hebamme**

Während der Spielmacher beim Fußballspiel seiner Mannschaft Dampf unter dem Hintern macht, macht das ElGELB im Liebeskummer-Spiel der gegnerischen Mannschaft des ElWEIßes Dampf. Es mobilisiert dessen System.

An dieser Stelle biete ich dir noch eine andere, sehr treffende Metapher an: Das ElGELB agiert als Hebamme. Das ElGELB bringt das ElWEIß auf die Welt und in sein Spiel. Es unterstützt den Geburtsprozess, es öffnet den Kokon. Das ElGELB tut, was es tun kann und muss. Und das tut dem ElWEIß weh. Der Grund, WARUM das ElWEIß trotz großem Kummer sein ElGELB immer wieder sucht, ist leicht gefunden. Überirdische Anziehungskraft. Emotionen, die die Vorstellungskraft deines EGOns sprengen, alte Sucht, die eine neue Droge sucht. Du erinnerst dich an LEX?

Anziehungskraft, Emotionen, Sucht – diese Tools benutzt OCTOPUSSY, um ein Abenteuer aufzubauen, bei dem sie fühlen kann. Durch dich, wenn du sie fühlen lässt. Wenn du sie ALLES fühlen lässt, nicht nur das für dich Schöne.

**Fehlinterpretation dieser Begegnung**

Das EIWEIß interpretiert die Begegnung mit dem EIGELB falsch. Es wünscht sich wegen dieser überirdischen Emotionen ein Liebes-Happy-End wie in einem Rosamunde-Pilcher-Film. Das EIWEIß will seine Hebamme, sein EIGELB, am liebsten heiraten. Doch dafür ist eine Hebamme nicht gemacht. Sie bringt das Baby auf die Welt. Sie nabelt ab. Und manchmal kriegt das Baby einen Klaps auf seinen Babyarsch, damit es Luft holt und schreit. Die Hebamme zieht das Kind nicht groß. Für die Aufzucht werden Anima und Animus gebraucht. Anima und Animus leben mit ihren Göttinnen und Göttern in dir. Die Verantwortung für dein Gedeihen liegt in deinen eigenen Händen.

Das EIGELB zieht sich nach getaner Arbeit in sein Spiel zurück. Es hält dir nicht die Hand. Ich bin mir sicher, dass dein EGOn sich gegen diesen Fakt in dieser Regel wehrt. Er ist trotzdem wahr. Und solange EGOn kämpft, solange er diese Wahrheit unterdrückt, solange bleibst du im Verdauungstrakt des WEIßEN HAIs des Liebeskummers.

**Wenn das EIGELB immer wieder nach deinem Rechten schaut**

Wenn du zum ersten Mal versuchst, dich vom EIGELB abzunabeln, wird sich das EIGELB möglicherweise verstärkt bei dir melden.

Warum um alles in der Welt lässt das EIGELB dich nicht in Ruhe? Vielleicht stellst du dir immer wieder diese Frage?

Dein EIGELB ist und bleibt dein Spielmacher. Es spielt deine inneren Götter und Göttinnen an, um zu überprüfen, ob sie schon spielen oder immer noch in Träumen liegen. Wenn deine Göttermannschaft funktioniert, ist sie endlich ein eingespieltes Team, dann wird dich der Anspiel-Versuch deines EIGELBs nicht mehr stören. Du führst einen Check-up durch, überprüfst Deckung, Verteidigung und Sturm. Deine Mannschaft wird immer göttlicher und macht ein bravouröses Spiel. Darum allein geht es. Solange dein EIGELB immer wieder nach dem Rechten schaut, ist deine Mannschaft noch nicht eingespielt. Bleibe bei deinem Entschluss dich abzunabeln oder gehe nochmal auf den Kontaktversuch vom EIGELB ein. Du kannst keinen Fehler machen. Wende Regel 1 an, so erkennst du am Besten, was EGOn jetzt braucht.

**Was bedeutet Regel 13 konkret für den Fortschritt im Liebeskummerspiel?**

Lässt du das EIGELB los, kommst du zu deinem Kern. Dein Kern ist GELB. In ihm findest du die Liebe, nach der du süchtig warst. Durch deinen Kern bist du heil.

## Regel 14: Lass POSITIVE und NEGATIVE Gedanken zu

Ich kann mich noch gut an die Zeiten erinnern, als ich meine negativen Gedanken niedergemetzelt habe. Mit Shoppingtouren, mit

Süßigkeiten, mit Alkohol. Ich hatte von meinen Lehrern gehört und gelesen, dass das Negative, das Dunkle, das Böse, der Matrix der Angst entspringt. Ich hatte vernommen, dass Angst das Gegenteil von Liebe ist. Ich hatte gelernt, dass ich mich entscheiden muss: ANGST oder LIEBE. Ich wollte Liebe. Mehr Liebe. Ich hatte gehört, dass man das anzieht, was man denkt, insbesondere, wenn man es auch noch fühlt. Und so verurteilte ich mich für jeden negativen Gedanken. Für jedes ungute Gefühl fernab vom grünen Bereich. Ein halbes Jahrhundert war ich mir sicher, dass ich DENKE, dass ICH meine Gedanken mache!

„GEDANKEN WERDEN REALITÄT" wurde zu meiner Parole. Ich manipulierte damit nicht nur mich, sondern JEDEN, der aus meiner Sicht falsch dachte. Ich war ein Scheusal. Gott sei Dank wurde ich von diesem Glauben befreit. Gott sei Dank habe ich kapiert, dass ich nicht selber denke. Wenn du aufhören könntest, an dein EIGELB zu denken, hättest du es dann nicht schon längst getan? Ich habe Tausende von Gesprächen mit klugen, witzigen Frauen geführt, ich habe zugehört und gestaunt. Dann habe ich meine Konzepte überprüft. Ich habe untersucht, was davon noch passt. Fazit: Es passte kaum noch was. Denn ich kam zu dem Schluss: ES DENKT DURCH MICH.

Das, was ich in meiner HP-Psych-Ausbildung über Gedankeneingebung gelernt hatte, das traf auch auf mich zu. Gedanken kommen. Gedanken gehen. Sie sind Brieftauben von OCTOPUSSY, die EGOn eine Nachricht bringen, damit OCTOPUSSY fühlen kann. Wenn im Theater, in der Realität, gerade nichts Spannendes passiert, läuft das Abenteuer im Kopfkino weiter. So, wie es Liebesbriefe und Zahlungsbefehle gibt, Hochzeitseinladungen und Kondolenzbriefe, so gibt es positive UND negative Gedanken. Und so wird es immer sein. OCTOPUSSY schickt EGOn einen Gedanken. EGOn verarbeitet diesen Impuls in ein Gefühl. Und dann trifft EGOn eine Entscheidung. Dagegen kämpfen oder umarmen?

Wenn du morgen wieder zum Briefkasten gehst, dann probiere es doch gleich mal aus. Was ist in der Postbox drin? Urlaubsgrüße? Ein Strafzettel? Wenn es ein Strafzettel ist, dann schlag mal volle Kanne auf das Knöllchen ein. Bringt es was? Wird es besser? Geht die Strafe weg, wenn du dagegen kämpfst? Vor allen Dingen: Stärkt dich das? Und was ist mit den Urlaubsgrüßen? Ich nehme an, es fällt dir leicht, dich für Sonne, Strand und einen guten Freund zu öffnen. Sogar nach einem Strafzettel.

Merke: Was in deinem Briefkasten liegt, ist meist an dich adressiert. Dort steht sehr wahrscheinlich DEIN Name drauf. Es ist von einem Mit- oder Gegenspieler, von einem Organ, dass sich um die Einhaltung gesellschaftlicher Spielregeln kümmert. Von einer Firma, an die du etwas bezahlst. Für die Attraktionen in deinem Spiel. Du bezahlst für jede Attraktion: mittels Geld, mittels Zeit oder mittels Gefühl. Zahlst du die Rechnung nicht, dann gibt es keine neue Attraktion. Eine Ermahnung folgt. In Form eines neuen Briefes mit derselben Bitte um Geld, Zeit oder um Gefühl. Jede Attraktion im Kopfkino und im Theater kostet dich etwas. Du bezahlst mit deiner Zeit, mit deinem Geld und mit deinem Gefühl.

Und so, wie dir der Postbote in Fleisch und Blut deine Pakete und die Briefe bringt, schickt OCTOPUSSY dir auch Post. OCTO-GON in Form von Stimmen in deinem Kopf, in Form von Bildern oder Videos.

Was als Gedanke in deiner Birne landet, das ist auch für dich. Von OCTOPUSSY an EGOn. EGOn hat einzig und allein die Aufgabe, die Gedankenpost zu beantworten und die Brieftaube zurückzuschicken. Mit einer Antwort voller GEFÜHL.

**Werden deine Gedanken wahr?**

Ja und nein. Manche Gedanken werden wahr. Manche nicht. Es ist wie beim Roulette. Vielleicht gehst du ins Casino und setzt immer auf Rot. Am Ende des Tages hast du möglicherweise etwas mit dieser Strategie gewonnen. Dann verkündest du stolz: ICH HABE IMMER NUR AN ROT GEDACHT UND ORDENTLICH GEWINN GEMACHT. Die Würfe, bei denen trotz roter Gedanken die Kugel schwarzgesehen hat, die blendet EGOn aus. Denn sie verfälschen seine Glücksstatistik.

Wenn Gedanken wahr werden, wieso bist du dann noch nicht mit deinem EIGELB zusammen? So oft, wie du an dein EIGELB denkst? So oft, wie du in romantischen Träumen schwelgst und es auch fühlst? Und wenn es schon das EIGELB nicht ist, weil es anders darüber denkt, wieso bist du dann nicht mit einem anderen Menschen in einer ekstatisch-glücklichen Partnerschaft?

Weil es nicht EGOn ist, der das Drehbuch oder den Spielplan schreibt. EGOn bleibt ausführendes Element. Eine heldenhafte Gefühlsmaschine, die ein Spiel zu meistern hat. Ein Spiel, bei dem sich die Regeln nur nach und nach offenbaren. Der Boss, OCTOPUSSY, hat bereits im Spielplan festgelegt, welche Gedanken sich erfüllen und welche nicht. OCTOPUSSY weiß auch, dass EGOn immer wieder kämpfen und sich ohnmächtig und klein fühlen wird, wenn er nicht kriegt, was er sich gerade wünscht. Das ist der Plan. Erinnere dich: OCTOPUSSY liebt es, sich in Begrenzung zu erfahren, denn frei ist sie schon. Hier auf der Erde liebt sie Sado-Maso-Spielchen. Außerdem hat sie Freude daran, EGOn zu verwirren. Denn wenn EGOn denkt, produziert er hoffentlich viel Gefühl. Er irrt umher, er versucht, gegen Dämonen, gegen Sirenen, gegen Medusa, gegen Sauron und Voldemort zu kämpfen. Er versucht, SEINEN Weg zu finden, seine Methode, seinen goldenen Knochen. Und genau das macht ja EGONs Heldenreise aus. OCTOPUSSY schickt EGOn im Zickzack durchs Spiel. Von der richtigen zur falschen Fährte und zurück.

Wie werden COCA COLA und NUTELLA an Konsumenten gebracht????? Per WERBUNG. Diese Werbung kommt manchmal per Wort, manchmal per Bild, manchmal per Ton, manchmal als Wort und Bild und manchmal als Wort und Bild und Ton: als Film.

Was macht Werbung in erster Linie mit dir? Sie weckt Emotionen.

Und durch diese Emotionen weckt sie ein Bedürfnis. Ist es DEIN Bedürfnis? EGOns Antwort darauf entscheidet darüber, ob du kaufst – oder eben nicht.

Genauso wirbt OCTOPUSSY mit den Gedanken, also durch OCTOGON, die sie per Brieftaube zu dir schickt. Sie möchte dich animieren, ein Gefühl zu produzieren, damit sie sich erfahren kann. Die Werbung der Seele ist ausgeklügelt. Sie hat die besten Werbespezialisten in ihrem Team. Sie wird dich kriegen. Sie erhöht einfach den Druck, wenn EGOn nicht fühlen will. Sie macht das Gleiche immer wieder. Du kriegst die gleiche Szene, ein anderes Bühnenbild und andere Hauptdarsteller. Doch die Szene, die du spielst, die bleibt gleich. Klappe 37 zum 56. Mal. OCTOPUSSY verschärft von Fehlversuch zu Fehlversuch die Bedingungen, spannt EGOn in den Schraubstock der Emotionen, bis er FÜHLT. Bis OCTOPUSSY mit dem Resultat zufrieden ist. Bis sie bereit ist, EGOns Gefühle abzukaufen.

OCTOPUSSY will auch Wut, Scham, Frust und Ohnmacht fühlen und so gibt sie EGOn auch den Gedanken des freien Willens ein. Und dann stellst du fest: Was auch immer du versuchst, wie oft, wie lang und wie tiefgründig du auch an einen rosaroten Elefanten denkst, die Elefanten auf der Safari bleiben GRAU IN GRAU.

Das EIGELB bleibt in der Tropfsteinhöhle und du schiebst Frust auf Wolke Sieben, bist wütend auf das EIGELB, schämst dich für deine Dummheit und weißt nicht weiter. Bist ohne Macht. Halleluja: FRUST, OHNMACHT, SCHAM und WUT SIND GERADE DIE WAHL VON OCTOPUSSY.

Lass EGOn fühlen. Lass ihn *fühlen*. Ohne sich abzulenken. Ohne – wie fast immer – im ersten, zweiten oder dritten Gang zu funktionieren. Ohne Kondom.

EGOn fühlt im Leerlauf am besten. Bei Automatikgetriebe auf N. Ausgekuppelt. EGOn muss stillstehen, wenn er ein optimales Gefühl produzieren will. Damit OCTOPUSSY einen multiplen Orgasmus hat.

**Fazit:** Positive und negative Gedanken machst nicht du. Sie sind Werbebotschaften von OCTOPUSSY, damit EGOn für sie Gefühle produziert.

**Was bedeutet Regel 14 konkret für den Fortschritt im Liebeskummerspiel?**

Lässt du positive *und* negative Gedanken zu, übst du Dualität, ohne dich um Aversion oder um Vorliebe zu scheren. Du liebst dich selbst.

## Regel 15: Mache viele Fehler, und zwar bewusst

Bist du Mutter oder Vater? Wenn nicht, dann kennst du sicher Mütter oder Väter. Wenn ein Kind gerade das Laufen lernt, ist das ein großer Moment. Für die Eltern und für das Kind. Erstens ist Laufen zu lernen sauschwer. Und zweites wird das Kind „Fehler" dabei machen. Es wird zu Boden fallen, sich die Knie aufschlagen und sich immer wieder blaue Flecke holen. Doch es wird aufstehen und weiterlaufen. Denn das Kind hat Blut geleckt. Es lernt aus seinen Fehlern. Es lernt zuerst, wie es NICHT funktioniert. Es macht unbewusste Fehler.

Ich war mit 40 noch ein Kind, das Laufen lernt. Meinen 40. Geburtstag verbrachte ich in der Nähe von St. Tropez. Beim morgendlichen Joggen segelte ich hin. Und zwar auf Rollsplitt. Der Schotter steckte in meinen Händen. Er steckte in meinen Kien. Es blutete wie verrückt. Zum Glück ließ der Spielplan mich vor dem Haus einer Krankenschwester zu Boden gehen. Vor dem Ferienhaus einer deutschen Krankenschwester. Nochmal zum Glück, denn mein Französisch ist grottenschlecht. Und so verarztete die deutsche Krankenschwester in Südfrankreich am Meer meine Knie, servierte mir Tee und Plätzchen und fuhr mich hinterher zurück ins Ferienhaus zu meinem Freund, mit dem ich dort Urlaub machte. Ich werde mich mein Leben lang daran erinnern, wie ich meinen 40. Geburtstag verbrachte. Der Fehler bescherte mir ein schmerzhaftes Abenteuer und ich fand Mitspieler, die mir wieder auf die Beine halfen. Auch ich habe einen unbewussten Fehler gemacht. Ich wollte nicht noch einmal auf die Nase fallen, um zu lernen.

Mit einer Klientin übte ich das anhand von Schokolade. Sie liebte Schokolade, besonders bei Liebeskummer. Ihr EIGELB war längst über alle Berge und vögelte mit Schneewittchen und sie stopfte sich mit Schokolade voll. Das tat ihrer Figur nicht unbedingt gut. Sie verschlang 1 - 2 Tafeln täglich. Sie fing damit an, wenn sie nach der Arbeit nach Hause kam. Ich gab meiner Klientin Hausaufgaben: „Hör mal, Doris, für die nächste Woche kaufst du 42 Tafeln Schokolade. Du wirst jeden Tag, wenn du nach Hause kommst, sofort 6 Tafeln Schokolade fressen. Du kommst zur Türe herein, öffnest den Kühlschrank und frisst. Du hörst nicht damit auf, bis die 6 Tafeln verschlungen sind. Okay? Und falls du in dieser Zeit auf Kirschtorte umsteigen solltest, weil dir Schokolade zum Hals raushängt, dann machen wir mit Kirschtorte weiter." Doris schaffte es mit aller Kraft, drei Tage durchzuhalten. Danach war sie von diesem Fehler kuriert. Sie isst heute immer noch Schokolade, kriegt aber ziemlich schnell genug davon.

**Volle Pulle bewusste Fehler machen**

Vielleicht ist bei dir der Groschen bereits gefallen. Vielleicht siehst du keinen Sinn darin, noch länger im Verdauungstrakt des WEIßEN HAIs zu bleiben. Doch irgendetwas lässt dich noch einmal den gleichen Fehler machen. Du stehst auf das Wiederholungskarussell.

Dein EIGELB sitzt schon voller freudiger Erwartung auf der bunten Holzstute im Karussell. Es strahlt dich an, winkt dir zu. Noch ein paar Runden Hoppe Hoppe Reiter. Du steigst ein. Ein weiteres Mal lässt du dich auf EIGELB und auf „wenn er fällt, dann schreit er" ein. Ein weiteres Mal nimmst du in der Pizzeria Platz. Am runden Tisch, in der dunklen Ecke gleich neben dem Klo, und wartest auf deine Spaghetti. Und wieder kriegst du Pizzareste. Du weißt es. Trotzdem tust du es. Und du tust es dieses Mal BEWUSST. Nun fängt die spannende Spielphase an. Die Zeit der unbewussten Fehler liegt hinter dir. Und der WEIßE HAI fängt an, dich zu verdauen.

Übertreibe es ruhig beim „BEWUSSTE FEHLER MACHEN". Ziehe dir jeden Verhaltensmechanismus deines EGOns rein. Beobachte ihn, analysiere sein Programm. Kratze dich hinterm Ohr. Hebe die Hand, blinzle kurz und sage dann: „Äh, da war doch noch was ...", wie es Inspektor Columbo tut. Lass kein Detail außer Acht. So macht die Reise im Bauch des WEIßEN HAIs auf eine Weise Spaß, die dir was bringt. Denn du crashst EGOns Programm bewusst. Du lernst EGOn endlich kennen. In- und auswendig. Und während du ihn kennenlernst, wirst du dich in ihn verlieben. Mehr und mehr. Und der Kummer wird von dannen ziehen.

**Was bedeutet Regel 15 konkret für den Fortschritt im Liebeskummerspiel?**

Fehler machen schön, menschlich und nahbar, und ein männliches Wesen wird dir helfen wollen.

## Regel 16: Praktiziere EGOn-Yoga: Begrüße ab sofort jeden Trigger

Der Weg raus aus dem Verdauungstrakt des WEIßEN HAIs – rein ins Spiel der Liebe, das ist für jeden unterschiedlich lang. Es gibt Menschen, die meistern diesen Weg innerhalb von drei Wochen. Es gibt Menschen, die brauchen dafür ein Jahr. Es wird gute und schlechte Tage geben. Es wird Tage geben, da fühlst du dich leicht und frei. Es wird Tage geben, da fühlst du dich wieder wie das Häschen in der Grube. Die SCHLECHTEN Tage sind es, die dich weiterbringen. Es sind die schmerzhaften Trigger, die negativen Gefühle, die deinen Raketenantrieb zünden. EGOn weiß das nicht. Denn EGOn ist versucht, sich einen Seitensprung zu gönnen. EGOn weicht den negativen Gefühlen am liebsten aus.

EGOn wünscht sich Harmonie.

EGOn träumt von einer Welt, in der nur noch Frieden herrscht.

EGOn meidet Menschen, die ihm die Knöpfe drücken.

EGOn wünscht sich, dass das Leben einfach ist.

EGOn haut ab, wenn es schwierig wird.

### Meine vorläufige Wahrheit über das Leben hier auf Erden

Deine Heldenreise ist voll von Abenteuern. Sie kennt neben Friede, Freude und Ekstase auch den Kampf, den Krieg, den Streit, den Widerstand, den Schmerz, das Chaos, die Intrige, die Verwirrung, die Schwere, den Stillstand, das Scheitern. Du musst diese Umstände und Gefühle nicht lieben. Doch du wirst aufhören müssen, sie als Gegner zu betrachten, wenn du das Leid beenden willst. Du wirst beginnen müssen, jeden Umstand und jedes Gefühl zu begrüßen. Dann wirst du lernen, dein Herz für Schmerz und Ablehnung zu öffnen, als wären es Frieden und Ekstase. Denn umso mehr du das für dich Negative aussortierst, umso mehr wirst du davon bekommen. Weil OCTOPUSSY wählt, diese Gefühle durch dich zu fühlen. Und weil OCTOPUSSY den Druck verstärkt, wenn du diesen Gefühlen weichst. Das tut sie, weil sie sich nur durch die Gesamtheit aller Gefühle erfahren kann. OCTOPUSSY lebt ihr Leben mit allen Milliarden von Tentakeln gleichzeitig. An einem Tentakel fühlt sie gerade Freude, am anderen Tentakel fühlt sie gerade Schmerz. Wenn EGOn sich gegen manche Gefühle sträubt, erhöht OCTOPUSSY den Druck, bis EGOn fühlen muss. Bis jeder Widerstand zerbricht. Denn fürs Fühlen hat OCTOPUSSY EGOn erschaffen.

Fazit meines Lebens: Es waren die großen Schicksalsschläge, die mich zu Demut und ins Fühlen brachten. Mein EGOn brauchte einen Crash. Bis nix mehr ging und EGOn sich endlich Hilfe holte, um zu verstehen, dass es im Leben nicht um ein Happy End aus Friede, Freude, Eierkuchen geht. EGOn verstand, dass es das ewige Abenteuer ist, was OCTOPUSSY sich hier auf Erden wünscht. EGOn kapierte, dass er die Trigger wie Trüffel suchen muss, weil sie ihn auf dem Weg zum goldenen Knochen weiterbringen. Der goldene Knochen ist dein Lohn. Er ist dein Gewinn, er entspricht deiner tiefsten Sehnsucht. Er ist das Geschenk, neben dem alle anderen Geschenke blass aussehen werden. Mehr dazu bei Regel 18.

**Wie begrüßt du Trigger in deinem Leben?**

- Suche bewusst negative Trigger.
- Nähere dich den Schützen an, die dich treffen wollen. Lies dazu nochmal bei der Spielfigur des Schützen nach.
- Finde einen Zen-Meister, eine Zen-Meisterin in deinem Leben, Zen-Meister sind Scharfschützen.
- Bleibe in unangenehmen Situationen länger drin.
- Du hast nicht viel zu lernen, du hast viel zu fühlen.
- Feiere jeden Treffer, jeden Trigger.

**Suche bewusst negative Trigger:**

Egon weiß, wo es ziept, knallt und brennt. Er hat einen perfekten Riecher. Deshalb macht er einen großen Bogen um jede negative Situation, außer, es geht um die Liebe. Denn durch sein EIGELB setzt EGOn sich freiwillig immer wieder großen Schmerzen aus.

Um dem Verdauungstrakt des WEIßEN HAIS zu entkommen, braucht EGOn ANDERE schmerzhafte Trigger und Situationen. Denn jene Trigger befreien EGOn aus der Haft.

1. Werde dir bewusst, aus welchen Situationen du fliehst, wenn sich ein ungutes Gefühl einstellt. Es geht erstmal nur darum, zu erkennen, wann du WESHALB aus einer unangenehmen Situation fliehst.

2. Schreibe auf, wenn sich ein negatives Gefühl einstellt, und beschreibe kurz das Gefühl und die Situation oder den Schützen, der es hervorgerufen hat.

3. Nähere dich Schützen an, die dir mit ihren Geschossen die ROTEN Knöpfe drücken: Da du ja nun bereits eine Liste mit Menschen gesammelt hast, die dir deine roten Knöpfe drücken, suche sie. Halte es wie mit einer neuen Sportart, die du erlernen willst. Fange langsam an. Vielleicht ist es die doofe Kollegin im Büro, die dir alle Knöpfe drückt? Gehe bewusst auf sie zu, sage „Hallo“ oder stell dich bei der Kaffeemaschine gleich hinter sie. Du musst dich nicht mit ihr befreunden. Doch wenn du ihre Nähe suchst, wird sie vielleicht eine Bemerkung machen, die dich ins Fühlen bringt.

Es braucht Mut und Überwindung. Ja. Tritt EGOn ab und an einfach in den Arsch, wenn er sich mal wieder schleichen will. Denn ...

**... in dir steckt auch ein Kamikaze-EGOn**

Manch Mensch sagt mir: Margret, du bist ja noch gar nicht durch den Prozess, dich triggert ja immer noch so viel.

Ja hoffentlich. Mein EGOn hat die kugelsichere Weste der Unverwundbarkeit vor ein paar Jahren abgelegt. Auch das Ganzkörperkondom des Stolzes. Stolz ist hinderlich in diesem Prozess. Denn es geht um NÄHE. Es geht um Nähe, die du dir wünschst. Von deinem El-GELB oder von einem anderen Menschen. Von deinen Kindern, Eltern, Geschwistern. Vielleicht von deinem Pferd, deinem Hund.

Wahre Nähe erfordert Nacktheit. Immer. Wir haben es so sehr gelernt, uns zu verstecken, uns zu verhüllen und zu vermummen, dass OCTOPUSSY nicht zu sehen ist. Wir zeigen EGOn. EGOn in Abwehrposition. Der Durchbruch kam, als ich verstand, dass es darum geht, mich berühren zu lassen. An meinen Wunden. So entwickelte sich mein EGOn durch Training endlich zum Exhibitionisten.

Manchmal muss EGOn kämpfen, so steht es in seinem Spielplan. Doch wenn EGOn gegen Nähe kämpft, kämpft er gegen sich selbst. Deshalb lernt EGOn nach und nach, sich zu entblättern. Er lernt, splitterfasernackt auf den Kampfplätzen seiner Heldenreise zu erscheinen. Er lernt, den SCHÜTZEN seine ROTEN Knöpfe zu präsentieren. Wenn er soweit und mutig ist, dann wird er rufen: SIEH HER, HIER BIN ICH VERWUNDBAR. SCHIEßE. VERWUNDE MICH NOCH EINMAL, DAMIT ICH MEIN SPIEL GEWINNEN KANN.

EGOn muss sich treffen, sich triggern lassen und jeden Treffer feiern, wie einen kleinen Sieg, ein kleines Glück, einen kleinen Schatz, der sich irgendwann als großer Batzen Glück offenbaren wird.

### Finde einen Zen-Meister, eine Zen-Meisterin

Diese Übung bescherte meinem EGOn einen Durchbruch. EGOn ging zu Bruch dabei. Es schepperte ordentlich. Dazu suchst du dir einen SCHÜTZEN, von dem du NICHTS willst. Das ist ein Mensch, den du am liebsten aus deinem Leben streichen würdest. Es muss ein Mensch sein, den du auf eine heftige Art und Weise ablehnst. Ein Mensch, der dir durch sein Verhalten deine Knöpfe drückt und dich verletzt. Ein SCHÜTZE eben.

Ab sofort DIENST du diesem Menschen für eine Stunde pro Woche. Du sagst, dass du von ihm lernen möchtest. Du erklärst ihm, dass du ihn besser verstehen möchtest. Dass du ihn kennenlernen möchtest. Und was auch (natürlich menschenwürdig) passiert, du hältst diese Stunde durch. Vielleicht will dieser Mensch einfach nur von sich erzählen. Vielleicht will er dich belehren. Vielleicht will er dir Fragen stellen. Vielleicht will er, dass du ihm eine Geschichte erzählst, mit ihm spazieren gehst, für ihn kochst. Tue es. Sieh es als Dienst und fühle alles, was es dabei zu fühlen gibt. Im Rahmen dieser Übung machst du diesem Menschen ein ehrliches Kompliment. Dazu suchst du die positiven Seiten dieser Person. Was kann sie gut? Was sind ihre Stärken? Was kannst du von ihr lernen? Sprich es an und aus. Wenn EGOn diese Art von Yoga macht, wird es dich aus dem Verdauungstrakt des WEIßEN HAIs katapultieren. Denn du trainierst EGOn, negative Gefühle anzunehmen, ohne ins Leid zu verfallen. EGOn wird sein erstes, großes Erfolgserlebnis in Sachen Liebeskummer haben.

**Bleibe in unangenehmen Situationen länger drin**

Bei mir sind es Sauna und Tauchbecken. Immer dann, wenn ich es in der Hitze nicht mehr auszuhalten scheine, bleibe ich noch drei Minuten länger sitzen. Ich atme, ich fühle die Hitze und verharre regungslos. Danach steige ich ins eiskalte Tauchbecken, bis nur noch mein Kopf ab Kinnhöhe aus dem Wasser schaut und zähle langsam bis 100. Das macht gut 1,5 - 2 Minuten, die ich regungslos im kalten Wasser stehe. Ich fühle, wie die Kälte ins Innere meines Körpers kriecht.

Wenn es Winter ist, dann jogge ich oft mit dünner Jacke und ohne Handschuhe, bis die Finger fast blau gefroren sind. Das sind meine Übungen. Ich bin eine abgehärtete Sportlerin. Für dich könnte es eine Übung sein, ein unangenehmes Gespräch 5 Minuten länger auszuhalten. Es könnte bedeuten, im Sport deine Grenzen zu dehnen und ein paar Liegestütze mehr zu machen. Finde DEINE Übung. Wichtig: Immer dann, wenn es unangenehm wird, bleibe messbar länger in der Situation drin. Wenn möglich, dann stoppe die Zeit, um deine Fortschritte zu dokumentieren.

**Du hast nicht viel zu lernen, du hast viel zu fühlen.**

Es ist nicht das Lernen, was dich zum Meister in deinem Leben macht. Es ist das Fühlen. Wenn du aber auf Lernen stehst, dann geht es nicht mehr darum, WAS du lernst, sondern WIE du lernst. Denn am besten lernst du, wenn du fühlst, was jedes Ereignis mit dir macht. Fühlen bringt dich in die Erinnerung des kompletten Wissens. Fühlen erinnert dich daran, dass du nicht EGOn bist, sondern OCTOPUSSY. Und OCTOPUSSY weiß bereits alles. Fühle, was es zu fühlen gibt. Es ist DEIN GEFÜHL. Dein Geschenk an OCTOPUSSY.

Sprich aus, was du fühlst. Teile dein Gefühl, wenn möglich, den SCHÜTZEN mit, die mit ihren Pfeilen deine Wunden treffen. Sage: „Dein Verhalten macht das und das mit mir, es lässt mich so und so fühlen." Bleibe in unangenehmen Situationen drin oder suche sie nach einer kurzen Auszeit wieder. Denn, wenn du abhaust, dann verabschiedest du dich aus dem Liebeskummer-Spiel. Wie beim Monopoly wanderst du freiwillig ins Gefängnis. EGOn haut aus Schiss vor dem Kreuzweg ab.

Bleib im Spiel. Sage, was es zu sagen gibt. Höre, was der andere sagt. Sagt der andere nichts, achte drauf, wie er kontert. Lass dich erneut von ihm an deinen roten Punkten, deinen Wunden treffen. Verletzung ist nichts weiter als Ber*ührung* an einem wunden Punkt.

Fühle, bis das unangenehme Gefühl einer Art Frieden weicht. Ja, du bist getroffen, doch es stört dich nicht mehr, du kannst AN ORT UND STELLE BLEIBEN, ohne deinem Fluchtreflex zu folgen. Wenn dir das gelingt, ist EGOn nackt. Er lässt endlich NÄHE zu. Er geht auf Tuchfühlung: mit jedem Gefühl.

**Im Namen der Selbstwirksamkeit: Feiere jeden SCHÜTZEN, jeden Treffer, jeden Trigger**

Jeder EGOn hat einen Wirkungsradius. Stell dir einfach vor, der Wirkungsradius deines EGOns liegt bei einem Meter. Sieh diesen Wirkungsradius wie EGOns Penis. Wenn EGOn einen 1-Meter langen Penis hat, dann hast du eine Selbstwirksamkeitsfläche von 3,142 Quadratmetern. Wir wissen, dass so ein Penis zwar ordentlich Freude machen kann, andererseits aber sehr empfindlich ist. Am Ende von EGOns Penis, dem Rand des Kreisumfangs, liegen die roten Knöpfe. Dort tut es also richtig weh. Immer dann, wenn ein Treffer sitzt, hat EGOn die Grenze seiner Selbstwirksamkeit erreicht. Was tut EGOn normalerweise, wenn er an seiner empfindlichsten Stelle getroffen wird?

- EGOn greift an.
- EGOn stellt sich tot.

- EGOn haut ab.

Alle drei Manöver bedeuten, dass EGOn nicht fühlen will. Klar, der Penis tut weh, das kann man schon verstehen.

**Manöver 1:** Greift EGOn an, kostet das EGOn Kraft, seine Potenz schwindet. Der Trigger von außen wird EGOn samt Penis in den Kreis hineinschieben. EGOns Radius, sein Penis, verkleinert sich.

**Manöver 2:** Wenn EGOn sich tot stellt, schlottert EGOn meistens vor Angst. Sich tot stellen bedeutet, sich aus dem Spiel zu verpissen. EGOn spielt Schlappschwanz. Und sein Spielfeld wird von anderen Spielern eingenommen. Egons Radius, sein Penis, schwindet auch.

**Manöver 3:** Abhauen ist per se sich verpissen. EGOn weicht dem Trigger aus. Doch ausweichen kann EGOn nur nach innen. In den Kreis hinein. Denn er versucht ja, dass der Schmerz, das Gefühl weniger wird. Er weicht also nach innen aus und gibt den Platz seines Spielfeld in fremde Hände. EGONs Reich, sein Spielfeld samt Penis, verkleinert sich. Bald hat EGOn anstatt einem Meter Penis nur noch 50 Zentimeter, dann 30, dann 20, dann einen Radius so groß wie ein Essiggürkchen.

Das ZIEL ist, dass EGOn einen ultralangen Penis kriegt, mit dem er einen großen Kreis malen kann. Eine große Kreisfläche bedeutet nämlich mächtig viel Selbstwirksamkeit. Mächtig viel Selbstwirksamkeit bekommt EGOn, wenn er sich den Triggerpunkten stellt. Wenn er es zulässt, dass seine Wünschelrute ab und an schmerzt, wenn er den Schmerz einfach FÜHLT. Irgendwann härtet EGOns

Penis ab. Er hält Schmerzen aus, er fühlt, und sein Penis wird länger und länger. EGOns Spielfeld wächst.

Fazit: Suche negative Trigger ganz bewusst und fühle.

**Was bedeutet Regel 16 konkret für den Fortschritt im Liebeskummerspiel?**

Wenn EGOn sein Yoga macht, dann wird sein Charakter virtuoser und seine Selbstwirksamkeit wird größer. EGOn hat mehr Platz in seinem Spiel, er fühlt sich freier.

## Regel 17: Gucke nicht von einem anderen ab

Falls du es bisher noch nicht getan hast, sieh dir jetzt den Film: **Jumanji The Next Level** an. Dieser Film ist Pflichtlektüre für EGOn.

Damit du einen Einblick hast, fasse ich den Film zusammen: Vier Freunde werden in ein ominöses Spiel gezogen. Sie sollen JUMANJI retten. Sie wissen weder, was JUMANJI ist, noch haben sie Ahnung von den Regeln. Sie haben noch nicht mal eine Ahnung von sich selbst. Im Spiel angekommen, haben die Spieler nicht nur ihre Identität und ihre Körper komplett verändert, sie haben auch ganz besondere Fähigkeiten, die sie zusammen unschlagbar machen. Der alte, gebrechliche Eddie wird zu Dr. Smolder Bravestone, einem muskelbepackten Hünen ohne Schwächen. Die Football-begeisterte Johnson wird zu Shelly Oberon, einer sexy Kampf-Tanz-Maschine. Sie macht jeden Gegner platt, der einen Augenblick zu lange auf ihren tollen Körper starrt. Professor Spencer steckt dieses Mal im Körper der Fassadenkletterin und Profidiebin Ming, Eddies Freund

Milo wird zum superschlauen Zoologen Franklin Mouse Finnbar. Finnbar kennt Fauna und Flora auswendig und beeindruckt mit seinem großartigen Wissensschatz. Jeder Charakter hat 3 Leben und unverwechselbare Stärken. Und bis auf Dr. Smolder hat jeder Spieler auch seine Schwächen. Gemeinsam meistern die vier das Spiel. Sie wissen immer nur den nächsten Schritt. Sie sind gezwungen, IHRE GANZ EIGENEN Fähigkeiten auszuspielen, in ihrer Rolle anzukommen und so gemeinsam zu einem unverwechselbaren Team zu werden.

Würde Mouse von Shelly und Shelly von Mouse abschauen, wie er sich durch Spiel bewegt, wären die drei Leben der Spieler schnell verwirkt. Abschauen ist das, was wir im Spiel des Lebens lernen. Wir gucken und schreiben in der Schule voneinander ab. Später wollen wir es genauso wie der Nachbar machen, der mit seinem Imbissstand erfolgreich ist. EGOn glaubt, dass das, was den Nachbar-EGOn weiterbringt, auch für ihn geeignet ist. Doch das ist die falsche Strategie. Auf diese Weise verliert EGOn Zeit und Lebensenergie.

EGOn hat Talente, Stärken, Special Effects. EGOn hat Schwächen. EGOn muss *seine* Methode finden, um den Liebeskummer loszuwerden. Die Tatsache, dass du zu diesem Buch gefunden hast, ist ein Hinweis darauf, dass ich dieses Buch für DICH geschrieben habe. Ob es auch deiner Freundin dient, das weiß ich nicht.

Wenn du abgucken möchtest, gucke in dich hinein. Konzentriere dich immer mehr auf dich. Konzentriere dich auf die Impulse, die aus dem Herz- und Kopfkino kommen. Achte auf spontane Zeichen im

Theater. Achte auf Zeichen, die DICH betreffen, deinen Namen, deine Initialen, dein Spiel. Entdecke mehr und mehr, wo deine Stärken liegen. Werde dir der Mitgift von OCTOPUSSY bewusst.

Fakt ist, du willst aus dem Liebeskummer raus. Du wünschst dir eine große Liebe, du möchtest einen Partner, der dich sieht. Wo besteht Gefahr, bei einem anderen abzuschauen?

- Kennt deine Freundin da ein Ritual, was dich unwiderstehlich macht und dir deinen Partner wiederbringt? Willst du es unbedingt versuchen?

- Hast du diese sexy Rothaarige aus dem Werbespot gesehen? Die Haarfarbe hat dir total gefallen. Du hast es dank DIY gleich ausprobiert – und nun siehst du wie Pumuckl aus. Doch Meister Eder meldet sich trotzdem nicht.

- Trägt die Ex von deinem Ex immer kurze Röcke und Stilettos? Und große Brüste hat sie auch? Und machst du einen Termin beim Schönheits-Doc?

- Hat deine Nachbarin sich nach ihrem letzten Liebeskummer über Tinder neu verliebt? Das willst du auch und hast nun endlich auch Profil. Bloß wird DEIN Liebeskummer jetzt noch schlimmer, wenn du ein neues EIGELB an der Angel hast.

- Hast du von dieser Frau gehört, die erfolgreich altes Karma löst, so wie man Angebranntes eben von der Pfanne kratzt?

Das hat bei 99 von 100 Menschen angeblich schon geholfen. Du bist die Hundertste.

Überall, wohin du schaust, lauert Versuchung. Du kannst ihr nicht immer widerstehen, das ist mir klar. Ich habe ja selbst jeden Mist probiert. Habe mich verrenkt und von anderen abgeschaut. Ich habe Schamanen und Hexen befragt, habe meine Familie auf einem Käseteller aufgestellt, ich war in Trance, unter Hypnose und habe mich selber in die Pfanne gehauen, nur um vom EIGELB loszukommen. Das hat alles nichts gebracht. Denn solange du vom EIGELB wegkommen willst, wirst du mehr und mehr zum EIGELB hingezogen. Mein Fokus lag beim Wegkommen vom EIGELB, anstatt beim Ankommen bei mir selbst.

Dann kam Tag X. Das EIGELB ließ ein Treffen platzen. Das hatte es vorher nie getan. Es schrieb: ICH KANN NICHT. ICH KANN EINFACH NICHT. BITTE VERGISS MICH.

Zehn magische Worte, die mich zurückwarfen. Auf mich selbst. Die Verdauung des WEIßEN HAIs setzte sich endlich in Gang. Er hat mich, na du weißt schon ... Und ich schaute nicht mehr, was ein anderer tat, ich schaute auch nicht mehr, was das EIGELB tat, ich schloss das Buch. Mehr und mehr zog ich meine Aufmerksamkeit von außen ab und lenkte sie nach innen. Ich fühlte, was es bei mir zu fühlen gab. Ich fühlte bei anderen Menschen mit und blieb dabei bei mir. Ich suchte nach Antworten in meinem Inneren. Nicht im Theater, sondern im Herz- und Kopfkino, in dem es allmählich immer stiller wurde. EGOn wurde still, um OCTOPUSSY wahrzunehmen.

OCTOPUSSY wurde still, weil EGOn lauschte. EGOn hatte endlich den heißen Draht gefunden.

**Was bedeutet Regel 17 konkret für den Fortschritt im Liebeskummerspiel?** Wenn du nicht bei einem anderen abschaust, dann besinnst du dich auf deine Talente und auf deine Rolle in diesem Spiel. Du kommst voran in Richtung Ziel.

## Regel 18: Finde deinen goldenen Knochen

Auf der Suche nach deinem goldenen Knochen musst du deine Fähigkeiten, Aversionen und Stärken kennen. Dein goldener Knochen ist mit Sicherheit dort versteckt, wo eine Aversion dich noch NICHT suchen lässt. Dort, wo es heiß ist, wird es für EGOn nämlich heiß. EGOn muss durchs Feuer. Er muss zum Brennpunkt seiner Angst. Der goldene Knochen liegt nicht auf dem goldenen Tablett. Der goldene Knochen liegt mit großer Wahrscheinlichkeit in Schlamm und Dreck. Und vorher wartet eine kleine Hölle.

In den nächsten Wochen wirst du forschen. Du wirst herausfinden, was du magst, was du gut kannst und um welche Situationen du noch einen großen Bogen machst. Schreib alles auf. Frage deine Freunde. Frage Menschen, die dich gut kennen und die dir ehrlich helfen. Beweihräucherungen bringen EGOn nicht auf die goldene Spur.

**Beantworte folgende Fragen:**

- Was kannst du wirklich richtig gut?

- Was macht dir Freude, was würdest du täglich viele Stunden tun, ohne Geld damit zu verdienen?
- Was hast du gelernt?
- Welchen Hobbies bist du in deinem Leben nachgegangen?
- Welche Auszeichnungen hast du erworben?
- In welchem Schulfach warst du am besten?
- Wofür interessierst du dich?
- Welche Art von Liebeskummer zieht sich durch dein Leben?
- Wovor hast du am meisten Angst?
- Was willst du aus deinem Leben verbannen?
- Welche Gefühle willst du nicht oder noch nicht fühlen?

**Was kannst du wirklich gut?**

Frage zehn deiner engsten Freunde, welche Fähigkeiten sie an dir schätzen. Du bist dir dieser Fähigkeiten wahrscheinlich nicht bewusst, denn für dich sind diese Talente ja normal.

**Was macht dir Freude, was würdest du täglich viele Stunden tun, ohne Geld damit zu verdienen?**

Stell dir diese Frage immer wieder. Als ich mir diese Frage stellte, spuckte EGOn folgende Antwort aus: Ich will mich den ganzen Tag mit Mode beschäftigen. Ja, ich liebte Mode. Doch sie lenkte mich vom goldenen Knochen ab. EGOn wollte noch nicht zum Brennpunkt. Er wollte noch nicht durch die Hölle gehen. Er wollte noch nicht fühlen. Interessanterweise steht Mode für die äußere Schönheit, für das äußere EGOn-Image. Für die Persona. Heute beschäftige ich mich mit der inneren Schönheit, dem inneren OCTOPUSSY-Image. Deinem einzigartigen Ruf.

Was tust du also, um herauszufinden, was wirklich für dich WICHTIG ist? Führe ein kleines Tagebuch. Schreibe auf, wann immer dich etwas tief berührt. Jede Kleinigkeit. Ich fand heraus, dass mich intime Gespräche tief berühren. Gespräche, in denen nichts zurückgehalten wird. Gespräche über Gefühle. Heute ist daraus meine Berufung geworden. Ich lebe, ich brenne dafür. Intime Gespräche sind für mich immer im Trend. Sie haben kein Verfallsdatum, so wie Mode.

**Was hast du gelernt? Welchen Hobbies bist du nachgegangen?**

Schreib jede Fähigkeit, jede Fertigkeit, jedes Hobby auf. Du hast als Kind Flöte und Fußball gespielt? Du warst im Kinderchor? Du hast studiert und abgebrochen? Egal. Hier zählt all das, was du angefangen hast. Auch der Bauchtanzkurs. Auch das Bogenschießen. Die Skorpion-Zucht. Das Pfadfinderabzeichen.

**Welche Auszeichnungen hast du erworben?**

Jede Urkunde, jedes Abschlusszeugnis zählt. Die Auszeichnungen in deinem Leben sind Hinweis darauf, *wie oder als was* du arbeiten wirst. Es geht hierbei nicht um staatliche, sondern um seelische Zertifikate. Es geht um Abschlüsse, die du aus Lust und Leidenschaft erworben hast. Wenn du staatliche Zeugnisse hast, dann zählen die genauso viel wie jedes andere Zeugnis.

Deine Hobbies und Fähigkeiten jedoch sind die Magie, die deine Arbeit besonders machen. Ich habe eine abgeschlossene klassische Gesangsausbildung und eine umfangreiche, mehrjährige Coaching-Ausbildung. Ich habe Kurse in Reiki und Energiearbeit besucht und abgeschlossen. Klar, ich arbeite als Coach, ich setze meine Stimme ein. Wenn es sein muss, singe ich auch. Doch die Magie meiner Arbeit kommt aus einer anderen Ecke. Meine Hobbies sind: Ballett, modische Experimente, Reiten, Taekwondo, Kung Fu, Joggen, Kochen, Dekorieren, Einrichten, Flöte und Fußball spielen, Schreiben, Gedichte aufsagen, schneidern, Karten legen, nach neuen Möglichkeiten suchen, (Galgen-)Humor, Selbstgespräche führen, mich im Spiegel betrachten, Fantasie. Wer mit mir arbeitet, der weiß nie, was ihn erwartet. Ein Coaching mit Margret ist immer wieder neu. Und meine Metaphern gehen nie zu Ende.

**In welchem Schulfach warst du am besten?**

Deutsch, Mathe, Sport und Musik. Das waren meine vier Lieblingsfächer. Hier habe ich Höchstleistungen vollbracht. Meine Sprach- und Schreibbegabung hilft mir heute sehr. Mein Talent für Mathe lässt mich Dinge schnell analysieren und kombinieren. Im Sport trainierte ich Ehrgeiz, Schnelligkeit und Kondition. Und die Musik brachte die anderen Elemente in eine besondere Harmonie.

**Wofür interessierst du dich?**

Ich interessiere mich für Lebensgeschichten. Ich höre unglaublich gerne zu, staune und sehe die Parallelen, die wir alle haben. Ich könnte meinen Klienten stundenlang zuhören. Ich frage nach, um noch mehr von ihnen zu erfahren. Das tue ich heute täglich. Meine Klienten sind meine Musen. Sie „küssen" mich und aus mir sprudelt es heraus.

**Welche Art von Liebeskummer zieht sich durch dein Leben?**

In meinem Leben dreht es sich um den NICHT-BLEIBEN-KÖNNEN-LIEBESKUMMER: ein „Fluch" der Entwicklung, der mich immer wieder weitertrieb. Sich entwickeln müssen, keine Wahl zu haben, nicht bleiben zu können, meinen eigenen Weg gehen zu müssen. Ich habe früh gelernt, auf mich Acht zu geben und Verantwortung für mich zu übernehmen.

Vielleicht wurdest du des Öfteren verlassen? Vielleicht littest oder leidest du am VERLASSEN-WORDEN-LIEBESKUMMER? Vielleicht am SICH-NICHT-TRENNEN-KÖNNEN-LIEBESKUMMER?

Der Liebeskummer hat verschiedene Gesichter und gibt dir einen Hinweis, wo dein goldener Knochen sich versteckt.

**Wovor hast du am meisten Angst?**

Meine größte Angst ist das langsame sich Verändern der Form. Es ist der Sterbeprozess, der mich am meisten ängstigt. Das langsame Sterben von Beziehungen. Das Sterben meiner Jacky. Der schleichende Ruin meines Modegeschäftes. Die Angst vor dem Verlust der äußeren Schönheit. Ich habe mich dieser Angst gestellt. Sie ist nicht weg. Doch ich kooperiere mit ihr. Sie gibt mir Kraft auf meinem Weg. Sie hilft mir, andere Menschen durch diese Angst zu begleiten. Diese Angst spinnt mein Stroh zu Gold.

**Was willst du aus deinem Leben verbannen**

Ich wollte Misserfolg und Mangel aus meinem Leben verbannen. Doch es war der Misserfolg, der mich zu meinem goldenen Knochen führte. Im Mangel fand ich meinen Reichtum. Im Mangel fand ich meine inneren Schätze. Notiere dir ganz konkret, was du NICHT MEHR HABEN möchtest. In diesem NICHT HABEN WOLLEN ist dein goldener Knochen versteckt.

**Welche Gefühle willst du nicht oder noch nicht fühlen?**

Ich wollte den Liebeskummer nicht spüren. Insbesondere wollte ich nicht spüren, dass MEIN VERHALTEN bei anderen Menschen Schmerz auslöst. Und so habe ich versucht, mich zu verbiegen. Ich blieb länger in Beziehungen, als es mir lieb war. Ich habe gelernt, dass ich meinen Stachel (Skorpion-Mond) auch habe, um Schmerz zu bringen. Schmerz, der heilt.

Welche Gefühle willst du noch nicht fühlen? Sei ganz konkret. Denn wenn du sie fühlst, kommst du dorthin, wo dein goldener Knochen vergraben liegt.

**Was bedeutet Regel 18 konkret für den Fortschritt im Liebeskummerspiel?** Dein goldener Knochen ist das WARUM deines Liebeskummers. Wenn du ihn gefunden hast, wird es für dich kein

Leid mehr geben, denn du weißt, wofür dir dieses Leben dient. Du *brauchst* keinen anderen mehr.

## Regel 19: Freier Wille ist ein Special Effect

Du hast meine Meinung über den freien Willen bereits gehört. Ich habe meinen Glauben an ihn verloren. Beantworte, bevor du weiterliest, bitte diese sieben Fragen:

- Kannst du sexuelle Anziehungskraft an- und ausknipsen?
- Kannst du es machen, dass dir jedes Nahrungsmittel schmeckt?
- Kannst du es machen, dass du jeden Menschen riechen kannst?
- Kannst du es machen, dass dir jede Musik gefällt?
- Kannst du einen Menschen vergessen, weil du es JETZT willst?
- Kannst du auf Knopfdruck aufhören, einen Menschen zu lieben?
- Kannst du JETZT aufhören, Liebeskummer zu empfinden?

Freier Wille impliziert: Du bist Herr und Meister über Körper, Gefühle und Gedanken. Du bist Herr und Meister über DEINEN Tag, über das, was DEIN Leben betrifft. Du kannst DEIN Leben, DEINEN Körper, DEINE Gedanken und Gefühle und DEINE Sinne nach Lust und Laune verändern. Kannst du das WIRKLICH? Überprüfe es. Schreib ab sofort jeden Wunsch, jeden „freien Willen" auf, den du gerade hast. Überprüfe die Erfüllung dieses Wunsches explizit.

Rechne in einem Jahr zusammen, WIE VIEL du mit deinem freien Willen manifestieren konntest.

Vielleicht hast du Lust, dir den Lebensplan wie ein riesengroßes Spielbrett vorzustellen. Ob du dabei an „Mensch ärgere dich nicht", an Schach, Mühle oder Monopoly denkst, das steht bereits fest. Sieh dein Spielbrett vor dir. Es ist unüberschaubar, du kannst im Moment nur einen Ausschnitt davon sehen. Blicke an dir herunter bis zu deinen Füßen. Mit deinen Füßen stehst du auf einem Spielfeld deines Spielbretts. Vielleicht ist dieses Spielfeld rund. Vielleicht ist es quadratisch. Vielleicht sieht es aus wie ein Stern.

Auf diesem Spielfeld findet jetzt dein Kampf, dein Spiel oder dein Wirken statt. Hier hast du deine Aufgaben zu erfüllen. Du hast entweder etwas zu sagen oder zu schweigen. Du hast zu trauern oder zu lieben. Hier kannst du aktiv etwas tun, oder dich in Hingabe üben. Du bist entweder wach oder total müde. Das kommt ganz auf das Spielfeld an, auf dem du gerade stehst. Manchmal kannst du einfach zum nächsten Spielfeld springen. Manchmal scheinst du am Spielfeld festzukleben. Du willst dort weg und kannst doch nicht.

**Spielfeld „FREIER WILLE"**

Und manchmal steht „FREIER WILLE" auf dem Feld unter deinen Füßen. Dann hast du „Glück". Du hast einen Wunsch frei. Dein Wollen wird wahr. Du wünschst dir einen Partner, bestellst ihn beim

Universum und ein paar Wochen später knutscht er dich bereits zu Boden. Du wünschst dir eine Bikinifigur und die Kilos purzeln. Du wünschst dir ein paar Tausender für eine Shoppingtour – und schwuppdiwupp – der Inhalt deines Portemonnaies nimmt zu. Du bastelst ein Vision-Board mit deinem Traumhaus und ein paar Jahre später ziehst du ein. Du denkst dir: Ich will nur noch diese eine Ausbildung, dann bin ich richtig gut.

Das Spielfeld „FREIER WILLE" scheint ein magisches Spielfeld zu sein. Doch Vorsicht. Du bleibst daran kleben, bis dein Wunsch in Erfüllung geht. Äußerlich geht superviel. Du siehst die Wandlung und EGOn klatscht begeistert in die Hände. **Doch deine innere Entwicklung pausiert.**

Das Spielfeld „FREIER WILLE" ist für EGOns im Raupenkostüm gedacht. Sie kleben am Selbstbedienungsbuffet fest, fressen, lesen, lernen, shoppen sich durch und haben das Gefühl, ihr Leben hebt gerade ab. Der Schmetterling fliegt vorbei. Er hat der Sucht vom freien Willen längst entsagt.

Hat sich RAUPEN-EGOns Wunsch erfüllt, spielt oder kämpft EGOn weiter. Er glaubt daran, dass jedes Feld, auf dem er steht, ein Feld des freien Willens ist. Doch so ist es nicht. Auf dem nächsten Feld entpuppt sich der Partner vom Bestellservice als Frosch mit schlechten Manieren.

Der Jojo-Effekt setzt ein und der Bikini platzt samt Figur aus allen Nähten. Das Auto vom letzten Shoppingrausch hat einen Getriebeschaden und der Kontostand fällt um ein paar Meter. Das

Traumhaus steht auf einer Wasserader und RAUPEN-EGOn glaubt, er sei verflucht, weil er seit Monaten nicht mehr richtig schlafen kann.

Während EGOn im Kostüm der RAUPE kämpft und hadert, hat OCTOPUSSY richtig Spaß. Sie liebt ihr Spiel. Sie liebt es, sich als RAUPE zu erfahren. Sie liebt es, sich als verwirrt und ohne jede Kontrolle zu erleben. Sie liebt Chaos, Abenteuer und den Kampf IM SPIEL. Denn OCTOPUSSY weiß, dass sie spielt. EGOn im Körper der RAUPE, der weiß das nicht. Die RAUPE erreicht bald wieder ein Feld mit der Aufschrift „FREIER WILLE". Nun geht das ganze Wunschkonzert von vorne los. Innere Entwicklung pausiert. Die RAUPE konsumiert. Und EGOn macht einen Tagebucheintrag: FREIER WILLE funktioniert doch. Denn RAUPEN-EGOn notiert in dieser Phase nur die erfolgreichen Versuche seines freien Willens. EGOn blendet Fehlversuche aus und fälscht hemmungslos die Statistik. Dann zeigt er seine gefälschte Glücksstatistik anderen RAUPEN und sie tun zusammen so, als ob sie den Erfolg miteinander feiern. Doch viele RAUPEN-EGOns, die gerade NICHT auf einem Feld des freien Willens stehen, fühlen Neid. Sie wollen das auch und überlegen, wie sie sich den freien Willen verdienen können. Sie kommen ins Tun. Sie hasten über das Spielbrett – auf der blinden Suche nach dem freien Willen.

**Wenn der RAUPE die letzte Stunde schlägt**

Wenn die RAUPE fett und rund und vollgefressen ist, wird es Zeit, sich zu verpuppen. Der RAUPEN-EGOn hat genug konsumiert. Die RAUPE merkt, dass sie so langsam konsumträge wird. Sie wünscht sich etwas Neues. Vielleicht spirituelles Erwachen? Einen Partner, der ihr INNERSTES erkennen kann. Anstatt ein paar Kilo Gewichtsverlust wünscht sich die Raupe nun innere Leichtigkeit.

Auch Geld ist nicht mehr ganz so wichtig. Die RAUPE wünscht sich Reichtum auf dem Seelenkonto. Sie will nicht mehr so viel lesen oder lernen. Die RAUPE will ihre angesammelte Weisheit weitergeben. Der Fokus wandert von außen nach innen. Doch die RAUPE glaubt noch immer an den freien Willen. Sie schleppt sich – vollgefressen, wie sie ist – von Feld zu Feld. Auf der Suche nach ihm. Doch den freien Willen kann sie immer seltener erwischen. Es ist, als ob er nicht mehr zu existieren scheint. Die RAUPE merkt: Mit dem freien Willen stimmt etwas nicht. Die RAUPE nähert sich der Schleuse, in der ihre Transformation beginnt. In der Schleuse begreift der RAUPEN-EGOn, dass er das Werkzeug von OCTOPUSSY ist. EGOn braucht keinen freien Willen mehr. Die RAUPE entwickelt sich zur Puppe, erkennt sich als Spielfigur und den freien Willen als Special Effect. Und irgendwann wird der SCHMETTERLING geboren: der vollkommene SPIELER.

**Was passiert, wenn RAUPEN-EGOn auf ein Feld des freien Willens kommt?**

Das war eine der interessantesten Entdeckungen in meinem Leben. Von meinen Lehrern hatte ich gelernt: Es geht um ABSICHT. Absicht bedeutet, dein ganzes SEIN auf das gewünschte Ergebnis auszurichten. Es zu sehen, zu hören, zu riechen, zu schmecken, es zu fühlen, darüber zu sprechen und das Nötige dafür zu tun. Sehen wir uns Absicht am Beispiel Freier-Auto-Wille an: Mit 23 Jahren wünschte ich mir einen Jaguar. Ich wandte die Techniken an, von denen meine

Lehrer sprachen. Ich dachte an mein Auto, ich fühlte, wie ich auf seinen weichen Lederpolstern sitze, ich hörte den Motor-Sound und Lionel Richies Stimme mit „Deep-River-Woman“ aus dem Soundsystem, ich roch das nagelneue, schwarze Leder, ich sprach mit anderen EGOns über das Auto, ich konzentrierte mich mehr und mehr darauf. Ich tat dafür, was nötig war. Verdiente Geld, machte eine Probefahrt. Das Auto kam. Mit meiner Absicht musste etwas nicht gestimmt haben. Aus meinem visualisierten Jaguar wurde ein Mercedes 560 SEC. Das Leasing für den Jaguar bekam EGOn nämlich nicht mit seinen 23 Jahren. EGOn war das schnell egal. Der Fehler wurde ausgeblendet. Er hatte mit dem Mercedes jede Menge Spaß. Mit dem übernächsten Auto verhielt es sich ähnlich. EGOn wollte einen Bentley und bekam einen Rolls Royce. Auch dieser Fehler wurde ausgeblendet. Das merkt ja keiner. Wenn ein anderer EGOn meinen EGOn danach fragte: „Äh, Margret – wolltest du nicht eigentlich einen Bentley?“, dann hatte EGOn schnell eine Ausrede parat. Ich habe die Ausrede längst vergessen, wie man Lügen eben schnell vergisst. Irgendwann fiel bei meinem EGOn dann der Groschen. Er kapierte, dass er die Absicht NICHT machen kann. Er kapierte, dass man ABSICHT hat, wenn ein Ereignis im Spielplan bereits vorgesehen ist. EGOn hat auf einem Feld des freien Willens nichts weiter als Zugang zum Spielplan von OCTOPUSSY.

**Channeling im Spielplan**

EGOn kann Hellsehen, Hellhören, Hellriechen, Hellschmecken, Hellsprechen und Helltun. Kommt EGOn auf ein Feld des freien Willens, dann hat er dort Zugang zu seinem Lebensplan. Er findet den

Schrank mit den Weihnachtsgeschenken und schaut schon mal rein. Manchmal kommt es vor, dass EGOn die Weihnachtsgeschenke seines Bruders findet, dann wird sein Wunsch eben nicht wahr. Vielleicht wird EGOn auch beim Schnüffeln gestört und so kriegt er nicht die volle Channeling-Dröhnung. Deshalb nahm mein EGOn statt eines Rolls Royce einen Bentley wahr.

Kriegst du den Punkt?

Manchmal channelt EGOn in einem fremden Spiel.

Manchmal channelt EGOn ungenau.

Meistens will EGOn mehr.

EGOns Vision-Board ist voll.

Da das Vision-Board EGOn sowieso nur jene Wünsche erfüllt, die im Spielplan fest verankert sind, kannst du dir ein Vision-Board auch sparen. Wenn du dir eins zulegst, dann tue es voller Freude. Habe Spaß am Channeling in deinem Spiel.

**EGOns Heldenreise vom freien Willen zum Werkzeug von OCTOPUSSY**

Felder des freien Willens sind für EGOns Erwachsenwerden wichtig. Im Lebensspiel läuft alles nach Plan. Davon bin ich überzeugt. Und so ist auch EGOns Entwicklung vorgeschrieben. RAUPEN-EGOn „Nimmersatt" ist für Konsum erschaffen. Und Konsum ist von OCTOPUSSY gewollt. Konsum bereichert das Spiel, lädt zu Verirrungen ein und bringt Action und Genuss. Nicht aus jedem RAUPEN-EGOn wird ein SCHMETTERLINGS-EGOn. Es gibt viele EGOns, die bleiben ihr Leben lang eine RAUPE. Auch das ist von OCTOPUSSY so gewollt. EGOns, in deren Spielplan es ein NEXT-LEVEL gibt, die werden SCHMETTERLING. Und solche EGOns finden Bücher wie dieses hier. Vielleicht ist dein EGOn noch nicht bereit, jedoch hat er bereits Witterung aufgenommen. Ich bin ganz sicher, dein EGOn wird an einem Punkt in seinem Leben ein SCHMETTERLING geworden sein.

**Mein letztes Fuck-den-freien-Willen-Erlebnis**

Es ist gerade ein paar Tage her. Ich hatte mich an einem heißen Juli-Donnerstag um 12 Uhr mittags mit Christian, (Jackys Tierarzt) verabredet. Einerseits wollte ich Jackys Asche holen. Andererseits freute ich mich auf eine kleine Bergwanderung mit Christian in seiner Mittagspause. Ich bin sehr gerne pünktlich. Und so plante ich meine Abreise von Chur für 10.30 Uhr ein. Überpünktlich steckte ich den Zündschlüssel ins Schloss und drehte mit einer kurzen Handbewegung nach rechts. Wie immer. Es tat sich nichts. Ich probierte es noch einmal. Wieder passierte nichts. Der Input aus EGOns Zentralrechner kam prompt. In Form einer Erinnerung: Ich hatte vergessen, das Radio auszuschalten. Seit drei Tagen stand das Auto ohne Bewegung. Das Radio spielte längst nicht mehr. Fazit: Batterie leer. Also rief ich den Pannendienst und danach Christian an, dass es auf alle Fälle später werden würde. Der Mittagspause wegen könne er ja schon mal loslaufen.

Wir vereinbarten, uns im Gelände unseren Standort mitzuteilen.

Am Startpunkt der Wanderung angekommen, gab ich Christians Standort ein und lief querfeldein. Ich nahm den kürzesten Weg. Um schnell bei ihm zu sein. Der kürzeste Weg entpuppte sich als der längste. Wie eine Spinne kraxelte ich im Wald auf allen vieren den Berg hinauf. Dabei fühlte ich mich wie ein wildes Tier. Fernab von Wegen. Bis es nicht mehr weiterging. Laut Navi war Christian nun weiter entfernt als zuvor und so „rutschte" ich den Berg wieder herunter. Dabei hielt ich mich an jungen Bäumen fest, um das Gleichgewicht nicht zu verlieren. Ich ahnte schon, dass ich Christian nicht finden würde. Die „Schnitzeljagd" machte mir trotz allem großen Spaß. Ich fühlte mich quicklebendig und erinnerte mich an meine Abenteuer mit Jacky. Regelmäßig war ich mit ihr querfeldein gelaufen, durch Wälder und kleine Bäche, über Wiesen und durch Felder.

Trotz der Ahnung, dass es für heute nicht im Spielplan stand, Christian zu finden, strebte ich danach. Immer wieder schaute ich auf mein Handy. Kontrollierte den Standort. Ich rannte bergauf, bergrunter. Zuerst im Wald, später auf der Straße, die Sonne brannte heiß. Etwa 1,5 Stunden war ich rennend, kriechend, suchend unterwegs. Ich fand Christian nicht. Er fand mich nicht. Wir trafen uns zuletzt bei unseren Autos. Glücklich und zufrieden holte ich nach der abenteuerlichen Schnitzeljagd meine Jacky in einem weißen Baumwollsäckchen wieder ab. Worum ging es hier gerade? Ich glaube, es ging ums GEFÜHL. Ich fühlte viel in diesen eineinhalb Stunden. Stress, Frust, Neugier, Freude, Ungeduld und vor allen Dingen eins: volle Kanne Glück.

Auch nach Jackys „Tod" beschert mir dieses Wesen noch das ein oder andere Abenteuer. Ich werde mich an diesen Tag erinnern. Ich habe mich gespürt. Ich habe mich gefühlt. Ich habe mich der Schnitzeljagd des Lebens hingegeben, auf die ich keinen Einfluss hatte. Ich habe die freie Wahl, dieses Ereignis zu bewerten und mit den Gefühlen umzugehen. Doch vielleicht nicht einmal das.

Vielleicht steht auch die Art der Bewertung längst schon fest.

**Was bedeutet Regel 19 konkret für den Fortschritt im Liebeskummerspiel?**

Freue dich, wenn der freie Wille funktioniert. Nimm hin, wenn er nicht funktioniert. Wisse, du bekommst mehr, als du dir wünschen kannst. Regel 19 entspannt dein System.

## Regel 20: Friss OCTO-GON mit der Schaufel, damit EGONs Selbstwert eine Latte kriegt

Die harte Spielphase in deinem Leben wird erst dann zu Ende sein, wenn EGOns Selbstwert eine Latte hat. Es ist nämlich EGOn, der sich wertlos fühlt. Es ist EGOn der denkt, dass er nicht wertvoll genug ist. Klein-EGOn wurde mit großer Wahrscheinlichkeit öfter ermahnt und weniger gelobt. Bei jeder Ermahnung hat EGOn registriert: „Aha, ich hab schon wieder einen Fehler gemacht!“ Und diese Fehler hat EGOn nicht vergessen. Die Lob-Tadel-Statistik ziert noch heute als Bildschirmschoner EGOns Laptop. So hat EGOn gelernt, sich zu vergleichen. Und wer sich vergleicht, der schneidet meist ziemlich beschissen ab. EGOn glaubt, er könne seinen Wert im Wettstreit und Vergleich mit anderen EGOns finden.

Schauen wir uns das Wort WERt an. Mein EGOn erkennt darin ein großes WER. WER bist du? WER bist du wirklich? Kannst du dich wertlos fühlen, wenn du weißt, WER du wirklich bist?

Es gilt, herauszufinden, WELCHE ROLLE dir in diesem Spiel gegeben ist. Es gilt, sie anzunehmen und dann wirst du dich wertvoll fühlen.

**Welche Aufgabe hat EGOn zu erfüllen?**

Deine Aufgabe ist einzigartig. Kein anderer EGOn dieser Welt kann DEINE Aufgabe an deiner statt erfüllen. Keiner, hörst du? *Du bist nicht zu ersetzen.* Dein EGOn ist nicht zu ersetzen. Jeder Fehler, den du machst, jede Aufgabe, die du meisterst, ist Teil des Spiels. EGONs Handeln, sein Agieren, ist genauso gewollt, wie er es gerade tut. Auch wenn EGOn gerade strauchelt, auch wenn er zweifelt, auch wenn er nicht mehr weiter weiß. Wie Frodo in Herr der Ringe. Wie Harry im Kampf mit Voldemort, wie Rotkäppchen beim tête-à-tête mit dem Wolf. Außer deinem EGOn kann keiner seine Rolle übernehmen. Das allein macht EGOn absolut wertvoll. Doch weiß er es? Weiß EGOn, wie wertvoll er ist?

EGOn muss sein SELBST verstehen, will er seinen Wert erkennen. Ich glaube, dass das SELBST nüchtern schwer zu erklären ist. Deshalb lade ich dich ein, etwas mit mir zu trinken. Ich gebe dir einen Mocktail aus, einen Cocktail ohne Alkohol. An OCTOPUSSYs Bar. Vielleicht gelingt es meinem EGOn ja nach ein paar Mocktails, die Bedeutungen von „SELBST“ und „wertVOLL“ zu erklären. Vielleicht kann dein EGOn nach ein paar Mocktails begreifen, wie wertVOLL sein SELBST doch ist. In weiser Voraussicht habe ich bereits zwei Plätze an OCTOPUSSYs Bar reserviert.

**OCTOPUSSYS Bar**

In OCTOPUSSYs Bar gibt es nur einen Mocktail: OCTO-GON. Du musst also nichts bestellen. Hier setzt sich jeder EGOn hin, hält die Klappe und kriegt das Gleiche. Aber nicht dasselbe. Das ist das wichtigste Detail: der Unterschied zwischen „das Gleiche“ und „Dasselbe“.

Gläser suchst du in dieser Bar vergebens. Denn OCTOPUSSY serviert OCTO-GON über magisch-leuchtende Tentakel oder Nabelschnüre gleich intravenös: Die Ingredienzien für den Mocktail sind erlesen und von OCTOPUSSY selbst zusammengestellt. OCTOPUSSY liefert die Ingredienzien nicht nur, sie IST der Ingredienzien-Mix.

OCTO-GON wird für jeden EGOn ganz exklusiv gemixt. OCTOPUSSYS Bar ist groß. Durch Milliarden magischer Tentakel fließt jeweils ein exklusiver Mocktail an jeden EGOn. Manch ein EGOn kriegt auch manchmal einen Cocktail. Kein Mix, kein Treibstoff, kein OCTO-GON-Elixier ist gleich. Denn es geht im Liebes(kummer)spiel um Exklusivität und um Unterscheidung. Du hast bereits gelernt, dass OCTOPUSSY EGOn mit OCTO-GON abfüllt: Gedanken, Gefühle, Wünsche und Sehnsucht sind Nahrung, durch die EGOn seinen Arsch bewegt. EGOn kommt ins Tun. EGOn wird zu seiner Heldenreise regelrecht verführt. Oder würdest du deinem EIGELB folgen, wäre da nicht diese unglaubliche Anziehungskraft? Würdest du dich, bei all dem Schmerz, immer wieder neu ins EIWEIß-EIGELB-KARUSSELL begeben? Wenn es LEX nicht gäbe? LEX ist verführerisches OCTOGON von OCTOPUSSY. Der Stoff, aus dem man Süchte macht. LEX ist der Stoff, der EGOn seinen WERT im Außen suchen lässt. EGOn sucht, bis er genug gelitten hat. Bis er ahnt, dass der Wert im Außen nie zu finden ist. Erst dann ändert EGOn das Reiseziel. Er begibt sich auf die Odyssee nach innen. Ganz egal, wo EGOn auf seiner Heldenreise ist, er trifft und triggert andere EGONs und bringt sie mehr und mehr auf ihren Weg, zu ihrem Wert. Kein EGOn ist ersetzbar. Jeder EGOn wird unbedingt gebraucht.

Und mit jedem Zug, mit jedem Schritt durchs Spiel wirst du deinen Wert mehr und mehr erkennen. Es wird dich nicht mehr stören, wenn jemand an dir zweifelt. Es wird dich nicht mehr stören, wenn jemand deine Grenzen testet. Du kennst deinen Wert und bleibst stehen. Du bleibst bei dir. EGOn bleibt in seinem Gefühl bei sich SELBST.

**Das Haus aus Stroh, aus Holz, aus Stein**

Stell dir deinen Selbstwert vor, wie ein Haus, das du dir baust. Zuerst hast du ein Haus aus Stroh. Ein EGOn im Wolfspelz kommt und pustet. Dein Haus fliegt weg. Das nächste Haus baust du bereits aus Holz. Es wirkt stabiler. Doch wenn ein paar EGOns zusammen pusten, fliegt auch das Holzhaus weg. Das dritte Haus baust du aus Stein. Kann pusten, wer will. Dein Selbstwert steht. Er fällt nicht um, EGOn hat seinen Wert in sich selbst gefunden. Kein Sturm, kein Gefühl bringt EGOn aus der Fasson.

Nimm jeden Schluck OCTO-GON, den du kriegen kannst. Ob süß, ob salzig, ob bitter. Schmecke, fühle, verdaue. Und wieder von vorn.

Lass uns nochmal Revue passieren:

- Dein OCTO-GON gibt es nur einmal auf der ganzen, weiten Welt, es wird täglich für dich hausgemacht.
- OCTOPUSSY nährt dich immer und tankt dich auf, damit du Selbstwert kriegst.
- Die Aufgabe deiner Heldenreise kann NIEMAND anderer tun.
- Wenn du nicht wärst, könnte ein anderer seinen Weg nicht gehen.
- Du bestimmst, ob OCTOPUSSY sich erfahren kann, indem du ihr Gefühle schickst oder sie ihr vorenthältst.
- Du wirst gebraucht.
- Du bist unersetzlich.
- Auf deiner Heldenreise wartet DEIN Happy End auf dich.

Am Ende des Liebeskummer-Spiels mag EGOn bestenfalls jede Art von OCTO-GON und frisst OCTOPUSSY vielleicht aus der Hand. Er ist gezähmt, er hat seinen Wert im Spiel erkannt. Den Wert seiner Spielfigur, den Selbstwert. Mit diesem Wert dient er OCTOPUSSY als Werkzeug, so wie deine Hand dir dient, wenn du etwas anfassen, schreiben oder essen möchtest.

Solange EGOn noch nicht genug Selbstwert hat, wird das Verhalten seines EIGELBS dafür sorgen, dass EGOn Selbstwert kriegt. Denn das Verhalten des EIGELBS ist nichts weiter als eine ordentliche Portion von OCTO-GON.

**Das Verhalten deines EIGELBS schlägt dich und deinen Selbstwert steif**

Was immer das Verhalten deines EIGELBs mit dir macht, oft fühlt EIWEIß-EGOn sich geschlagen. Doch jeder Schlag, den das EIGELB ihm ungefragt versetzt, macht EGOn stärker, steifer und zugleich lockerer. Das EIWEIß kommt in Form. Und hat endlich Grenzen. Es kann sich wertvoll fühlen, auch ohne EIGELB. Es wächst, wird mehr und immer größer. Es erhebt sich Stück um Stück aus dem Tal der Tränen. Aus wabbelig und farblos erwächst ein strahlend weißer Schneeberg. Um vieles besser als Zugspitze oder Matterhorn. Das EIWEIß sieht toll aus, schmeckt gut, es macht den Kuchenteig vollkommen. Das EIWEIß weiß, dass es superwichtig ist. Für den Körper, für den Teig. Denn es lockert Schwere auf.

**Wie gehst du auf dem Weg zum Selbstwert mit Ablehnung um?**

Ich lade dich ein, dir vorzustellen, du wärest das köstlichste hausgemachte Schokoladeneis der ganzen Galaxie. Samtig-cremig zergehst du den Schokoladen-Junkies auf der Zunge, knackige Schokoladensplitter machen Lust auf mehr von dir. In der Tat bist du das himmlischste Schokoladeneis, das man lecken kann. OCTOPUSSY, der beste Chocolatier der gesamten Galaxie, hat dich erfunden, du hast die beste Milch gekriegt, die per Hand gemolken wurde. Später wurde deine Konsistenz liebevoll gerührt. OCTOPUSSY sang dabei, als sie tropischen Kakao in deine cremigen Fluten warf. Und nun liegst du da: lecker angerichtet, mit knackigen Schokoladensplittern in deiner cremig-kühlen Masse. Neben dir träumen Vanilleeis, Zitronensorbet, Mango und Kiwi-Minze vor sich hin.

Alle seid ihr einzigartig, lecker, unerreicht. OCTOPUSSY hat sich nicht lumpen lassen.

Deshalb herrscht auch Hochbetrieb in der Gelateria. Eine lange Schlange eissüchtiger Menschen steht an und wartet schon. Die meisten Eisliebhaber sind ungeduldig, bis sie endlich an der Reihe sind. Du machst dir keine Sorgen. Du weißt, du bist heiß begehrt. Denn noch lange bevor sich der Tag gen Abend neigt, ist deine Schale leer. So ist das an jedem einzelnen Tag.

Ist deine Schale leer, schleckt sie der Sohn vom Eisdielenbesitzer mit seinen Fingern aus. An jedem Abend. Er hat dich am liebsten. Er brennt darauf, auch den kleinsten Rest von dir zu kriegen. Er kann es kaum erwarten, bis endlich wieder Feierabend ist. Er liebt dich ohnegleichen. Er kriegt einfach nie genug von dir. Du bist sein Elixier. Wenn du so beliebt, so kostbar bist, wieso solltest du deine Substanz einfach so verschleudern? An einen Menschen, der Schokoladeneis nicht schätzt? An einen, der dich vielleicht einfach lieblos schmelzen lässt? Bis nichts weiter von dir übrig bleibt als eine braune Pfütze? Nein. So etwas würdest du nicht tun. Du kennst jetzt deinen Wert. Du weißt, dass du aus purer Liebe, aus allerbesten

Aromen und Atomen bestehst. Du brauchst dich nicht verschleudern. Du bist begehrt.

Nur weil ein Mensch eine Vorliebe für Vanille oder Kiwi hat, bist du nicht schlecht. Nur weil er eine Allergie auf Schokolade hat, bist du nicht giftig. Du bist vorzüglich. Dieser Mensch steht einfach auf Vanille oder Kiwi. Er hat eine andere Vorliebe. Ihr beiden seid, zumindest im Moment, nicht kompatibel. Das hat nichts mit dir und deinem Wert zu tun, sondern mit Geschmack. Mit Vorliebe und mit Aversion. Erinnere dich. Du kannst Geschmack nicht machen. Das liegt außerhalb deiner Macht. Es steht in OCTOPUSSYS Plan, wer wen und wie lange trifft. Lass den Plan sich entfalten. Erinnere dich an deinen Wert.

Wenn du das kapierst, dann bist du frei von Leid. Die Wahl eines anderen Menschen hat NICHTS mit deinem Wert zu tun. Du bist WELTKLASSE und du wirst es immer sein.

**Was bedeutet Regel 20 konkret für den Fortschritt im Liebeskummerspiel?**

Wenn du deinen Selbstwert kennst, dann macht Ablehnung dir nichts mehr aus. Ein bestimmter, anderer Mensch muss dich nicht wertschätzen, damit es dir besser geht. Die Sucht nach Anerkennung ist ausgeschlichen.

## Regel 21: Karma gibt es nicht

Oh ja, ich hatte meine Spielphasen, da habe ich an Karma geglaubt. Ich habe meine Gedanken und meine Gefühle seziert, ich habe meine

Worte unter die Lupe genommen und mich für viele meiner Taten gehasst. Wegen dem Karma-Knöllchenkatalog. Während Flensburg dir Einsicht in dein Punktekonto gibt, hast du bei OCTOPUSSY keine Akteneinsicht. Warum auch? Es ist überhaupt nicht nötig.

OCTOPUSSY sei Dank! Stell dir mal vor, es gäbe Karma. Stell dir mal vor, du müsstest *jetzt* die Schuld für ein früheres Leben abarbeiten. Wo bliebe denn da der Spaß? Mittlerweile ist mir schon klar, dass viele am Spielfeldrand stehen und nicht spielen, weil sie Schiss davor haben, sich die Hände dreckig oder blutig zu machen. Deshalb triffst du immer noch auf so viele Randfiguren, bei denen du nicht weißt: Sind sie nun drin im Spiel oder draußen?

Manch EGOn hat Angst, sein Kind anzubrüllen. Es könnte ja sein, er kommt im nächsten Leben als Eintagsfliege auf die Welt und landet nach einem halben Tag schon unter einer Fliegenklatsche.

Karma ist – meiner momentanen Ansicht nach – wie der freie Wille ein Special Effect im Spiel. Du kommst auf dem Spielbrett deines Lebens ab und an auf ein Feld, auf dem die Aufschrift KARMA prangt. Beim Kleingedruckten steht: *Kleine Sünden straft OCTOPUSSY gleich. Aber nicht immer und auch nicht bei jedem. Gerade nur bei dir. Weil du auf diesem Feld stehst. Hast halt Pech gehabt. Mach dir nix draus.*

Bei mir fühlten sich solche Felder immer an, als hätte ich auf die heiße Herdplatte gegriffen. In der Give-me-five-Pose. Mit Schmackes. Meist war mein EGOn gerade HIGH, weil er auf dem Feld des freien Willens am Übermut geschnüffelt hatte. Und so sprang ich volle Pulle wie ein Gummiball vom freien Willen zum Karma. Der Schmerz kam überraschend wie ein Blitz, und ich kramte in der Kiste des Kurzzeitgedächtnisses: WAS HAT DAS MIT MIR ZU TUN?

Wenn ich in der Kiste des Kurzzeitgedächtnisses keinen Hinweis auf ein Ereignis fand, kam die Kiste des Langzeitgedächtnisses dran. Manchmal verbrachte ich Tage damit, herauszufinden, worin meine Schuld bestand. Wenn ich die gefunden hatte, zerbrach ich mir den Kopf, wie ich Ausgleich auf dem Karmakonto schaffen könnte. Und zwischendurch diskutierte ich mit meinen Freundinnen, wie sie das sehen. Viel Wind um nix. Das nächste Karma-Feld kam so sicher wie das Amen in der Kirche. Ich fing an, andere Mitspieler zu beobachten. Also nicht irgendwelche. Sondern solche, die ich gut zu kennen glaubte. Da waren kleine Satansbraten dabei. Auch zu Zeiten, in denen ich an Karma glaubte, war ich schon recht tolerant. Und so beobachtete ich kleinere und größere kriminelle Taten und wartete, dass – nennen wir ihn Spieler X – auf dem Karma-Feld landet. Ich wartete, dass er dort eine Läuterung erfahren würde. Ich wartete und wartete. Jahre vergingen. Doch Spieler X kam nicht auf so ein Feld. Es schien, als würden Karma-Felder in seinem Spiel nicht existieren.

Meister, die sich mit Karma auszukennen schienen, sagten mir: *„Margret, jeder kriegt seine Strafe. Du bekommst es nur nicht mit."* Stimmt. Ich bekam es nicht mit. Und Spieler X bekam es auch nicht mit, denn während ich schon wieder in der nächsten Scheiße auf einem Karma-Feld saß, stand X schon wieder auf einem Feld des freien Willens und jubilierte.

Jetzt mal im Ernst: Ich glaube nicht an Karma. Ich glaube ans Spiel. Ein gutes Spiel bringt alle Facetten mit. Die Schwalbe, das Foul, den Elfmeter, die rote Karte und den Seitenwechsel. Ein gutes Spiel braucht multiple Elemente und vor allen Dingen Action. Ein gutes Spiel braucht in jeder Rolle einen Spieler. Warum soll OCTOPUSSY, wenn sie das Spiel erfunden hat, einen Spieler bestrafen? Der Spieler spielt SEINE ROLLE. Nehmen wir die Rolle von Voldemort. Ohne Voldemort kein Harry Potter. Voldemort wird von Ralph Fiennes gespielt, er wurde gecastet, er hat seinen Vertrag unterschrieben. Er hat sich zum Bösewicht gemacht. Ralph ist aber kein Bösewicht. Er ist nur in die Rolle eines Bösewichts geschlüpft. Er wird belohnt. Er bekommt seine Gage, wie Daniel alias Harry seine Gage kriegt.

Gut und Böse wird es auf Erden immer geben. Um Friede-Freude-Eierkuchen geht es nicht. Wenn du danach suchst, wirst du in diesem Buch nicht fündig. Es geht um Verwicklungen. Es geht um Entwicklungen. Es geht um Angriff, es geht um Konter. Es geht um Schmerz, um Trauer und vor allen Dingen um eines: Es geht um GLÜCK. Denn nur dann, wenn du volle Kanne spielst, ohne Angst vor Karma, wirst du am Ende deines Lebens glücklich sein.

Ich glaube nicht an Karma, weil ich an Schuld nicht glaube. Weil ich an Schuld nicht glaube, glaube ich auch nicht an Strafe. Ich glaube nicht an Strafe, weil es die Seele ist, die mit sich selber spielt. Es ist OCTOPUSSY, die sich selbst immer wieder auf die Finger haut. Es ist OCTOPUSSY, die sich selber streichelt, es ist OCTOPUSSY, die sich selber ablehnt und sich selber liebt.

**Karmapartner sind kosmische Nervensägen**

Glaubst du an Karmapartner? Es gibt Kartenleger, Therapeuten, Coaches und Hypnose-Spezialisten, die dir erzählen, dass du einen Karmapartner hast. Dass ihr beide euch aus früheren Leben kennt, dass ihr beiden Karma abzutragen habt. Da ist noch viel zu viel angebranntes Karma an der Liebespfanne. Und das muss weg – willst du glücklich sein. Ich weiß das so genau, weil ich selbst solch eine Hypnosespezialistin war. Ich habe meine Klienten und Klientinnen in frühere Leben zurückgeführt.

Bis ich nicht mehr an frühere Leben glaubte. Natürlich hatte ich gehört, dass die Zeit nicht existiert. Doch nun bekam ich plötzlich ein *Gefühl* für die Aussage: Alles ist JETZT. Wenn alles jetzt ist, dann finden alle Leben gleichzeitig statt. Und wenn wir alle EINS sind, wenn du und ich OCTOPUSSY sind, dann sind wir alle Karma-Seelengeschwister. Daran glaube ich. Dass jeder Mensch ein Seelenbruder, eine Seelenschwester ist. Vielleicht werde ich zukünftig Tentakelgeschwister sagen. Wir sind Tentakel ein und derselben Krake. Manche Tentakel sind sich näher. So wie manche Geschwister sich näher sind. Das ist nicht Karma, das nennt man Chemie. Die Chemie stimmt. Und wer mit wem eine zuträgliche chemische Verbindung hat, das steht in OCTOPUSSYS Spielplan geschrieben. Ob Knutschkumpel oder Karmapartner, alles steht schon fest. Da gibt es nichts zu ändern, da gibt es nichts zu lösen. Was sich entwirren und entwickeln soll, das entwickelt sich. Was sich trennen soll, das wird sich trennen. Und was sich wiederfinden soll, das findet sich. Du musst nichts dafür tun, außer dem großen Plan des Glücks zu vertrauen.

**Was bedeutet Regel 21 konkret für den Fortschritt im Liebeskummerspiel?**

Wenn du keine Angst vor negativem Karma hast, dann kannst du endlich hemmungslos deine Rolle spielen. Wenn du deine Rolle spielst, dann erfährst du Glück.

## Regel 22: Es ist alles möglich, aber nicht in jedem Spiel

Vielleicht hast du in deinem Leben das ein oder andere Motivationsseminar besucht. Eins von der Sorte, wo der Häuptling auf der Bühne dir erzählt, dass du alles kannst, wenn du richtig denkst, wenn du richtig fühlst, wenn du die richtigen Worte sprichst, wenn du die richtige Technik hast.

Irgendwie scheint das jedoch in deinem Fall nicht zu funktionieren, denn wieso hast du sonst Liebeskummer? Wieso kannst du diesen einen Menschen nicht vergessen, der so überhaupt nicht mit dir leben will? Wieso kannst du dich nicht einfach in einen anderen verlieben, der es wirklich gut mit dir meint? Wieso bloß nicht?

Weil du nicht richtig denkst?

Weil du nicht richtig fühlst?

Weil du die Technik nicht richtig anwendest?

Nein. Weil für dich nicht alles möglich ist. Für OCTOPUSSY ist alles möglich. OCTOPUSSY war Weltmeister in der Formel Eins durch Louis Hamiltons EGOn. OCTOPUSSY war Präsident der Vereinigten Staaten von Amerika durch Donald Trumps EGOn. OCTOPUSSY war Bundeskanzlerin durch Angela Merkels EGOn. OCTOPUSSY schreibt gerade diese Zeilen durch meinen EGOn.

Aus einem Ackergaul machst du kein Rennpferd. Aus einem Spatz machst du keine Taube. Aus einem Gänseblümchen machst du keine Sonnenblume. Und deshalb kannst du nicht alles werden, was du denken kannst. Du kannst das werden, was in deinem Spielplan vorgesehen ist. Du kannst deine Schätze auspacken. Du kannst deine Talente fördern, dein Potenzial entfalten. Du kannst beobachten, wohin die Reise für dich geht. Du kannst deiner tiefsten Sehnsucht lauschen. Denn deine Sehnsucht erzählt dir viel über das, was für dich möglich ist. Deine tiefste Sehnsucht ist meist ein Gefühl. Sie ist ein Gefühl, dem du folgst. Ein Gefühl, das dich lenkt und leitet. Ein Gefühl, das dich aus dem Kummer in die Liebe führt.

**Was bedeutet Regel 22 konkret für den Fortschritt im Liebeskummerspiel?**

Entspanne dich. Du brauchst ab sofort nicht mehr tausend Techniken anwenden, um zu werden, was du nicht werden kannst. Werde, was in deinem Samen angelegt ist. Lausche deiner tiefsten Sehnsucht, sie wird sich erfüllen.

## Regel 23: Guck in den Spiegel deines Seelenpartners und deiner Mitspieler

Höchstwahrscheinlich wirst du über einen Spiegel in deinem Heim verfügen. Wie oft und wie sorgfältig du in den Spiegel schaust, weiß ich allerdings nicht. Schaust du in den Spiegel, dann wirst du Details an dir entdecken, die du magst. Und andere Details, die du nicht besonders magst. Du kämest wohl kaum auf die Idee, auf dein Spiegelbild einzudreschen oder an ihm rumzuzerren, um es zu verändern. Es ist dir vollkommen klar, dass dieser Versuch kläglich scheitern wird. Im wahren Leben wirst du es allerdings versuchen. Solange du im Raupenstadium bist.

Spiegel sind für Raupen und für frisch geschlüpfte Schmetterlinge gedacht. Der erwachsene Schmetterling trifft nur selten auf Spiegel, denn er kann nur von einem Schmetterling gespiegelt werden. Der Schmetterling schaut in den Spiegel der Natur, in den Spiegel seiner Gedanken, in den Spiegel der Veränderung. Durch diese Spiegel erfährt er täglich, dass er ALLES ist. Er vergisst es nicht.

**Für Raupen und frisch geschlüpfte Schmetterlinge**

Dein Leben ist ein übergroßes Spiegelkabinett. Dort begegnest du dir immer wieder selbst. Dein EGOn projiziert Wünsche, Zweifel, Ängste, Erwartungen und Hoffnungen auf Menschen, die in deinem Leben sind. Diese Menschen reflektieren dir deine Projektionen. Sie spiegeln dich. Jeder Mensch, jedes Tier ist für dich ein Spiegel. Spiegel zeigen dir deine schönsten und deine hässlichsten Seiten. Ich beschränke mich hier auf die Spiegel, die dir die hässlichen Seiten zeigen, denn diese Spiegel triggern EGOn.

**Die verschiedenen Spiegel im Spiegelkabinett des Spiels**

- Spiegel zweiten Grades
- Spiegel ersten Grades

- Verzerrte Spiegel
- Spiegel aus der Vergangenheit
- Spiegel aus der Gegenwart
- Spiegel aus der Zukunft

**Die Spiegel zweiten Grades**

Die Spiegel zweiten Grades begegnen dir als Menschen oder Tiere. Sie zeigen dir, wie du unlängst einem anderen Menschen oder Tier begegnet bist. Angenommen, du wirst von einer Wespe gestochen. Die Wespe hat dir weh getan. Sie zeigt dir damit, dass du einem anderen Menschen oder Tier weh getan hast. Dabei muss es sich nicht um körperlichen Schmerz handeln, den du einem anderen Wesen zugeführt hast. Spiegel 2. Grades kreuzen deinen Weg, wenn du anfängst, *bewusst* in den Spiegel anderer Menschen und Tiere zu blicken. *Bewusst* in einen Spiegel zu blicken bedeutet, dir folgende Fragen zu stellen:

- Was zeigt mir mein Gegenüber gerade?
- Was will ich an mir nicht erkennen?
- Was genau ärgert mich daran?
- Wann habe ich mich selbst einem anderen Menschen gegenüber so verhalten?

Beim Spiegel zweiten Grades geht es darum, den Triggerpunkt zu finden und spontan zu erkennen, wann du dich auf ähnliche Weise einem anderen Menschen gegenüber genauso verhalten hast. Umso schneller du ein Ereignis findest, desto weiter bist du bereits in der Spiegeltechnik fortgeschritten:

**Beispiel:** Dein EIGELB meldet sich nicht bei dir. Du findest nun im ersten Schritt heraus, was genau dich daran ärgert.

**Erster Schritt**

- Geht es um Unzuverlässigkeit, weil er es dir versprochen hat?
- Geht es um Ignoranz? Fühlst du dich von ihm nicht beachtet?
- Geht es um Eifersucht? Glaubst du, er unternimmt viel lieber etwas mit einem anderen?

Es ist ganz wichtig, *wie du über sein Verhalten denkst.*

Greife aus den von mir genannten Punkten jenen Punkt heraus, um den es geht. Vielleicht ist es auch ein ganz anderer Punkt, den ich noch nicht genannt habe. Sei sorgfältig und gewissenhaft bei der Recherche.

**Zweiter Schritt**

Finde nun spontan eine Gelegenheit,

- wo du zum Beispiel unzuverlässig warst,
- wo du einen anderen Menschen ignoriert hast,

– wo du Eifersucht bei einem anderen Menschen ausgelöst hast.

Es geht darum, eine x-beliebige Situation aus deinem Leben zu finden und die Verhaltensmuster zu erkennen. Diese Situation muss rein gar nichts mit dem EIGELB oder mit diesem einen Menschen zu tun haben, um den es dir gerade geht.

Ein Beispiel:

Ich habe mich oft geärgert, weil mein Freund telefonisch nicht zu erreichen war. Er machte sich nichts aus Handys und hatte sein Telefon einfach oft im Auto. Er rief mich aber immer sofort zurück, war sehr zuverlässig und liebevoll.

Der Punkt war folgender: EGON wollte ihn JETZT erreichen. Es ärgerte mich also, dass er mir nicht immer dann zu Verfügung stand, wenn ICH es gerade wollte. Den Spiegel, den er mir vors Gesicht hielt, der war klar und deutlich. Ich selbst war nur für die wenigsten Menschen SOFORT verfügbar. Die meisten Menschen mussten sich lange auf einen Rückruf von mir gedulden.

**Du erkennst dich im anderen. Du erkennst alles in diesen Spiegeln, was es in deiner Welt an Freud und Leid zu finden gibt. Denn du bist alles. Die Liebe integriert jede Facette, jedes Stück Dreck und jeden Streifen reinen Glanzes, das Widerliche und das Heilige.** Gib dein Urteil auf. Sieh einfach in den Spiegel und erkenne dich.

**Die Spiegel ersten Grades**

Die Spiegel ersten Grades zeigen dir auf radikale Art, wie du dich selbst behandelst.

Gucken wir uns nochmal das Beispiel vom Spiegel zweiten Grades an:

Freund oder EIGELB meldet sich nicht bei dir. Du findest nun im ersten Schritt heraus, was genau dich daran ärgert.

**Erster Schritt**

- Geht es um Unzuverlässigkeit, weil er es dir versprochen hat?
- Geht es um Ignoranz? Fühlst du dich von ihm nicht beachtet?
- Geht es um Eifersucht? Glaubst du, er unternimmt viel lieber etwas mit einem anderen?

Wieder ist es ganz wichtig, *wie* du über sein Verhalten denkst. Greife auch hier den wunden Punkt heraus, um den es dabei geht. Sei sorgfältig und gewissenhaft bei deiner Detektivarbeit.

**Zweiter Schritt**

Finde nun spontan eine Gelegenheit, wo du zum Beispiel dir selbst gegenüber unzuverlässig warst. Wo du eines deiner Bedürfnisse ignoriert hast, wo ein Teil von dir eifersüchtig auf einen anderen Teil ist? Zum Beispiel unternimmst du am liebsten Dinge mit deinem El-GELB, doch dein inneres Kind geht seit Jahren leer aus.

Es geht darum, eine x-beliebige Situation aus deinem Leben zu finden und die Verhaltensmuster *dir selbst gegenüber* zu erkennen. Wenn sich ein Mensch vor dir zurückzieht, dann ziehst du dich vor dir selbst zurück. Der Spiegel ersten Grades ist extrem machtvoll, wenn du dich in ihm erkennst. Erkennst du dich noch nicht, dann fahre fort, dich mit den Spiegeln zweiten Grades zu üben, bis du für den Spiegel ersten Grades reif geworden bist.

**Verzerrte Spiegel im Spiegelkabinett**

Verzerrte Spiegel begegnen dir aus meiner Erfahrung immer dann, wenn es darum geht, eine Lektion jetzt endlich zu begreifen. Die verzerrten Spiegel fungieren wie Kosmetikspiegel. Sie machen aus einem Pickel einen Vulkan. Das Dualseelen-ElGELB und andere hochprozentige Seelenpartner sind solche Spiegel, die eine Eigenart von dir oft tausendfach vergrößern. Sieh genau hin.

Wenn das ElGELB oder dein Seelenpartner im Rückzug ist, dann kann das zweierlei bedeuten. Entweder haust du schon seit Wochen vor einer wichtigen Erkenntnis ab. Oder es wird Zeit, dich endlich selbst in die Höhle der Erkenntnis zurückzuziehen. Meditierst du schon? Wie oft und wie lange? Tust du es wirklich, oder sitzt du nur die Zeit auf deinem Kissen ab?

Wenn dein ElGELB dich immer wieder mit anderen Gespielinnen bescheißt, wo bescheißt du dich dann selbst? Wolltest du schon lange mit Sport beginnen, zu Rauchen aufhören, endlich deinen Keller ausmisten?

Verzerrte Spiegel triggern oft eine ganze Menge. Sie zeigen dir die Scheißhäufchen, die EGOn überall verstreut. Und da ihm seine eigene Scheiße stinkt, macht er darum gerne einen Bogen. In eben dieser Scheiße steckt ungeahnte Energie, die EGOn destruktiv bewertet. Damit EGOn riecht und sieht, braucht er einen Spiegel, der die Scheiße GRÖßER macht. EGOns Kot besteht aus Glaubenssätzen, destruktiven Verhaltensweisen und aus Selbstwertmangel. Kot ist geballte Energie. Und hier ist des Pudels Kern versteckt. Ignorierst du die Scheiße, ignorierst du *deine Energie*. Immer dann, wenn dich in einem fremden Spiel etwas triggert, trittst du in deine eigene Scheiße, nicht in die eines anderen. Siehe hin und rieche daran, werde robuster.

Fühle wieder, was es zu fühlen gibt. Starke Emotionen enthalten ganz viel Energie. Indem du die Emotionen fühlst und sie ein für alle Mal von deiner Bewertung trennst, erhältst du deine Identität zurück. Du kommst mehr und mehr in deiner Rolle an.

Beispiel: Dein Ex-Freund hat dich verlassen. Jetzt hast du Angst, dass es wieder passiert, weil dein EIGELB sich ja gerade von dir zurückzieht. Du glaubst, dein EIGELB macht etwas falsch, weil es nicht tut, was dein EGOn will. Dabei hast du im verzerrten Spiegel ein Häufchen EGON-Kot entdeckt. Sieh hin, rieche dran, fühle, was die EGON-Kacke mit dir macht. Nimm die Bewertung (das ist Scheiße!) weg, die du dem Kot gegeben hast. Wenn du bisher noch denkst, dass es scheiße ist, dass du verlassen worden bist, gib dieses Urteil auf. Denke stattdessen über die Frage nach: Was wäre, wenn es heilige Scheiße ist, dass ich verlassen worden bin? Denn sonst hätte ich ja diesen neuen Menschen nicht getroffen.

Wenn du das tust, dann wird aus destruktiver Energie ganz plötzlich konstruktive Power. Du gibst der Energie einen neuen, dienlichen Rahmen. Aus Energie mit dem Vorzeichen – (Minus) machst du nun Energie mit dem Vorzeichen + (Plus).

Energie IST und BLEIBT Energie. Sie ist weder schlecht noch gut. Ob eine Energie, eine Emotion, dich stärkt oder ob sie dich schwächt, hängt von der Bewertung ab, die du an sie koppelst.

**Merke: Kämpfe niemals gegen einen Spiegel. Wenn er in tausend Stücke bricht, erscheinen tausend neue Spiegel, die dir das gleiche Bild noch eindrücklicher zeigen.**

### Die Zeitreise im Spiegelkabinett

Spiegel lassen dich in die Vergangenheit reisen, sie zeigen dir das Hier und Jetzt und sie entführen dich in deine Zukunft. Woran kannst du erkennen, in welchen Spiegel du gerade blickst?

### Spiegel aus der Vergangenheit

Du erkennst die Spiegel der Vergangenheit daran, dass sie weder Ablehnung noch Bewunderung in dir auslösen. Das, was du siehst, lässt dich emotional ziemlich unberührt. Du sagst vielleicht: „Aha, das kenne ich, so war ich auch einmal." Wenn jemand zum Beispiel etwas Gemeines zu dir sagt und diese Kritik lässt dich kalt, dann siehst du in einen Spiegel der Vergangenheit. Dieses Spiegelbild hat EGOn schon erlöst

### Spiegel aus der Gegenwart

Spiegel aus der Gegenwart erkennst du daran, dass ihr Bild dich triggert. Du empfindest starke Emotionen: Angst, Wut, Ekel, Widerstand. Dieses Spiegelbild kann EGOn jetzt erlösen. Wo behandelst du dich gegenwärtig genauso, wie es dein Spiegelbild, dein Gegenüber dir zeigt?

Jemand kritisiert dich auf scheinbar ungerechte Art? Wo kritisiert EGOn sich täglich selbst? Wo glaubt er, nicht gut genug zu sein? Fühle, was es zu fühlen gibt. Hebe die Kritik auf, die du EGOn entgegenbringst. Mache ihm ein paar sanfte, liebevolle Komplimente, feiere EGOn und das Spiegelbild wird nach und nach verblassen.

### Spiegel aus der Zukunft

Es gibt zwei Spiegel aus der Zukunft: Der eine Spiegel tut weh wie ein Spiegel aus der Gegenwart. Es ist der Spiegel deiner größten Wunde. Der andere Spiegel schmeichelt dir. Es ist der Spiegel (d)eines Wunders.

### Spiegel (d)einer Wunde

Vielleicht wirst du diesen Spiegel nicht als Spiegel der Zukunft erkennen können. Denn sein Bild tut dir *jetzt* weh. Und meist hält ihn dir ein Mensch vor die Nase, den du liebst. Dieser Mensch ist oft ein Meister, ein SCHMETTERLING. Er erkennt dein Potenzial. Er weiß, dass du, um an dein Potenzial zu kommen, deine größte Wunde immer wieder offenbaren musst. Er weiß, dass du dich an deiner Wunde berühren lassen musst. Er weiß um deinen Weg durch den Hades deiner Schmerzen. Er weiß um die Neugeburt, die nach dem Hades auf dich wartet. Der SCHMETTERLING hält dir den Wunden-Spiegel ganz bewusst und in Liebe vors Gesicht. Doch das kann der RAUPEN-EGOn nicht erkennen. Denn RAUPEN-EGOn will keinen Schmerz, keine Kritik, keine Ablehnung spüren. Und dennoch muss EGOn neu geboren werden, wenn das Leid ein für alle Mal aus dem Bewusstsein ausgeschlichen werden soll.

Eine Geburt tut immer weh. Der Meister weiß, dass EGOn in den Wehen liegt. Der Meister sieht schon den SCHMETTERLING in dir, er glaubt an dich. Und er weiß, was nötig ist, damit RAUPEN-EGOn sich verpuppt. Es ist nicht wichtig, dass du diesen Menschen als Meister erkennst. Du wirst dich im Nachhinein an ihn erinnern.

Manchmal ist der Mensch, der dich in den Wunden-Spiegel blicken lässt, selbst noch ein Schüler. Ein Schüler, der äußerst wertvoll für dich ist. Deshalb kannst du dich dem Spiegel nicht entziehen. Es zieht dich immer wieder zu dieser Spiegelfläche hin. Du wirst wie magisch davon angezogen. Stück um Stück erkennst du deine Wunde. Und Stück für Stück lernst du, die Wunde zu akzeptieren. Immer weniger wird EGOn sich drum kümmern, was ein anderer mit EGOn macht. EGOn wird sich darum kümmern, was es mit IHM macht. Er erkennt sich mehr und mehr. EGOn lernt sich lieben.

**Spiegel (d)eines Wunders**

Du erkennst den Wunder-Spiegel daran, dass du sein Bild bewunderst. Vielleicht hast du es mit einem Menschen zu tun, der besser, weiter und vollkommener zu sein scheint, als du es bist. In seiner Gegenwart fühlst du dich meistens pudelwohl. Du wächst, bist fasziniert und elektrisiert zugleich. Die Energie dieses Menschen springt wie ein Funke auf dich über. Du fühlst dich oft getragen und auf Glück gebettet.

In diesem Spiegelbild entdeckst du eine höhere Version deiner selbst. Doch sie zeigen dir nicht nur dein Licht, sie zeigen dir auch EGOns Scheiße. Vielleicht fragst du dich dann: Habe ich mich in diesen Menschen geirrt? Lies nochmal die Passage vom SCHMETTERLING nach. Vielleicht bist du einem begegnet?

Dieses Spiegelbild vom SCHMETTERLING färbt auf dich ab, wenn du es stets vor Augen hast.

Menschen, die dir dieses Bild schenken, sind äußerst achtsam, denn sie sind bestrebt, das Beste und Höchste in dir zur Entfaltung zu bringen. Sie inspirieren dich, ohne dir dabei in den Arsch zu kriechen. Sei lehren mit einer Selbstverständlichkeit, die schwer zu finden ist. Sie triggern immer wieder. Doch wenn sie es tun, dann aus diesem Grund: Sie wissen um den SCHMETTERLING in dir. Sie wissen um die Treffer, die der RAUPEN-Panzer braucht, damit die RAUPE sich verpuppt.

Verbringe Zeit mit diesen Spielern und werde selbst zu einem von ihnen. Durch sie wirst du zu einem Spiegel, der die Wahrheit hinter allen Illusionen zeigt.

**Was bedeutet Regel 23 konkret für den Fortschritt im Liebeskummerspiel?**

Umarme jedes Spiegelbild. Keines ist besser, keines ist schlechter.

Wenn du lieben willst, dann umarmst du alles, was sich in deinem Dunstkreis zeigt. Wohlwissend, dass du alles bist. Erkenne EGOn in jedem Spiegel und nimm ihn in dein Herz. Was du erkennst, das kannst du mit allen Ecken lieben. Es sind die Ecken, die EGOn seine Einzigartigkeit verleihen. Es sind die Ecken, die dir zeigen, wie zauberhaft dein EGOn ist. Wenn du EGOn liebst, dann wirst du geliebt.

## Regel 24: Keine oder negative Energie gibt es nicht

Es gibt Energie und sonst nichts. Alles ist Energie. Selbst das Vakuum ist ein brodelnder See aus Teilchen und Antiteilchen. Entstehen und Vergehen, Atem des Lebens. Es gibt keinen Platz, an dem OCTOPUSSY nicht spielt. Alles ist ständig in Bewegung, selbst die Stille.

EGOn hat gelernt, in positiv und negativ zu denken. Und so sortiert er auch die Energie in Töpfchen und ins Kröpfchen. Energie ist Leben in Bewegung und Leben, das bewegt.

EGOns Energieparolen kennst du sicher gut.

- Ich bin so energielos.

- Mein EIGELB entzieht mir alle Energie.
- Meine Kollegin ist ein totaler Energievampir.
- Dieses Haus hat negative Energie.
- Dieser Mensch hat eine schlechte Aura.

Schauen wir uns EGOns Parolen nacheinander an:

**Ich bin so energielos**

Wenn EGOn scheinbar keine Energie zur Verfügung hat, dann gibt es zwei Möglichkeiten:

1. EGOn kämpft gegen ein Gefühl, das er nicht fühlen will. Das EIGELB ist zum Beispiel im Rückzug. Egon kämpft. Er ver-sucht, das EIGELB irgendwie dazu zu bewegen, dass es aus einer Höhle kommt. Er will das EIGELB sehen, mit ihm kommunizieren, vielleicht will er auch LEX. Wenn er gegen den Rückzug vom EIGELB kämpft, kämpft er in Wirklichkeit nicht gegen den Rückzug. Er kämpft gegen das Gefühl, der Ablehnung, gegen das Gefühl der Einsamkeit oder gegen das Gefühl der Ohnmacht. Gefühle sind EGOns Dämonen, vor denen er sich fürchtet und wegen denen er kämpft.

2. OCTOPUSSY sendet OCTO-GON, um EGOn zu schwächen, um ihn in Demut, Geduld und Hingabe auszubilden. Demut gegenüber dem freien Willen, den EGOn nicht hat. Geduld für die Entfaltung seiner Geschichte, Hingabe gegenüber OCTOPUSSY, die EGOn als Werkzeug geschaffen hat.

### Mein EIGELB zieht mir alle Energie

Diese Parole höre ich in leicht abgewandelter Form fast jeden Tag von meinen Klienten. Der EIWEIß-EGOn führt weiter aus: „Ich weiß genau, dass mein EIGELB an mich denkt, ich fühle, dass es traurig und verzweifelt ist. Es schickt mir seine Gefühle und nimmt mir damit meine Energie." Egal, welche Art von EIGELB du an der Backe hast: Das EIGELB schickt keine Gefühle. Es ist OCTOPUSSY, die Emotionen und Gedanken mittels OCTO-GON durch die Tentakel sendet. Es ist OCTOPUSSY, die genau weiß, was sie da tut. Es ist OCTOPUSSY, die deinen EGOn weiter in die Begrenzung treibt, bis er genug von Dauerkarussell und von Gefängnis hat. Bis EGOn sich aus eigener Kraft befreit. Dieser Tag wird ein Triumph für EGOn sein.

### Meine Kollegin ist ein totaler Energievampir

Bullshit. Es gibt keine Energievampire. Es gibt nur ein Leck in EGONs Energiesystem. Im Grunde ist es so: Die Kollegin hat eine Art, die EGOn triggert und als Defibrillator wirken soll. Der Trigger soll EGOn wecken. EGOn macht gute Miene, lässt äußerlich geschehen und kämpft innerlich dagegen an. Umgekehrt wird ein Schuh draus. Was wäre, wenn EGOn den Trigger innerlich akzeptieren würde? Wenn er fühlen würde, was das Verhalten des Kollegen-EGOns wirklich mit ihm macht? Dann schließt EGOn sein äußerliches Energieleck. Vielleicht sagt er der Kollegin auch seine Meinung, doch er verpisst sich nicht. Weder innerlich noch äußerlich. Er weiß um sein Haus aus Stein.

## Dieses Haus hat negative Energie

Das Haus – von dem EGOn gerade spricht – hat eine Energie, die EGOn nicht zuträglich ist. EGOn fühlt ein Gefühl, das EGOn überhaupt nicht mag. OCTOPUSSY schickt OCTO-GON ins Haus, um EGOns Heldenreise voranzutreiben. EGOn soll Abenteuer haben. Denn OCTOPUSSY liebt den irdischen Vergnügungspark. Vielleicht bestellt EGOn einen Space-Clearing-Berater, vielleicht einen Schamanen, vielleicht räuchert er die Bude selber aus. Vielleicht findet er so viel Spaß daran, dass er auf seinen goldenen Knochen stößt. EGOn findet vielleicht seine Berufung.

Fakt ist: Im Moment wünscht EGOn sich eine andere Energie. Er wünscht sich eine Schwingung, die EGOn fröhlich macht. EGOns Softwarefehler 404 springt an.

## Dieser Mensch hat eine schlechte Aura

Sowas denkt EGOn oft. Zumindest ein EGOn, der gerade Liebeskummer hat. Der Liebeskummer-EGOn tut sich oft selber leid. Er verflucht von Zeit zu Zeit das Leben und er sortiert andere Menschen aus. Er hält sich fern von Menschen, die eine schlechte Aura haben. Doch eine schlechte Aura, also *negative Energie*, die gibt es nicht. Jede Energie hat eine *positive Bilanz*. Sie hat Spannkraft, sie bewegt etwas. Kämpft EGOn *gegen* das an, was er als *negativ* bezeichnet, verliert EGOn Kraft. Er benutzt *seine Energie*, um gegen eine andere Energie anzukämpfen. EGOn wirft seine Energie wie Perlen vor die Säue. Das ist ein wesentlicher Unterschied. Egon kämpft mal wieder *gegen ein Gefühl*. Der Mensch mit der schlechten Aura präsentiert ihm nur, was EGOn noch nicht fühlen will.

Alles, was EGOn negativ erscheint, ist auch OCTO-GON. Es ist Nahrung, die EGOn stärker und robuster machen soll. Stell dir einen Taucher mit Flasche vor. Sagen wir, der Sauerstoff wäre OCTOGON. Sauerstoff aus der Flasche macht den Taucher stärker und robuster. Denn der Sauerstoff ermöglicht ihm, zu tauchen und im tiefen Wasser zu überleben. Angenommen der Taucher begegnet einem Hai und weil er noch unerfahren ist, gerät er in Panik. Er schlägt wild um sich und atmet nicht mehr richtig. Er kriegt nicht genug Sauerstoff, nicht genug OCTO-GON. Vielleicht verliert er sogar das Mundstück des Sauerstoffgerätes. Er verliert Energie und vielleicht auch das Bewusstsein, weil er kein OCTO-GON mehr zu sich nimmt. Der Taucher muss nun mit dem Sauerstoff in seinen Lungen klarkommen, weil er die Leitung zu OCTO-GON unterbrochen hat.

Das ist es, was EGOn tut, wenn er von negativen Energien, von negativen EGOns und von negativen Ereignissen spricht. EGOn lehnt OCTO-GON ab. Lernt EGOn fühlen, braucht er keine Energiereserven in seinen Lungen oder in seinem Körper mehr, denn er kriegt immer genug OCTO-GON.

**Was bedeutet Regel 24 konkret für den Fortschritt im Liebeskummerspiel?**

Sieh jede Energie als OCTO-GON, das dich stärker macht, wenn du es bereitwillig schluckst und verdaust. Deine Stärke und Kraft werden dein Leben auf einen neuen Level heben. Du wirst extrem anziehend für andere Menschen sein.

## Regel 25: Erweitere dein Bewusstsein

Wenn du dein Spiel erfüllen und deinen goldenen Knochen finden willst, wenn du die Liebesbeziehung leben willst, nach der du jetzt Sehnsucht hast, dann musst du dein Bewusstsein dehnen. Du musst für den Gedanken offen sein, dass es in letzter Konsequenz keine endgültige Wahrheit gibt. Du musst für den Gedanken offen sein, dass du jetzt noch nicht klar sehen kannst.

Konkret bedeutet das: EGOn muss seine Hard- und Software (seinen Körper und seinen Geist) für neue Konzepte öffnen. EGOn muss das Unerhörte hören wollen. EGOn muss das Unansehnliche sehen wollen. Das Nichtschmackhafte schmecken wollen. Den Gestank riechen und Schmerzen fühlen wollen. EGOn muss lernen, INKOHÄRENZ auszuhalten. Er muss lernen, sich seinen Aversionen zu öffnen. EGOn muss die Komfortzone seiner Vorlieben verlassen. Dabei wirst du dich oft scheiße fühlen. Das ist der Preis, den du zu bezahlen hast.

Dein Abenteuer fordert fast täglich seinen Preis. Das, was du gewinnen willst, ist niemals umsonst. Du zahlst in Raten, du bezahlst meistens mit *Gefühl*. Wenn du das fühlst, was du nicht fühlen willst, dann zahlst du eine Rate für das, was du aus tiefstem Herzen haben und in deinem Spiel gewinnen möchtest.

**Lasse Inkohärenz zu**

Immer dann, wenn dein EGOn rebelliert, wenn er gegen eine Aussage oder gegen einen Umstand kämpft, immer dann ist EGOns System im Inkohärenz-Modus.

EGOn führt dann meistens Selbstgespräche und ruft Dinge aus, wie:

Ich habe recht und du liegst falsch.

Das ist alles ganz anders.

Du erzählst totalen Blödsinn.

Das kann ich nicht glauben.

Das kann überhaupt nicht sein.

Du Vollidiot.

Ich will es anders.

Scheißleben.

Ich habe die Kontrolle.

Jedes Mal, wenn eine Stimme von EGOn so etwas sagt, immer dann halte inne. Spüre den Widerstand und ziehe die Möglichkeit in Betracht, dass das, was den Widerstand in EGOn auslöst, für DICH enorm wichtig ist. Ziehe die Möglichkeit in Betracht, dass ein anderer recht hat. Vielleicht kannst du diese Wahrheit jetzt noch nicht erkennen. Vielleicht wirst du diese Wahrheit auch nie erkennen, aber für einen anderen Mitspieler auf dem Spielfeld funktioniert sie im Moment voll und ganz.

Beispiel: Männer können keine Kinder gebären. Es steht nicht in ihrem Bauplan. Wenn ein Mann nun von sich ausgehen würde, dann würde er sagen: Schwangerschaft ist unmöglich. Man kann einfach keine Kinder kriegen. Nur, weil ein Mann keine Kinder kriegen kann, bedeutet es nicht, dass Schwangerschaft UNMÖGLICH ist. Fast jeder Mann weiß, dass es die Frauen sind, die die Kinder gebären und sein EGOn denkt nicht groß darüber nach. Es ist, wie es ist.

Anders bei Jesus:

In der Bibel steht, dass Jesus übers Wasser gehen konnte. Wenn Jesus jedoch übers Wasser läuft, verhält sich jeder EGOn anders. Der eine EGOn denkt: Ja, er ist halt Jesus, er kann das. Ein anderer EGOn denkt: Alles ist möglich. Wenn Jesus das kann, kann ich es auch. Und wenn ich es NICHT kann, dann war Jesus ein Schwindler.

Halte inne, wenn EGOn rebelliert. Immer dann, wenn er stinkt und ruckelt, immer dann ist er kurz vor dem Wartungsmodus und ein neues Software-Update für mehr Bewusstsein ist dran. Wenn du innehältst, lernt EGOn Yoga. Er lernt, eine andere Position einzunehmen, auch wenn sie am Anfang schmerzlich ist.

Bewusstseinserweiterung hat nichts mit Glauben zu tun.

Bewusstseinserweiterung ist ERFAHRUNG auf dem Spielfeld des Lebens. Bewusstseinserweiterung ist, zu überprüfen, wie die Dinge WIRKLICH sind. Bewusstseinserweiterung heißt: DENK LANGSAM, WENN DU AUF DEM SPIELFELD NICHT STERBEN WILLST.

Bewusstseinserweiterung bedeutet, die Möglichkeit in Betracht zu ziehen, dass ein anderer ANDERE Erfahrungen macht als du. Es bedeutet, in Betracht zu ziehen, DASS ALLES MÖGLICH IST, ABER NICHT FÜR JEDEN SPIELER.

Bewusstseinserweiterung zieht die Vorhänge vom Fenster weg. Die Seifenblasen der Illusion werden im grellen Sonnenlicht nach und nach zerplatzen.

Bewusstseinserweiterung bedeutet nicht, ALLES zu sehen. Es bedeutet, MEHR zu sehen. Weil es EGOn durch sein Yoga-Programm gelingt, ganz neue Blickwinkel einzunehmen. Er steht mal auf dem Kopf, er sitzt im Spagat, er probiert auch die Schieflage nach rechts und links immer öfter aus.

**Die Zwiebel der Illusionen**

Was ist wirklich wahr? Wenn jeder Spieler für eine andere Aufgabe oder Mission hier angetreten ist, hat jeder Spieler seine eigene Wahrheit. Jeder Spieler hat *eine* Wahrheit. Doch *eine* Wahrheit ist nicht DIE Wahrheit. Umso älter ich werde, desto weniger ist für mich wahr. Jeden Tag zerplatzt eine neue Seifenblase der Illusion. An jedem Tag werde ich mit einer Ent-TÄUSCHUNG konfrontiert. Ich erkenne, dass ich mich immer täuschen werde, um die nächste Zwiebelschale der Illusion abzuschälen. Die Frage ist nicht, was ist wahr. Die Frage ist, was *nehme* ich gerade wahr?

Ich gebe dir ein Beispiel: Ab und an verwende ich in meinen Promotion-Videos Beautyfilter. Meine Haut sieht einfach besser aus. Ist das Video mit Beauty-Filter wahr? Nein. Wenn du mir im realen Leben gegenüberstehst, dann wirst du vielleicht sagen: WOW, Margret, du hast aber eine tolle Haut. Stimmt. Meine Haut sieht für das menschliche Auge ziemlich ebenmäßig aus. Ist das jedoch die Wahrheit? Nein. Du könntest meine Haut jetzt im Kosmetikspiegel betrachten. Hier wirst du die ein oder andere Unebenheit entdecken. Ist das wahr? Nein. Wir untersuchen meine Haut jetzt mit einem Mikroskop. Nun sieht sie bereits wie eine Hügellandschaft aus. Ist das wahr?

Auch das ist nicht die letzte Wahrheit. Es kommt darauf an, WIE VIEL DU SEHEN KANNST, um zu wissen, WAS JETZT GERADE DEINE WAHRHEIT IST. Dieses Spiel hört nicht auf. Du erweiterst dein Bewusstsein. Du wirst immer mehr sehen können. Mit dem „mehr sehen können“ wirst du niemals fertig sein, sei dir gewiss. Wisse das, wenn du von Wahrheit sprichst. Die Wahrheit existiert nur für den Augenblick. Die große Wahrheit wandelt sich.

**Was bedeutet Regel 25 konkret für den Fortschritt im Liebeskummerspiel?**

Wenn es keine letztendliche Wahrheit gibt, dann ist der Liebeskummer, den du fühlst, nicht wahr. Er ist eine Illusion, die dir jetzt noch dient, damit du dich entwickeln kannst. Du wirst die Illusion des Liebeskummers wie eine Zwiebelschicht von dir streifen, wenn die Zeit dafür gekommen ist.

## Regel 26: Werte sind für die Katz

Du hast (auch von mir) gelernt, dass du Werte haben sollst. Und nun schreibe ich: Werte sind für die Katz. Das widerspricht sich doch, wirst du nun denken. Ja und Nein.

Meine Meinung ist folgende:

Wenn du Werte hast, wirst du dich IMMER in einem Wertekonflikt befinden. Denn mit großer Wahrscheinlichkeit stehst du, wie 90 % meiner Liebeskummer-Klienten, auf Harmonie UND auf Ehrlichkeit. Das ist an sich schon ein Problem. Ehrlichkeit verlangt nämlich, Disharmonie und Inkohärenz auszuhalten. Werte einzuhalten, ist so kompliziert wie Jonglieren mit vielen Bällen. Umso mehr du davon hast, umso schwieriger wird es, sie in der Luft zu halten. Bist du kurz unkonzentriert, ist das Kunststück schnell vorbei.

Gucken wir uns zusammen die Werteliste von Marion an:

- Ehrlichkeit
- Harmonie
- Treue
- Respekt
- Gewaltfreie Kommunikation
- Ästhetik
- Toleranz
- Authentizität
- Dankbarkeit
- Empathie
- Gerechtigkeit

Fakt ist, dass jener Mann, den Marion seit Jahren liebt, momentan weder ästhetisch, gerecht noch empathisch ist. Er hat eine Wampe, er riecht nach Gras, er hält Marion stereotyp ihre Schwächen vor und fühlt sich dabei stark. Seine eigenen Schwächen kehrt er unter das Spielbrett. So viel zum Thema Gerecht-ICH-keit. Emphatisch ist Rainer sehr. Aber nicht, was Marion betrifft, denn sein EGOn zieht bei Marion die Ritterrüstung an. Und Marions EGOn erscheint im Kettenhemd zum tête-à-tête mit Rainer. Bei Helm, Kettenhemd und Kampfeslust macht sich Empathie schnell aus dem Staub.

Rainer kommuniziert auch nicht gewaltfrei. Wie auch, wenn er schon in der Ritterrüstung steckt und Marion im Kettenhemdchen entdeckt. Er haut seine Gedanken ungefiltert raus. Die Hiebe sitzen und tun Marion trotz Kettenhemd so richtig weh. Das gibt Pluspunkte in Sachen Authentizität. Und Minuspunkte in Sachen Respekt. Tolerant ist Rainer sehr: bei sich selbst und bei den gemeinsamen Kindern, für die er ein wunderbarer Vater ist. Da gibt es Chips und Bier im Überfluss. Bier für sich. Chips statt Abendbrot für die Kinder. Für Marion gibt es das rote Tuch, und sie scharrt auch schon mit den Hufen und schnaubt vor Wut. Marion und Rainer stecken in einem Werte-Derby, das einem Stierkampf gleicht. Werte sind das rote Tuch, das EGOn zu einem Bullen macht. Soll Marion ihrem Rainer nun den Todesstoß versetzen? Laut Werteliste macht das Sinn. Rainer gelingt es zwar, sich in seinem Spiel mehr oder weniger an die Werte zu halten, doch sobald er mit Marion auf einem Spielfeld steht, sind die Werte wie weggeblasen.

Marion und Rainer triggern sich. Und wie du von Regel 16 weißt, sind Trigger für die Entwicklung richtig gut. Denn sie schicken EGOn auf die Yogamatte. Wenn Trigger ein GO für die Entwicklung sind, sind Werte das NO.

**Werte sind ein Entwicklungs-NO**

Am Anfang des Liebeskummer-Spiels machen Werte Sinn. Denn jeder fängt mal an zu krabbeln, bevor er läuft. Die meisten Kinder fahren Dreirad und steigen dann aufs Fahrrad um. So ist es mit den Werten. Sie sind Stützen, die dir irgendwann nicht mehr dienlich sind. Und irgendwann ist JETZT. Sonst wärst du nicht auf dieses Buch gestoßen.

WERTE SIND SCHUTZSCHILDER FÜR EGON, DAMIT EIN SCHÜTZE KEINE TREFFER LANDEN KANN.

Werte machen dich unberührbar an deinen Wunden. Denn ein Wert sagt etwas darüber aus, was EGOn NICHT mag. Marions EGOn mag keine Lügen. Er mag keine Zwietracht, keinen Verrat, keine Respektlosigkeit, keine Gewalt, keine Geschmacklosigkeit, keine Diskriminierung, keine Unaufrichtigkeit, keinen Undank, keine Gleichgültigkeit, keine Ungerechtigkeit. All das sind vergiftete Pfeile, die EGOn in alten Wunden treffen und ihm Schmerz bereiten.

Also fährt Marion die Schutzschilder hoch und sagt: DAS SIND MEINE WERTE. Und das Werte-Derby geht in die nächste Runde.

Es lohnt sich, zwei Werte auf EGOns Unterarm zu tätowieren.

1. SELBSTERFAHRUNG
2. RESPEKT

**Selbsterfahrung**

Wenn du dich triggern, treffen lässt, lernst du, all deine Aversionen und all deine Vorlieben kennen. Wenn du dich triggern lässt, übst du dich im Fühlen und machst OCTOPUSSY ein Geschenk. Denn sie wünscht sich, durch EGOn JEDES Gefühl zu fühlen.

**Respekt**

Respektiere die Regeln in einem fremden Spiel. Du bist dort zu Gast. Wenn du mit einem Menschen lebst, dann bist du mit einem Bein in deinem und mit dem anderen Bein in seinem Spiel. Halte dich an seine Regeln und fühle, was es zu fühlen gibt. Lass dich berühren und triggern, denn das Leben weiß, was es da tut. Lies auch bitte nochmal Regel 8 – schütze dein Reich.

**Der scheinbare Widerspruch**

„Aber, Margret", könntest du sagen, „du hast doch geschrieben, eine Königin kennt ihren Wert." Stimmt. Das habe ich geschrieben. DEIN WERT, der WERT DEINER KÖNIGIN ist frei von irgendeinem Wertesystem. Du bist unendlich wertvoll, ganz egal ob du lügst oder belogen wirst, gleich ob du stiehlst oder bestohlen wirst. Die sich selbst vergessende Königin jedoch definiert IHREN WERT über das EIGELB. Sie glaubt, dass sie OHNE EIGELB nichts ist, dass sie SEINE LIEBE braucht. Sie macht sich zum Opfer. Sie hat kein oder ein sehr geringes Selbstwertempfinden. Sie kann nicht erkennen, dass sie pures Leben, dass sie OCTOPUSSY ist.

Werte wie Ehrlichkeit, Treue, Pünktlichkeit und Harmonie sind Begrifflichkeiten, die EGOn wie Schutzschilde benutzt. Damit der Schütze ihn nicht trifft. Damit er keinen Wundschmerz fühlen muss. Diese Schutzschilde müssen, bevor EGOn in die Schleuse geht, wieder weg. Denn nackig ist EGOn für eine großartige Entwicklung bereit.

**Die tiefste Sehnsucht aus deinem Lebensplan**

Es kann sein, dass du Werte mit der tiefsten Sehnsucht in dir drin verwechselst. Die KÖNIGIN IN DIR kann die Augen schließen und in die Zukunft reisen. Dort, in ihrer Zukunft, wird sie eine reife Form der Beziehung finden, die sie gern erleben möchte. Du kannst diese Vision benutzen und ERKENNEN, ob das EIGELB jetzt bereit für diese FORM der Beziehung ist. Wenn nicht, dann macht es Sinn, das auszusprechen und die Form der Begegnung zu verändern. Denn vielleicht geht es ja um den Trigger der Verlustangst, dem die Königin in dir gerade auszuweichen sucht. Weil sie noch nicht bereit ist, das EIGELB loszulassen.

Werte sind Stützräder, die dir auf Level 1 des Spiels durchaus dienlich sind. Denn Level 1 des Spiels ist der Level vom Kampf. Ob du es willst oder nicht, du wirst dort immer wieder kämpfen müssen und meist kämpfst du gegen das Spiel selbst, weil du nicht fühlen willst. Nun wird es Zeit für die Schleuse. Es wird Zeit, die Werteliste am Altar der Liebe abzulegen und dich NACKT und VERWUNDBAR zu zeigen.

**Was bedeutet Regel 26 konkret für den Fortschritt im Liebeskummerspiel?**

Wenn du deine Werte fallen lässt, dann wirst du von einem Schützen getroffen. Wenn du dich treffen lässt, präsentierst du deine Wunden. Wenn du deine Wunden zeigst und Schmerzen fühlst, gelangst du auf das nächste Spiel-Level. Das Leid hört auf. Du machst dich bereit für Liebe.

## Regel 27: Spiel DEIN Spiel

Wenn ich alle Regeln zusammenfassen könnte, dann würde ich das mit dieser einen Regel tun. Spiel DEIN Spiel.

Was bedeutet es nun konkret, DEIN Spiel zu spielen? Erinnere dich dazu an Regel 7. DEIN Spiel zu spielen bedeutet erstens, dir immer klar darüber zu sein, auf welchem Spielfeld du dich gerade befindest. Dazu möchte ich dir noch ein Bild anbieten: Stell dir einen riesengroßen Tisch mit unzähligen, bunten Tellern vor. Der Tisch ist zum Beispiel das Land, indem du lebst. Dort herrschen die Regeln der Gesellschaft. Die einzelnen Teller stehen für die Spielfelder der Menschen, die dir in deinem Leben begegnen. Und ein Teller gehört natürlich dir. Auf deinem Teller kannst du tun und lassen, was du willst. Auf einem anderen Teller haben deine Spielregeln keine Gültigkeit. Auf dem Tisch – wenn du deinen Teller verlässt, haben deine Spielregeln nur bedingt Gültigkeit. Denn hier herrschen in erster Linie die Regeln des Landes, indem du lebst. Lass mich dir das an einem Beispiel erklären. Angenommen du hast die Regel: „In meiner Freizeit laufe ich nur nackt herum.“ Du kannst ungestraft nackt auf deinem Teller=Spielfeld=deine Wohnung rumrennen. In der Öffentlichkeit=Tisch wird deine Regel als Regelverstoß geahndet. Auch auf anderen Tellern=Spielfeldern werden Regelverstöße geahndet.

Bleib am besten niemals zu lange auf einem fremden Spielfeld, denn sonst spielst du das Spiel eines anderen. Auf dem Spielfeld eines anderen vergisst du deine Spielregeln schnell und wirst deshalb schnell zu einem Opfer.

DEIN Spiel zu spielen, bedeutet zweitens, dass du deine Spielregeln auswendig aufsagen kannst. Du hast im Laufe der letzten Tage vielleicht darüber nachgedacht, wie du in Zukunft behandelt werden möchtest? Du hast dir hoffentlich Regeln ausgedacht, die einzuhalten sind, wenn jemand dein Spielfeld betritt. Regeln wie:

1. Sei höflich: Lächle mich an, wenn du mich begrüßt.
2. Sei pünktlich, das bedeutet: maximal 3 Minuten zu spät.
3. Sage mir rechtzeitig ab und gib mir sofort ein neues Datum für unser Date.
4. Melde dich zweimal pro Woche bei mir.
5. Triff dich einmal pro Woche für 12 Stunden mit mir.
6. Bring mir (an meinem Geburtstag) Blumen mit.
7. Bring meinem Hund einen Knochen mit.
8. Bring mich zum Lachen.
9. Antworte mir ausführlich auf meine Fragen.

10. Frag nach, das zeigt mir, dass du Interesse an mir hast.

11. Hab 2 Stunden pro Woche Sex mit mir.

12. Koche mir mein Lieblingsgericht.

Teile deinem neuen Schwarm die Regeln mit. Frage ihn, ob er sie akzeptiert. Wenn dein Schwarm diese Regeln nicht akzeptieren kann, dann verbanne ihn am besten gleich aus deinem Spiel. Wenn er einwilligt, deine Regeln zu befolgen, dann ahnde Regelverstöße sofort mit Konsequenzen. Lege klare Konsequenzen von Beginn an fest. Zum Beispiel: Wenn dein Schwarm gegen deine Regel Nummer 3 verstößt, dann triff ihn nicht mehr, außer er entschuldigt sich mit Regel 6, 7 und 8 bei dir.

Bei zu vielen Regelverstößen gibt es die rote Karte und dein Schwarm fliegt aus deinem Spiel. Ich weiß, diese Regel ist schwierig. Noch schwieriger ist es, ein Leben lang ein Opfer deiner eigenen Inkonsequenz zu sein.

Natürlich fällt es dir bei deinem EIGELB schwer, DEIN Spiel zu spielen. Versuche es, so gut es eben geht. Reflektiere an jedem Abend, wie gut es dir gelungen ist.

Probiere diese Regel an deinen Freunden, deinen Arbeitskollegen und deinen Familienmitgliedern aus. Bei ihnen fällt es dir leichter als beim EIGELB. Durch Übung bekommst du Selbstsicherheit und Selbstvertrauen. Eines kann ich dir versprechen: Regel Nummer 27 wird dein Leben revolutionieren.

Hier kommt dein neues Mantra: Ich spiel mein Spiel. Ich spiel MEIN Spiel. ICH SPIEL MEIN SPIEL.

Sprich dieses Mantra, sooft du kannst. Sprich es laut. Sprich es leise. Sprich es in Gedanken. Tätowiere es in dein Herz.

Dieses Mantra wird dich an jedem Tag daran erinnern, dass du ein Held bist. Du bist jetzt hier, um dein abenteuerliches Spiel zu meistern. Du liest dieses Buch, um das zu gewinnen, was zu dir gehört.

Niemand hält dich länger auf. Niemand wird ungestraft deine Spielregeln missachten. Du weißt, was du wert bist. Du weißt, was du verdienst. Du bist bereit zu tun, was du tun musst. Du wartest nicht mehr darauf, dass ein anderer dich rettet. Du siehst nicht mehr zu, wie andere gewinnen. Du hast dich selbst gewonnen. Du bist in deiner Rolle angekommen. DU SPIELST DEIN SPIEL.

Menschen, die wissen, was sie wollen, die wirken unglaublich anziehend auf andere.

Warum hast du bis jetzt das Spiel deines EIGELBs gespielt? Warum kommst du so schwer von diesem Menschen los? Weil dein EIGELB sein Spiel durchzieht. Es hat Regeln für sich aufgestellt und die hält es ein. Gefühle hin, Gefühle her. Das EIGELB ist konsequent mit dem, was es tut. Es spielt sein Spiel. Und das tust du jetzt auch.

Spiel DEIN Spiel mit allem, was du bist. Spiele es mit allem, was du zu geben hast. Beachte, dass deine Regeln eingehalten werden. Ahnde Regelverstöße. Sei die Königin in deinem Spiel.

**Was bedeutet Regel 27 konkret für den Fortschritt in deinem Liebeskummer-Spiel?**

Du drehst den Spieß um. Du wirst ab sofort kein Opfer mehr in fremden Spielen sein. Das verschafft dir einen enormen Energiegewinn, den du nun für dich selbst benutzen kannst.

## Regel 28: Beachte die Regeln

Vielleicht sind die Regeln für dich so neu, dass du eine Zeit lang brauchst, um sie aus dem Effeff anzuwenden. Das macht nichts. Nimm dir am besten an jedem Tag vom Monat die passende Regel vor.

Am 25.09. nimmst du dir Regel 25 vor. Am 07.11. übst du Regel 7. Und so weiter ...

Mit der Zeit werden dir die Regeln in Fleisch und Blut übergehen. Ich weiß, du wirst Fehler machen. Ich weiß, du wirst die Konsequenz dieser Fehler sofort spüren, denn dieses Buch lebt. Wisse: Dieses Buch wird dein Leben von Grund auf verändern, sobald du es vollständig gelesen hast. Du wirst deinen goldenen Knochen finden. Du wirst Liebe finden. Du wirst eine Form von Liebe finden, von der du jetzt noch keine Ahnung hast, dass sie existiert.

In Liebe,

Margret

# Nachspiel

## Wie gehts in deinem Seelenpartner-Prozess jetzt für dich weiter

### Wenn du ein Einzelkämpfer bist

Je nachdem, welcher Typ Mensch du bist, schaffst du deinen Prozess vielleicht alleine. Wenn du dazu fest entschlossen bist, dann fertige dir 28 Zettelchen an. Nummeriere sie von 1-28. Ziehe jeden Tag einen Zettel. Die Nummer, die auf dem Zettel steht, zeigt dir, welche Regel du heute unbedingt anwenden musst. Reflektiere an jedem Abend, wie gut es dir gelungen ist, besagte Regel anzuwenden. Schreibe deine Erkenntnisse in ein Tagebuch. Bleib am Ball, vertraue dem Prozess.

Ich stelle dir zusätzlich zwei machtvolle kostenfreie Tools zur Verfügung:

## 1. Der Gedankenscanner für Dualseelen und Seelenpartner

Ich habe den Gedankenscanner in meinem eigenen Seelenpartner-Prozess entwickelt. Nachdem ich wieder bei Sinnen war, bemerkte ich, dass ich die Gabe besitze, mich in das EIGELB, den

Gefühlsklärer der Dualseelen hineinzuversetzen. So entstand ein tiefgründiges Orakel. Dein Seelenpartner, deine Dualseele wird dir in diesem herausfordernden Prozess kaum eine Antwort geben. Wenn du eine Antwort brauchst, dann benutze den Gedankenscanner.

Mit dem nachfolgenden Link und QR-Code gelangst du direkt zur Anmeldeseite:

https://www.margret-marincolo.com/gedankenscanner-anmeldung/

## 2. Der Dualseelen-Test

Diesen Test habe ich in den letzten 5 Jahren durch die Arbeit mit Zehntausenden von Menschen entwickelt. Er zeigt dir, wie weit du in deinem Dualseelen- oder Seelenpartner-Prozess schon vorangekommen bist. Du erkennst, woran du jetzt arbeiten darfst.

Das Testergebnis gibt dir außerdem eine ungefähre Idee, wie lange dein Prozess noch dauern wird, wenn du ihn alleine meistern möchtest.

Mit dem nachfolgenden Link und QR-Code gelangst du direkt zum Test:

https://www.margret-marincolo.com/dualseelen/dualseelen-test/

### Arbeite mit mir: meistere deinen Dualseelen-Prozess in einem Jahr

Aus Erfahrung weiß ich, dass der Seelenpartnerprozess meist viele Jahre oder sogar Jahrzehnte dauern kann. Wunderbare Frauen bleiben an ihrem Seelenpartner kleben. Sie können sich weder neu verlieben noch können sie eine Beziehung mit dem Menschen eingehen, der diese intensiven Gefühle immer wieder aufs Neue hervorruft. Sie werden verzweifelter, trauriger und hoffnungsloser. Sie wissen nicht, mit wem sie noch darüber reden können. Freunde und Freundinnen halten sie für verrückt. Die meisten Therapeuten verstehen nicht, worum es wirklich geht.

An diesem Punkt setzt meine Arbeit an. Ich habe eine Schritt-für-Schritt-Strategie entwickelt, mit der du dein Liebeskummer-Spiel in einem einzigen Jahr gewinnen kannst. Du lernst, dich selbst zu lieben. Dabei bist du nicht allein. Selbstliebe ist ein Weg, den du am schnellsten im direkten Kontakt mit Gleichgesinnten gehen kannst. Mit Menschen, die verstehen, wie es dir gerade geht. Du bekommst Mitspieler an die Hand, die dir zur Seite stehen. Immer dann, wenn du hinfällst, ist jemand da, der dir wieder auf die Beine hilft, der an dich glaubt, der dich tröstet oder motiviert. Das ist Selbstliebe im Superlearning. Deshalb habe ich meine Akademie ins Leben gerufen. Wir treffen uns über Zoom. Wir lernen voneinander, feiern unsere Erfolge, entwickeln uns. Woche für Woche gewinnst du an Selbstwert, Selbstbewusstsein und an Lebensfreude. Du beginnst zu verstehen, wer du wirklich bist und welche Aufgabe du in diesem Leben hast. Du entwickelst einen natürlichen Magnetismus, der dich nicht nur für deinen Seelenpartner anziehend macht. Dein Leben verändert sich auf eine Weise, die du dir jetzt nicht vorstellen kannst. Der Traum von deiner großen Liebe wird endlich Wirklichkeit.

Wenn du den Prozess gerne mit mir meistern möchtest, dann benutze den nachfolgenden Link oder QR-Code, um dich genauer über meine Arbeit zu informieren:

https://www.margret-marincolo.com/dualseelen/dualseelen-prozess-jetzt-meistern-arbeite-mit-mir/

## Das sagen meine Klientinnen über mich

„Margret ist wunderbar. Es ist nicht immer einfach, die Verantwortung bei sich selbst zu suchen. Es ist nicht immer leicht, diesen Weg zu gehen. Ich arbeite seit 5 Monaten mit Margret und mein Verhältnis zu Männern hat sich grundlegend gewandelt. Ich weiß, was ich will. Ich kann aus tiefstem Herzen

NEIN sagen. Und es fühlt sich gut an. Ich kann meiner Dualseele mit seiner Partnerin begegnen, ohne in Ohnmacht zu fallen oder zu leiden. Ich date bereits neu und fühle mich gesehen und begehrt."

-Jana P.

„Ich habe auch so ein EIGELB, eine Dualseele. Allerdings lebe ich noch in einer Partnerschaft, er auch. Als ich vor 9 Monaten zu Margret fand, gab es keinen Kontakt. Ich litt, wie ein Hund. Mittlerweile besteht fast täglicher, ehrlicher Kontakt. Ich überprüfe meine Beziehung und warum ich noch daran festhalte. Ich weiß, dass ich mein Leben in den Griff bekommen muss. Ich weiß, dass ich es bin, die eine Entscheidung treffen muss. Liebeskummer habe ich keinen mehr. Ich bin viel selbstbewusster."

-Tina A.

„Margret hat mir gezeigt, wie ich zu einer erfüllten Liebesbeziehung komme. Jahrelang traf ich immer nur Seelenpartner, die sich in Luft auflösten. Ich blieb allein, das Loch in meinem Herzen wurde größer. Dann war ich bereit, den Grund dafür zu finden. Jetzt, nach 8 Monaten Arbeit an mir selbst, bin ich seit 3 Monaten mit einem Mann zusammen, der mit mir leben will. Es ist fast nicht zu glauben. Er tut so viel für mich und ich kann trotzdem bei mir bleiben. Ich bin so happy. Danke Margret."

-Nina M.

„Als ich zu Margret fand, war ich ziemlich fertig. Immer dieses Hin und Her mit der Dualseele. Nach 3-monatiger Arbeit mit Margret habe ich einen Heiratsantrag von ihm bekommen. Ich habe abgelehnt. Seit 1 Jahr bin ich mit einem wundervollen Partner zusammen. Hätte Margret mir das vorausgesagt, ich hätte es nicht geglaubt. Meine Dualseele leidet unter meiner Entscheidung. Er muss seinen eigenen Weg zu sich finden, so wie ich meinen gefunden habe."

-Tamara H.

## Danke

Es gibt viele Menschen, denen ich dankbar bin. Doch der wichtigste Mensch bist DU. Dir allein möchte ich hier danken. Ich danke dir, weil du meine Arbeit wertvoll machst. Ich danke dir, dass sich unsere Wege hier kreuzen. Ich danke dir, weil ich dieses Buch für dich geschrieben habe. Wenn sich dein Leben durch dieses Buch verändert, dann hat sich meine Arbeit gelohnt. Wenn du Fragen hast, wenn du irgendetwas nicht verstehst, dann schreibe mir. Ich werde deine Frage beantworten. Per E-mail, auf meinem Blog oder in meinem nächsten Video.

Dankeschön,

Deine Margret

Printed in Germany
by Amazon Distribution
GmbH, Leipzig

30912981R00231